ELS LAIS
de
MARIA DE FRANÇA

Traducció
Enric Peres i Sunyer

Col·lecció TASTETS de POESIA NARRATIVA, 4

Títol original: Les Lais de Marie de France
Traducció: Enric Peres i Sunyer
Maquetació de la portada: Josep Pérez Campins

ISBN: 978-84-09-57222-9

Dipòsit Legal: GI-30-2024

Editat per: Peres i Sunyer, Enric
PORTBOU
Edició 2024 ID:

© de la curació: Enric Peres i Sunyer
© d'aquesta edició: Ed. Enric Peres i Sunyer, 2024
© de la imatge de coberta: © Margarida Serra Sau.
© de la confecció de la portada: Marc Corcoy i Dachs
Col·lecció Tastets de Poesia Narrativa, 6

Tots els drets reservats.
Queda rigorosament vetada, sense l'autorització escrita dels titulars del copyright, sota les sancions previstes per les lleis, la reproducció o la transmissió total o parcial d'aquesta obra per qualsevol mitjà o procediment, la incorporació sense llicència a qualsevol suport digital o electrònic, la seva recuperació i també la distribució d'exemplars o el préstec.

INTRODUCCIÓ

Unes abreviacions utilitzades, a partir d'ara, són:
P per PRÒLEG, G per GUIGEMAR; E per EQUITANY; F per FREIXE; B per BISCLAVRET; L per LANVALL; 2 per ELS DOS AMANTS; I per IONEC; R per EL ROSSINYOL; M per MILÓ; D per EL DISSORTAT; LL per EL LLIGABOSC i EL per ELIDUC.

VIDA
(Estada a la cort 1154-1189)
(Els Lais escrits entre 1160-1190)
De Maria de França se'n saben ben poques coses. Per a ferne una datació exacta moltes fonts i mitjans, que podrien ajudar a la seva identificació, s'han perdut. Sabem amb seguretat que va exercir la seva activitat literària entre 1160 i 1190, per tant va coincidir amb un altre important escriptor contemporani de la literatura francesa, Chretien de Troyes (1135-1190) que la va realitzar entre 1170 i 1190 i, del qual sí en tenim referències documentals.
Se la creu nascuda als volts de 1150 i que morí el 1215, però només són dades aproximades. Allò que en sabem ens ho consigna ella mateixa. Per exemple el seu nom apareix en varis racons de les seves obres: al Lai Guigemar, al Prefaci de la seva traducció de les *Faules* d'Isop, a *L'Expurgatori de Sant Patrici*, una altra traducció seva i a l'Explícit de *La vida de santa Audree -Agripina (*obra de creació seva qüestionada).

Sentiu senyors què diu Maria,
quan no oblida cabal que tria:
　　(Guigemar vv. 3-4)

En acabar aquest breu llibret,
que en romanç us he escrit complet,

de mi us dic amb gran confiança
que em dic Maria i sóc de França.
   (*Faules*, Epíleg vv. 1-4)

Jo, Maria, el recordatori
del Llibre de l'Expurgatori,
faig en romanç, per fer-lo clar
a aquells que el vulguin escrutar.
   (*Llibre de l'Expurgatori* vv. 2297-2300)

(...) de tanta mercè és maleïda
i molt foll és qui se n'oblida;
jo així escric el meu nom: Maria,
per fer-vos en record un dia.
   (Explícit *Llibre de l'Expurgatori* vv. 4617-4620)

I escric aquí mon nom Maria
per tal que se'l recordi un dia.
   (*Vida de santa Audree* vv. 4624-4625))

Com hem pogut veure, dins de les seves composicions, també podem saber el topònim que ens diu d'on és la nostra escriptora (Faules, epíleg v. 4), però tot porta a pensar que va estar a la cort d'Enric II d'Anglaterra i que escrivia des d'allí, des de la cort insular. De fet els millors i, més gran quantitat de manuscrits de les seves obres, figuren en el cabal de la cort anglesa, així ho podem copsar al Prefaci dels Lais, que està dedicat a: "*vós, noble rei*" que tot fa pensar ser Enric II que regnà del 1154 al 1189, perquè la seva dona, Elionor d'Aquitània, de Gascunya i Poiteau, una reina molt amant de l'art i la literatura, i que havia reunit a la cort un important centre de cultura francesa, influïda pel seu pare Guillem Xè i que continuà la seva obra de mecenatge, entre trobadors de l'època i que comandà o apadrinà tot un seguit d'obres. Per exemple, veiem una traducció encarregada a Wace Monmouth que va fer el *Roman de Brut* (*Relat d'en Brutus*) i que la hi va dedicar; en trobem d'altres com *La Història dels ducs de Normandia,* de Benoit de Sainte-Maure o, el cas de Ber-

nard de Ventadorn que és acollit a la cort i li dedica cançons amb el sobrenom de "la duquessa de Normandia", però així mateix, hi trobem casos com el d'un trobador anònim, que reféu el *Girard del Rosselló,* i que en fa personals elogis, en molts fragments, el 1150.
Tornant a Maria devia ser de noble llinatge, per tal com comptava amb el mecenatge sobirà i potser per aquesta condició veiem en un fragment d'un seu Lai un cert comentari despectiu envers els vilatans i els de condició social més baixa, pròpia dels poderosos i benaurats socialment (G. v. 485-496)
Se n'han proposat fins a quatre personalitats històriques:

Marie de Meulan, filla d'un literat anglonormand, o bé Galceran IV de Meulan o bé de Valesant de Meulan i casada amb un Talbot, sense saber-ne més cosa precisa.
Mary, abadessa de Reading
Maria d'Outillé, abadessa de Shaftesbury.
Maria de Blois, princesa d'Anglaterra.

L'estudiós de la seva obra, John Fox, la fa filla de Godefroy d'Anjou, el pare del rei Enric II i, per tant, germanastra del monarca. D'altres entesos han apuntat que hauria estat abadessa del monestir de Shaftesbury o del de Reading, per la pèrdua dels trets nominatius que manifesta, propis d'aquest càrrec en tots els ordres conventuals. Però aquestes dues darreres suposicions si bé engrescadores, no tenen cap prova textual que les confirmi. Podem dir que el gran nombre d'identificacions que se li atorguen demostren la feblesa de les proves del seu origen, per això ens hem de remetre a les proves documentals que tenim i, ara per ara, les úniques són les que estem esmentant.
Tornant a la constància de la seva estada a Anglaterra queda reflectida en el vocabulari mateix de la seva obra. Tal com assenyala Phillipe Menard a *Els Lais de Maria de França: contes d'amor i aventura de l'edat mitjana,* ed. 1979, ens indica que no vivia en el continent, la qual cosa justificaria la cre-

ença que acabem de veure, general en tots els estudiosos i, que per tant va estar a la cort anglesa perquè, per una banda, si la veiem com una persona culta i coneixedora d'obres i autors importants, capaç de traduir del llatí, en una època on la cultura era reservada al sexe masculí, quasi amb exclusivitat i, per l'altra, en l'obra citada, Menard analitza alguns fragments que ho testimonien: Al Lai Miló, ens diu, per tal de designar la Bretanya d'Armòrica, ella s'hi refereix com "*totes les terres d'allà*" "(...) *De Tutes les terres de la* (...)"(M. v.330), perquè si hi vivia hagués escrit "d'aquí". Al Lai Eliduc s'esmenta un cavaller "*d'ultra mar*" "*A un chevaler de utre mer;/ de l'autre part de l'escheker* (...) / (E. v.486). Aparentment un personatge que no és de Gran Bretanya. Nosaltres hem detectat a la narració de Guigemar, la facilitat de com la misteriosa nau fa cap a Bretanya; tant i surt com hi torna, per tant part de la narració no hi passa i, amb la facilitat que genera amb els seus moviments, és fàcil pensar que només pot singlar de terra a terra molt propera.

També sabem d'ella allò que d'altres autors diuen, coetanis o immediatament posteriors.

Denis-Pyramus, poeta anglonormand del segle XIII en diu:

(...) I a dama Maria establí
qui en rimes féu i bastí
acomodats versos dels Lais
que no són pas cert mai dels mais,
però en això fou molt lloada
i per rimar-los estimada
guanyant a molts amb grans plaers,
comtes, prohoms i cavallers;
complaent tants pels seus escrits
com escoltant-la embadalits;
i sobretot feia distreure
sovint les dames com un deure
que en goig, havent-les aplegat,
hi plasmava llur voluntat.
    (*La vida del rei Sant Edmond* vv. 4624-4625)

La nostra autora va tenir gran influència entre els seus contemporanis i, se'n feren traduccions arreu d'Europa i, en diverses llengües.
A finals de l'edat mitjana l'autora quedà oblidada i, no fou fins el segle XVIII, arrel de la publicació de la seva obra, que se la revalorà i, d'aleshores ençà, se l'ha considerada, per la delicadesa del seu gust i erudició, com portadora d'un món que es resisteix a ser oblidat.
Sabut això podem generar un esbós de la delimitació temporal que teixeix Maria en la seva obra: l'escriptura és el present, la generació de l'obra; l'espai concret és la cort, on comtes, barons, cavallers i dames gaudeixen de l'oralitat o la lectura del seus relats; la lectura que també seria en el futur, on hi seríem nosaltres, temps conceptual que tendiria a una variació temporal fictícia constant, en les diferents aventures o narracions que ens hi pervenen i interpretem.

OBRA

A Maria se li atribueixen, amb seguretat, tres obres d'inspiracions ben diferents:
La traducció (ens diu ella) en vers d'un recull d'unes vuitanta a cent-tres *Faules* (segons un o altre estudiós), escrites pels volts de 1180, i que és la primera adaptació en francès de les faules d'Isop (s. VII a.n.e.), a partir d'una traducció que n'havia fet un rei (ens diu ella) de nom Amez o Auvret, que algun estudiós atribueix a un Henry (Ms. 4333), del segle IX; el títol de les quals ella en diu *Isopet* o *Llibre d'Esop*.
També la traducció de 1189 d'un relat en vers, l'*Expurgatori de sant Patrici* que té clares connotacions en les nostres lletres (recordem *Viatge al Purgatori de sant Patrici* escrit en prosa de Ramon de Perellós) i que s'emmarca en la traïció dels viatges al més enllà
La Vida de santa Agripina (La Vie de sainte Audree); un poema anglonormand que modernament se li atribueix i està en fase d'aprovació per molts dels seus estudiosos.
I finalment dotze Lais que van dels cent als mil versos. Aquests clarament relats de Poesia Narrativa en mètrica

d'octosíl·labs apariats (les nostres noves rimades). Mentre unes històries tenen certes fonts llatines o franceses, altres les tenen del llegendari celta i bretó.

Però Maria confegí a aquests últims una altra intencionalitat. Com ens comenta ella mateixa al Pròleg (P. v.33-40) és conscient de tractar d'una tradició oral de perdurabilitat considerable i, per aquest fet, de pouar en una deu oral d'històries per a ser cantades (P. v.38), ella en pren el poder de l'oralitat embriagadora que hi havia observat per a convertir aquelles contalles en relats llegibles (escrit P. v.41) i, per tant, comunicables en duració, conservant la seva vessant oral, com fins aleshores havia estat el mitjà predilecte i el de la lectura pública o íntima, aconseguint un aprofundiment i un gaudi molt més remarcable i perdurable en el públic o en el lector que s'hi encarés.

A més n'atorga una tonalitat novel·lesca pròpia del nou mitjà comunicatiu emprat, així com la conservació dels recursos del mitja original, com a fidelitat al lector amb, propostes personals o observacions de la pròpia autora que interessa siguin capides exclusivament pel seu públic, com a mode de confidència (G. v.19, 24, 178, 421, 535, 883 o bé a B. v. 13-14, 220, 315-316) i que el mitja escrit pot molt ben aconseguir: el repàs, per exemple.

Per tant la intenció d'escriptora és ben clara i palpable en Maria, en un període on les obres encara no solien aportar als seus autors el prestigi i consideració, tal com els entenem avui dia i, molts cops les composicions amagaven llurs personalitats que quedaven fàcilment inesbrinables, com és el nostre cas.

Els Lais, aquestes famoses composicions literàries medievals, per la riquesa de motius i personatges venien a ser el reflex de la transmissió de les tradicions escampades fins el segle XII (G. v.23), entre els bretons d'Anglaterra i França.

Els Lais eren composicions per a ser cantades, de fet el mot "laid" o "loid" deriva de la paraula celta que significa cançó. Les composicions musicals anaven acompanyades per una arpa o roda, ens diu a G (v.910) tenien una temàtica fantasiosa on el to novel·lesc es podia entrellucar subtilment, d'aquí que es poguessin reinterpretar, com així van fer autors posteriors, entre els quals hem de comptar la nostra autora. Eren composicions que servien com a narrativa, escrites en octosíl·labs apariats, la rima pròpia de les narracions mnemotècniques medievals franceses. Si bé les cançons tenen una força i vitalitat peculiars, la seva musicalitat en el llenguatge els proporcionava un clar to recitatiu, que és la vessant, com veurem, que ens ha fet incloure'ls aquí.

Els Lais sembla que bevien de tres fonts que havien generat aquest doll tradicional que s'escampà per la literatura. Un era el record de la llarga resistència que els bretons insulars havien ocasionat davant la dominació saxona; l'altra eren els anals antics que havien caigut en l'oblit i que el poble repetia en forma de cants o Lais; i, finalment, les llegendes que s'anaven consolidant davant l'assentament de la nova religió, que collava la pròpia i antiga, durant el seu llarg procés d'instauració per assimilació i posterior substitució.

Aquestes tres fonts toparen amb una pròpia de l'època concreta, que provenia de les influències i nous coneixements culturals que s'escampaven per Europa i, concretament per Bretanya, provinents dels països orientals, propagats pels pelegrins de Terra Santa, els jueus europeus i les seves tradicions ancestrals i les croades recentment endegades, amb tot el que comportava.

A cada racó totes aquestes influències es deixaren sentir, amb cadascuna de les peculiaritats pròpies. A Bretanya es conservava molt viva la curiosa personalitat celta. Era curulla d'arpistes que feien de joglars i que les propagaven per aquelles terres, d'arrelament profundament antic i, que cantaven els seus Lais, emprant una poesia particularment més dolça i humana que els ferrenys cants de gesta que sonaven també aleshores. La seva dulcificació en els costums arrelaren en el gust del públic. Aportaven temes molt diferenciats de les altres composicions, confegint un cercle, una mena d'auditori fidel, que es delia per sentir-los i que, en els seus assentaments socials comunitaris, atorgava un caràcter soci-

al i d'exquisidesa sensible i particular.
França prenia aquella riquesa cultural escrivint en vers o en prosa i es delitava per l'aspecte guerrer i cavalleresc d'aquelles tradicions, confegint les històries de la tradició del fill d'Uder-Pendragó, Artús i, de tot el reguitzell dels cavallers i dames de la cort d'aquest darrer, on s'hi gaudia de la feresa que els era tan cara, passant pel fet cortès del món Artúric, anant de la malenconia de Lancelot o Tristany a la ferotgia salvatgina i violenta de caràcters femenins com Ludie, Blancaflor i Orable, o, gaudint de les tendreses i delicades suavitats d'heroïnes com: Isolda, Ginebra i Bibiana. Mentre França prenia aquests models com mirall de consolidació nacional, els Bretons, que n'estaven separats per la llengua i la cultura, i que vivien dels records de la seva grandesa independent, conservaven el culte de les seves tradicions i preferien els models que els donaven les aventures amoroses, immerses en les seves supersticions i atàvics costums, per reafirmar-se davant l'embat de la nova religió que volia collar persistentment aquelles veus ancestrals.
Altrament, aquests relats novel·lescs versificats s'allunyaven considerablement d'aquelles cançons de gesta, propis d'herois i dels seus fets bel·licosos, que eren més aviat intrínsecs a l'àmbit literari social, perquè tots contenen molta de la trama feudal coetània i, reflecteixen les postures de les relacions humanes de l'època.
Els seus autors són pràcticament desconeguts, persones cultes versades en les transcendències tractades a l'anomenada "matèria de Bretanya", que volen ser relats d'antics motius llegendaris bretons embolcallats de peculiaritats històriques. Nosaltres parlem d'uns suposats relats tradicionals anteriors a Galfridus Monemutensis o Geoffrey de Monmouth, autor de *Historia regum Britanniae* (*Història dels reis de Britània*)

Tenien costum i avidesa,
com cortesia i noblesa,
contar-ne aventures sentides,
complaent gent de totes mides;

fent Lais així, per pur record,
que ningú oblidés el report. (E. vv. 6-11)

A Maria de França, a part de ser la primera poetessa francesa, després de la poesia clàssica, els crítics l'han vista com una narradora i poeta consumada, acordant la longitud de cada història al seu contingut precís amb una sàvia economia que afina la precisió de la seva intencionalitat de manera subtil, i és capaç de dotar del diàleg intertextual amb gran efecte i, d'atorgar a objectes quotidians o naturals una qualitat clau d'un gran valor simbòlic, per tal que personifiquin la pretensió dels contes, fregant la delicadesa del lirisme en essència, per tal com queden dominats per símbols centrals que els atorguen funció simbòlica i d'epítet.
A part dels Lais, a l'*Espurgatori de Sant Patrici* hi veiem clarament els seus dots de traductora. Perquè es tracta de la traducció d'un poema llarg en llatí, el *Tractatus de Purgotorio Sancti Patrici* (d'entre 1180-84), atribuït a Henry de Saltrey. L'original s'ha perdut, tot i així a la còpia que ens ha pervingut es descriuen, les aventures d'un cavaller, Owein, que entra a la cova d'una illa del llac Derg a Donegal, a Irlanda, on la creença popular convergia en atorgar-hi la porta del Purgatori a la terra,. Un cop a dins el cavaller és temptat per dimonis però se'n salva invocant el nom de Crist. La imatge concreta de les invocacions, quan ha de recórrer un pont altíssim i estret, que s'eixampla tant punt la força d'aquells mots es pronuncien, ens recorda la novel·la contemporània de Chretien de Troyes, *El Cavaller de la carreta*, on el protagonista es troba també traspassant un pont estret farcit de lleons impedint-li el pas del rescat d'uns captius, o bé, en la totalitat del conjunt de l'obra, al nostre relat de Ramon de Perellós, que el 1398 confegí una adaptació, en prosa catalana, de la font de Maria, atorgant-se ell mateix, el protagonisme de les aventures al Purgatori d'Irlanda, amb un relat més realista degut a la intencionalitat molt personal, per la motivació ficcional..

Intencionalitat.

Podem extreure alguns propòsits que ens donen idea de la finalitat que pretén aconseguir Maria en els seus Lais. Si observem per exemple el primer de tots ells, Guigemar, veurem com es fa una crítica, dins la narració, del Mal Maridatge, que de fet apareix en altres Lais.

La dona que coneix el personatge que dóna títol a la narració viu constreta en una mena de presó bellament guarnida, una mena de gàbia d'or, per un marit gelós i vell, el caràcter del qual se'ns diu (G. v. 213-218) és propi de la seva edat i que des de sempre ha generat tota mena de sentiments. De seguida s'enamora del desconegut i en ésser-ne separada una fixació se n'apodera fins que una determinació misteriosa la porta a trobar-se de nou amb ell.

La crítica que apuntàvem potser no és tant en els efectes i les mobilitzacions que causa un Mal Maridatge sinó la gelosia que fan mal viure i patir a terceres persones. I tot i que Maria ens diu que fa riure és una mena de cinisme per posar en evidència la mala maror que genera un caràcter tal. La dama pateix l'enclaustrament del seu vell marit, però també el pateix per part del seu amant, amb qui pretén viure feliç, per com li proporciona un artefacte, molt poc conciliador de confiança. Aquesta gelosia que l'acompanya és com una finalitat que la persegueix i que, malgrat donar-li mala vida, l'atira amb llaços meravellosos. És fàcil deduir que aquest cinyell que encaixa ben serrat als malucs es tracta d'un cinyell de castedat que també, per la seva banda, ha generat força literatura medieval.

La qual cosa ens porta a preguntar-nos per la malaltissa atracció d'aquesta dama envers aquells que la fan patir físicament i, per tant, un tema poc tractat per la literatura anterior i, encara més per la religió oficial que, fins aleshores havia alliçonat el poble en la claudicació del dolor, provinent del més fort, en espera d'una salvació eterna i, que ara, en les narracions populars que Maria posava per escrit, el mitjà físic més perdurable, gosava fer pública i criticar de forma subliminar, en un missatge a cau d'orella, dirigit a totes aquelles dones que devien viure situacions semblants.

Havent vist tot l'anterior podem pensar que Maria prenia partit per les dones oprimides sexualment i social però en contrast, en una altra narració, la cosa queda desmentida i ens fa buscar un altre denominador comú que potser se'ns ha passat per alt.

Si bé a Guigemar la dona casada i maltractada, per un vell poderós i gelós, trobava la felicitat amb el seu veritable amor a Bisclavret la nostra escriptora tragira les seves velades intencions i ens fa veure el personatge femení com traïdorenc i menyspreable, envers el qual no podem prendre simpatia per com realitza una acció vil i que no permet generar-li confiança i, malgrat tot, malgrat la traïció que fa al seu confiat marit, també sent necessitat d'amor, que troba en un cavaller que fa còmplice de la seva acció per tal de desempallegar-se del seu cònjuge.

Podem pensar que aquí rau la intenció velada de Maria: ¿la de fer-nos avinent el sentiment que cal trobar un amor veritable, malgrat la convenció social del matrimoni? O que la conseqüent i intrínseca condició de l'estament matrimonial és proporcionar infelicitat per la seva derivació possessiva.

Sigui com sigui no és, ni de bon tros, una acció defensiva, com la coneixem en el moviment feminista actual, la intenció no és la de prendre partit de les dones contra les forces repressives masculines o viceversa sinó explorar els efectes de les relacions que provoca l'amor en els individus. Analitzar-les amb unes dosis de vernís fantàstic, de narracions ben trobades però que amaguen la càrrega filosòfica que, si mirem l'època en que les narracions foren confegides, hem de reconèixer com avançada càrrega epistemològica, d'un tema que, veient la generació de la literatura en els temps posteriors, no ha estat, ni de bon tros, ben resolta, encara.

Referents literaris:

Al Pròleg dels Lais ens parla d'antics savis (P. v.9), filòsofs (P. v. 17), en general i de Priscià, concretament. Priscià de Cesarea, a Mauritània, fou gramàtic a Constantinoble, amb

l'emperador Anastassi (491-518 d.n.e.) Va escriure en llatí *Institutiones Grammaticae*, divuit llibres farcits de cites d'autors clàssics llatins, basant-se en els treballs gramaticals grecs d'Apoloni Díscol, que fou molt popular a l'edat mitjana.
A part dels clàssics grecs i llatins, que hem dit, s'esmenten *Les metamorfosis* d'Ovidi, un llibre, segons el relat (G. v.239-244), prohibit pel gelós vell casat amb l'heroina que, diu Maria, n'havia cremat exemplars. Potser es tracti de recurrències reals d'alguna crema de la qual la nostra autora n'havia estat testimoni.

Geografia observada
Albània a Miló
Anjú a Guigemar (hi està)
Avalon a Lanvall. Hi va Lanvall amb la fada, al final.
Barfleur a Miló
Borgonya a Guigemar (hi està)
Bretanya a Guigemar, Freixe, Ionec, Bisclavret (ens diu que hi ha vist moltes meravelles v. 259-260), Eliduc, Miló.
La Petita Bretanya a Guigemar (aquest li diu que n'és, a la dama captiva); Eliduc (diu que té el seu rei per senyor.
Caerllion, població en festa a Ionec
Carduel a Lanvall (hi sojorna Artús) és el mateix que
Carwent a Ionec
Constantinoble a Freixe (el domàs de Freixe n'és)
Cornualla a El lligabosc (on viuen Marc i Isolda)
Dol a Eliduc (Eliduc n'és senyor i l'Arquebisbe n'és)
Duelàs, riu a Ionec
Exeter a Eliduc (on ell hi salva un castell)
Flandes a Guidemar (hi està)
Gascunya a Guigemar (hi està)
Hainaut a El Dissortat (on els cavallers escometen els quatre pretendents)
Irlanda a Miló i a Ionec
Lincoln a Ionec
Lleó a Guigemar (Ordial n'és senyor)
Logres a Miló i Eliduc (on aquesl hi va per a cavil·lar)

Lorena a Guigemar (hi està)
Mont Saint-Michel a Miló (s'hi efectuen els tornejos)
Nantes a Equitany (n'és jutge i rei) i a El Dissortat
Nèustria a Els dos Amants (que l'autora ens diu que ells - Maria- en diuen Normandia.
Normandia a Miló (d'on era passa a Normandia, i després a Bretanya)
Noruega a Miló
Northúmbria a Miló (hi viu la germana de la noia)
País de Gal·les a Miló i a El Lligabosc
Pistressa, ciutat inventada a partir del nom del seu rei Pistreus, els habitants de la qual reben el gentilici de Pistressencs.
Saint-Maló a El Rossinyol
Salern a Els dos Amants (hi viu la tia remeiera)
Sena, ribes del: On el públic s'aplega a Els dos amants
Southampton a Miló
Tintagel a El Lligabosc (el rei Marc hi vol reunir la cort)
Totness a Eliduc (on el noi desembarca)
Vall de Pistre a Els dos Amants

Gentilicis
A Miló apareixen combatents: normands, bretons, flamencs, francesos i, ens diu que no hi havia pocs anglesos.
A El Dissortat hi ha combatents: francesos, normands, flamencs, barbançons, bolonyesos i angevins.
A Lanvall, el rei Artús sojorna Kardoel (Carduel) per fugir dels Escots i els Pictes.

Noms Històrics
A més de Semiramis (Sammu-Ramat, la reina d'Assíria), s'esmenta l'Emperador Octavià a Lanvall
Sant Nicolau i Sant Climent a Eliduc als qui preguen els fugitius durant la tempesta al mar.

Noms simbòlics
Amor, apareix a Guigemar

Fortuna (G. v. 155)

TAULA DELS LAIS:
Pròleg.
Vegeu l'apartat de més endavant Antics i Moderns.

I - Guigemar (GUIGEMAR)
Un jove prefereix la cacera als jocs amorosos i surt a caçar. Al bosc arriba a ferir de mort una cérvola blanca, però ell queda mal parat, quan la fletxa li retorna de sobte. L'animal agonitzant li llença una maledicció: sempre se'n ressentirà de la ferida, tret que trobi un amor que, pel fet de curar-lo, també sofrirà tots els mals. En sentir això ell prefereix fugir del país, on no creu trobar cap amant, capaç de tant sacrifici. Al llindar del bosc veu a la mar una nau misteriosa. Hi puja i veu que és buida però es desmaia i, quan cau defallit, la nau salpa.
Arriba al peu d'un castell on hi viu una dama reclosa a una torre pel seu vell i gelós marit que li ha posat la seva neboda perquè l'atengui. Totes dues, passejant, veuen la nau i troben el jove malferit i se'n fan càrrec i el porten a la seva cambra, on l'amaguen i el curen. Guigemar es refà i també cau enamorat de la dama que, al seu torn, se l'estima. Passen molt temps junts i frueixen com amants. Fins i tot es prometen fidelitat: ella li fa un nus a la camisa i, li permet mullerar-se amb la que pugui desfer-lo; al seu torn, ell, li posa un cinyell al maluc, amb la sivella ben serrada, de tal manera que també aquell qui li descordi podrà prendre-la per muller. Fins un any i mig després no són descoberts i, llavors, el vell foragita el jove a la nau misteriosa que, de nou ha aparegut i el duu al seu país.
Allí tots estan molt contents del seu retorn i el volen veure casat, però ell en fuig, recordant la seva estimada. A totes les que se li acosten els posa la prova del nus de la camisa i cap és capaç de desfer-lo.
La dama, mentrestant, enyorada del seu amant, de forma sorprenent, aconsegueix burlar tots els seus captors i troba la nau misteriosa on s'hi embarca. Arriba a Bretanya, als peus

del castell d'un cavaller anomenat Meriadux. Aquest, en veure la nau hi corre i troba la dama i se l'enduu i la pretén. Ella el refusa, mostrant-li la tanca que ha de superar si la vol aconseguir. Meriadux li parla d'un cavaller d'allí que té igualment un nus a una camisa i, que no es vol casar sinó és amb la que el pugui desfer. Aleshores, l'home enfurit organitza un torneig amb un cavaller amb qui està renyit.

Entre tots els homes que es presenten hi ha Guigemar que reconeix la dama, però Meriadux fa que ella li descordi el nus, per provar-los. Ella el pot desfer i ell li demana al seu torn si conserva el seu cinyell. Ella li'l mostra i Guigemar la reclama com el seu veritable amor. Llavors Meriadux ho refusa i el foragita, però tots els cavallers que participaven en la guerra fan costat al jove i plegats encerclen el castell.

Finalment aconsegueixen matar Meriadux i el noi marxa amb la seva dama que l'ha ajudat a vèncer totes les penes.

II - Equitany (EQUITAN)

La dona d'un senescal de la cort es queixa al seu marit perquè considera una injustícia no ser, entre ells, d'igual rang i condició. Li retreu que quan ja estigui satisfet l'abandonarà i quedarà perjudicada. Ella ho compara amb ell que és vassall del rei. L'amor, conclou, no és bo sinó és entre iguals.

Ell cedeix i s'ofereix a ser-ne vassall i amic. I que en faci allò que li plagui. Es juren amor. Tot seguit ella fingeix que s'ha de fer una sagnia.

Es troba amb el rei, són amants. Ella ha sentit que el volen mullerar i, en lloc de mostrar alegria, besar-lo, abraçar-lo estretament i jugar-hi li diu que tem que quan li donin muller, una filla de rei, i segurament l'abandoni. El rei li promet que quan mori el seu marit la farà reina.

Ella ordeix mata'l i, com el rei i el seu marit són bons amics, proposa al primer que es facin banyar junts i preparar-se una sagnia, llavors ella escaldarà al marit i se'n desempallegaran.

Ho fan com han acordat, però en un moment donat, mentre el marit surt a passejar, ells tornen a gaudir, mentre es fan vigilar la porta per una criada fidel. El marit torna. Els descobreix i, el rei, per amagar la seva vilania, amb la precipitació de la fugida, s'equivoca de banyera i s'escalda i mort. El marit enfurismat escalda al seu torn la dona.

III - Freixe (FRÊNE)

Un, de dos cavallers casats, parents i veïns, va tenir bessonada. Ell, tan content estava que va oferir-li a l'altre de posar-li el seu nom a un d'ells. La dona d'aquest, envejosa, va dir que tenir bessons era menyspreable, perquè per a tenir dos fills, d'un sol embaràs, havia d'haver tingut tracte amb dos homes. El seu marit la reprengué. Ho va saber tot Bretanya i tothom la detestà. El pare dels bessons, però, des d'aleshores, desconfià de la seva dona.

Amb el temps la difamant també quedà prenyada i, de bessons: tingué dues filles. Ella mateixa s'havia difamat i decidí matar una de les nenes. Tenia una donzella, d'origen noble, que en sentir-la li donà la solució: duria la víctima elegida, a un lloc segur, on ningú en sabria mai més res. La mare li lliga al bracet, en un brocat de seda, un anell gravat perquè així sabessin que era noble.

La donzella arribà prop d'una abadia ja de nits. Abandonà l'infant, dins l'enforcadura d'un freixe imponent, davant d'un convent. L'endemà el porter troba la criatura i la duu amb la seva filla que havia perdut recentment el seu nadó i podrà alletar-la. Després portà la nena a l'abadessa que li manà que no en digués mai res a ningú i, se'n feu càrrec com si fos una neboda. Com l'havien trobada en un freixe, Freixe li van posar.

En fer-se gran també prengué bellesa i, fou educada en la paraula.

A Dol vivia un senyor que es deia Gurum. Quan sentí parlar la noia se n'enamorà i demanà a l'abadessa poder veure-la. Per l'exquisidesa i cortesia pensà en obtenir-ne l'amor però temia que en saber-ho els allunyessin. Així que s'empesca fer donacions de terres al convent per com volia trobar-hi repòs. Així la podria veure. Finalment aconsegueix convèncer-la d'anar a viure amb ell.

Va passar el temps i els vassalls del cavaller el persuadiren de que havia de prendre una muller noble i, abandonar la jove per tal de cercar un hereu. L'adreçaren a una família veïna que tenia una filla que es deia Avellaner. L'aconsellaren, dient-li que el Freixe no dóna mai fruit i l'Avellaner sí. El tracte es tanca amb acord.

Quan ho va saber la jove no se'n va doldre perquè servia el seu senyor. Ningú sospitava que les noies eren germanes bessones. Amb tot, només els cavallers de la casa Gurum els sabia greu perdre la seva mestressa a qui apreciaven tant.

El dia de les noces la mare d'Avellaner es proposa portar la seva filla personalment a la cambra nupcial. Temia que l'amistançada del seu futur gendre menystingués la seva filla. Resolta a aconsellar-lo perquè la maridés amb un cavaller i així se'n desempallegaria.

Durant el convit, la jove Freixe serví als convidats i va estar amatent de tot detall, sense ombra d'enuig. La mare no li treia ull de sobre i, veient-la tant atenta començà a prendre-li afecte i pensà que, si hagués sabut que era així, li hauria dolgut que deixés el seu senyor.

Freixe, fins i tot, para el llit nupcial i canvia el cobrellit pel seu apreciat brocat de seda, perquè el troba més escaient. Quan la mare hi acompanya la seva filla veu el brocat i interroga el camarlenc per saber d'on ha sortit. Ell li diu i ella mana que porti la noia. Aquesta li explica que l'abadessa l'havia acollit i li havia dit que ja ho tenia, juntament amb un anell, el dia que la varen trobar. Quan els ho ensenya la mare exclama plorant que és la seva filla. Fa venir el seu marit i li ho refereix tot, entre llàgrimes. Ell no se'n sap avenir. Ella li explica com el comentari beneit li va fer obrar d'aquella manera i, en quedar-se prenyada també de bessones, se'n va desfer d'una d'elles. Però ara l'ha trobada, en aquesta casa.

Ell es posa content i acull la noia tot joiós.

Acorden dir-ho al cavaller i l'endemà desfan el casori i el casen amb la filla retrobada. Més endavant casen l'altre filla amb un ric home de la comarca i el pare divideix el seu patrimoni entre totes dues filles.

IV - Bisclavret (BISCLAVRET)

Un prohom de Bretanya, molt apreciat, té una dona molt formosa, a qui s'estima molt. Però ella té un dubte que la capfica enormement. Ell desapareix tres dies per setmana i no sap per què. Fins un dia ja no pot més i l'interroga. Ell, primer, no li ho vol dir perquè té por de perdre-la i obtenir-ne un desengany. Finalment cedeix. Li explica que es torna un Bisclavret, un home tornat llop i que caça pel bosc on s'amaga.

Ella, intrigada, li demana si va despullat i, quan sap que sí, vol saber què en fa de la roba. Ell és reticent a explicar-li-ho, perquè si perdés els vestits, quedaria convertit per sempre. Tant li suplica ella que al final ell cedeix i ho diu: en un sagrari arran de bosc.

Des d'aleshores ella li agafa por i no se'n refia i fa requerir un cavaller, que, antigament, l'havia pretès. Li demana ajut per treure la roba al marit, un cop s'hagi convertit. Així ho fan i l'home queda perdut, fet un home llop, vagant pels boscos sense que ningú en sàpiga ja res més.

Resulta que un dia el rei està caçant en aquell bosc i en Bisclavret l'aborda i, ja que no podia parlar, li fa mil festes, per la qual cosa el rei, després de la primera sorpresa, el pren al seu servei. Passen els dies a la cort i tothom el respecta, perquè és molt manyac i bonàs.

En celebrar cort plenària el rei fa venir els prohoms de la comarca. Entre ells hi ha aquell que va ajudar la seva dona a perdre'l. Quan Bisclavret l'ensuma se li llença al damunt i, l'hagués mort si no li ho impedeixen. Tothom s'estranya de la seva feresa fóra de l'habitual.

Temps després el rei torna al bosc on l'havia trobat. De nit s'allotja al castell de la dona de l'home llop. Quan aquest la veu s'hi llença al damunt i li arrenca el nas. Els separen i, el rei, estranyat d'aquesta fúria sobtada, demana consell a un home savi dels seus que li diu:

Sabent com era manyac, que ataqui només a aquestes dues persones vol dir que alguna cosa li han fet. Fa recordar al rei

que aquesta era la dona del prohom desaparegut, a qui el rei tant apreciava i, que s'havia mullerat amb aquell altre baró qui també havia atacat. Finalment li aconsella que li extregui la veritat a ella i així en trauran l'entrellat. Així ho duu a cap el rei.
Amenaçada ella ho explica tot. Informa on havien amagat la roba amb el seu còmplice.
El rei la fa buscar. Li dóna a en Bisclavret i el deixen sol en una cambra.
Quan hi entren troben el cavaller desaparegut. El rei està molt content. Li restitueix les seves possessions i foragita del país la dona i el seu sequaç.
Amb el temps figura que aquests van tenir molt fills; les filles, però, naixien sense nas. Els deien "les desnassades"

V - Lanvall (LANVALL)
El rei Artús reparteix béns i dons entre els seus cavallers però oblida Lanvall. Tot i ser valent i generós és envejat per ser fill d'un altre rei. Durant un passeig arriba a un prat on, mentre el seu cavall pastura, se li acosten dues dones molt belles que el menen vers una altra, molt formosa tant misteriosa com plena de seny. Amb ella s'està en una tenda amb totes les riqueses més esplèndides. Li diu que per ell ha abandonat el seu llunyà país i li promet donar-se-li i, a més, oferir-li la disponibilitat tots els béns i dons que desitgi, sempre que ho vulgui, amb la condició que mai l'anomeni, donat el cas ho perdrà tot i quedarà sense res. Frueixen de tot plegats, fins que arriba el moment de tornar a la cort. Allí ell utilitza els seus dons per donar-los a tot aquell que li ho demana i necessita..
La dona d'Artús, la reina, se n'encaparra i el pretén, però ell la refusa, per fidelitat a la dona que estima i amor al seu rei. Plena d'ira ella va davant del monarca ho tragira tot i acusant-lo de forçar-la i de traïció.
Lanvall es plany, més per haver parlat de la seva estimada que cap altra cosa. Galvany i els seus amics el recolzen i el rei els castiga prenent-los allò que els havia atorgat de bon

principi. Lanvall queda desconsolat d'haver traït el seu jurament i refusa tot consol.

El rei de Cornualla vol recuperar el seu fill pel seu país i, arrenca la promesa d'Artús que si li atorga el perdó se l'endurà. Però Artús vol proves de la seva fidelitat i que no ha mentit i per tant vol que faci comparèixer la seva misteriosa amant.

Quan és a punt de començar el debat apareixen les dues emissàries de la dama. Lanvall nega conèixer-les ni a cap dama. Això es repeteix amb noves vingudes, però la sentència és imminent i no s'atura.

De sobte, entra a la ciutat la formosa dama. No és rossa ni morena però és la més bella que mai ningú hagi vist. Ella es presenta davant del rei com l'amant de Lanvall i acusa la reina d'haver mentit. Després se'n va sense que ningú la pugui deturar. Lanvall salta al seu palafrè i plegats marxen a Avaló, una illa meravellosa i ja mai més ningú en va sentir dir més res.

VI - Els dos amants (LES DOUS AMANZ)

Un rei vidu està enderiat en conservar la seva filla amb ell, lluny de festejadors. Quan li arriba l'edat del casori fixa, com a condició, que aquell que la pretengui, l'haurà de carrossar fins al capdamunt d'una muntanya. Molts són els que ho intenten i fracassen.

La filla s'enamora d'un jove que la pretén però ella, com se l'estima, li fa anar a buscar una poció màgica que li proporcionarà una seva tia, que viu en una altra ciutat i que li permet renovar les forces quan estigui cansat.

Arriba el dia de la prova, mentre ell la carrega, defuig les peticions insistents de la noia perquè prengui la poció. Quan arriben a dalt de tot ell cau defallit i mor. Revifar-lo és en va i ella, desesperada, llença les darreres gotes del flascó de poció i també es mor de pena i melangia.

Allà on han caigut les minúscules gotes de la poció queda transformat en un fèrtil prat ple d'herbes remeieres.

El rei els fa enterrar a la muntanya que, des d'aleshores, pren el nom de La Muntanya dels Dos Amants.

VII - Ionec (YONEC)

El vell senyor de Corwent, a Bretanya, vol tenir descendència i s'amullera d'una jove d'alt llinatge i molt bella. Degut a això se l'estima molt, però també n'està molt gelós. En conseqüència la fa tancar a una torre mestra, dins d'una cambra enllosada. El vell té una germana vella i vídua i la instal·la al costat per tal que la vigili. Aquesta ho fa amb tant de zel que no la deixa ni parlar amb altres dames.

Passen set anys i no arriben a tenir fills. Ella està molt trista i s'abandona i perd tota formosor. Només pensa en morir-se.

Un dia d'abril tothom marxa, tancant-la tot darrera i deixant-la sola i planyent-se. Maleeix els seus que la van fer casar. Voldria que el vell es morís. Llavors recorda velles llegendes que parlaven de cavallers galants que protegeixen a ultrança les dames que els convoquen.

De cop entra volant un astor que, en posar-se davant d'ella, esdevé un gentil cavaller. Ell li diu que no temi i que sempre l'ha estimada, però no havia pogut venir fins que ella l'ha requerit. Ella, malfiada, li diu que també l'estimarà si creu en déu. Ell li confirma que és creient, la commina a confessar-se i, llavors ell prendrà la seva forma i, combregarà i resarà el *Credo*. Mentre ell s'estira al llit arriba la vella i només veu la noia estirada. Li mana que es vesteixi però la noia fa cridar un capellà, perquè es troba malament i tem morir. La vella s'espanta i compleix fil per randa. El cavaller combrega i quan la vella marxa es troben els dos amants estirats.

Quan han jugat, com fan els amants, i han rigut prou, ell s'acomiada, perquè ha de tornar al seu país. Ella li prega que torni aviat. Ell li diu que complirà mentre no el vegi ningú. Li recomana que es malfiï de la vella que els trairà i, si algú més el veu, ell es morirà. Després marxa.

La setmana que segueix ella és feliç. Torna a tenir cura de si mateixa. S'estima més quedar-se a la cambra que cap altra cosa. Els cops que el vell marxa ja requereix el cavaller i el té tant com vol.

El vell se'n malfia i ordeix que la seva vella germana faci veure que se'n va i li diu que s'amagui, per veure què passa i perquè la seva dona té tanta joia, sobtadament i torna a tenir ganes d'empolainar-se.

Dissortats els que són espiats. Tres dies després el vell fa veure que marxa lluny. La vella, al seu torn, s'amaga darrera una cortina.

La vella veu com arriba l'amant i com se'n va. Veure com esdevenia astor l'ha espantada molt. Li falta temps per a fer venir el vell i explicar-li tot.

El vell prepara esmolades broques que para a la finestra de la cambra. L'endemà marxa a caçar. La vella dorm i el cavaller, quan arriba queda travessat per una aresta al cor. El jove comunica a la dama, que està embarassada i que tindrà un fill, a qui cal que posi per nom Ionec, i aquest, en un futur, els venjarà a ambdós. No pot romandre més allí i marxa, novament convertit, perdent molta sang.

Ella, desesperada, es llença per la finestra. És un miracle que no hagi mort de tanta alçada com hi ha. Però s'aixeca i segueix el rastre de la sang. Arriba a l'ensangonada entrada d'una balma i hi entra. És fosc però, a còpia d'avançar, arriba finalment a un lluminós prat. Segueix el rastre de sang a l'herba. Arriba a una brillant ciutat d'argent. Hi ha un port amb moltes naus. La dama entra a la ciutat però és buida. Arriba fins el palau que té un rastre de sang. Dins hi troba un cavaller dormint. En una altra cambra un altre igualment. En una tercera hi troba el seu amic. La cambra és ricament abillada. Cau exhausta i desmaiada al seu damunt.

Ell en té cura però li diu que ha de marxar, perquè ell es morirà i la seva gent s'enfadarà amb ella, quan sàpiguen que tot li ve per haver-la estimat.

Però ella prefereix morir amb ell que no la trobi el vell, que la voldrà matar. Ell li dóna un anell. Mentre el vell el porti el vell no recordarà res ni la maltractarà. També li lliura una espasa, que tan sols ha de ser engrapada pel seu fill.

Pronostica que en un futur el vell la durà a una festa i que aniran a veure una tomba on recordarà la seva mort. Serà el moment de descobrir-ho tot i de lliurar l'espasa al seu fill. Un cop explicat tot li dóna un brial perquè se'l posi i la fa marxar. Ella se'n va amb tots els obsequis, reconfortada. Encara no ha sortit de la ciutat quan sent tocar a morts i planys provinents del castell. Sap què significa i es desmaia fins quatre cops.

Ja torna al seu país. Torna a viure amb el vell que, gràcies a l'anell, no li fa mai cap retret.

Passa el temps i neix el seu fill i, en fer-se gran esdevé un cavaller.

Un dia que el vell els porta a la festa de Caerllion, tots tres arriben a un castell. S'hostatgen a la seva abadia. Allí, mentre, guiats per l'abat, la visiten, veuen una tomba, guarnida amb rics canelobres. El vell demana de qui és i el religiós explica que pertany a un cavaller molt estimat a la comarca, mort per una dona que n'engendrà un fill. Arribats a aquest punt la dama li diu al seu fill que parlen del seu pare i li explica com el seu pare l'anava a veure i, que aquell vell el matà a traïció. Llavors li dóna l'espasa, però ja no pot més i es desmaia i cau fulminada. És morta.

En veure la mare morta el noi mata el vell i li talla el cap. Quan tot se sap, tothom el vol conèixer i, tota la ciutat li ret honors; després enterren la seva mare amb el seu pare i, finalment el fan el seu senyor.

VIII - El rossinyol (LAOSTIC)

El Lai explica que a Saint-Maló hi havia dos barons veïns. Un era casat i, amb una dona assenyada i apreciada. L'altre era solter, valent, de vida sumptuosa, però esplèndid. I, aquest s'enamorà de la dona de l'altre.

Tant la requerí que acabà estimant-lo, d'amagat i amb prudència. Com eren veïns es festejaven sovint, finestrejant.

Quan arribà l'estiu, quan els amants s'abandonen a l'amor, ella quan el marit dormia, s'abocava a la finestra.

Però tant finestrejar i els passejos feren sospitar el marit i li preguntà de què anava tot allò. Ella contestà que li agradava estar a la finestra per sentir un rossinyol refilar. El marit, per tal de posar fi a aquella sospitosa diversió mana pòsar paranys per tot el jardí amb els quals arriba a capturar l'ocell i li lliura a la dama de manera triomfant, però en veure-la entristir-se, enlloc de felicitar-lo, mata l'ocellet i, li llençà als peus, tot dient que així no la molestaria a les nits i, ell podrà dormir tranquil. Ella el maleix i, a tots els que posaren trampes per a enxampar-lo.

Llavors li envià el rossinyol al veí, amb un missatge per tal que sabés què havia fet el marit. El veí prengué un cofret d'or pur i pedres precioses. Hi posà el rossinyol i el portà sempre més amb ell.

IX - Miló (MILUN)

Un cavaller del País de Gal·les, Miló, és admirat i envejat per la seva heroïcitat. Una filla d'un baró de la contrada se n'enamora i, li ho fa saber, per tal de conèixer si en seria corresposta. El cavaller li plau i fa servir el missatger per donar-li un anell d'or a la dama.

Des d'aleshores es veuen tant que ella queda encinta. Ella tem que se li apliquin les antigues lleis del país que la matarien o la vendrien com esclava. Ell s'avé a fer allò que ella digui.

Ella li diu que, quan neixi l'infant, li ha de posar una carta i un anell al coll i, cal que el porti a Northúmbria, on té una germana casada que el cuidarà. Allí hi romandrà fins que serà gran i, amb tot allò, podrà trobar el seu pare.

Tal dit tal fet. Nasqué el nen, el portaren amb la tia, però temps després, Miló, el pare, es va fer mercenari i abandonà la terra. La mare la varen casar amb un ric prohom. Ella temia que la menyspreés per haver tingut ja un fill. Pensa que té massa vigilants, vells i joves que detesten l'amor i la castigaran.

Miló torna i no se la pot treure del cap. Li escriu i la carta la posa entre el plomatge d'un cigne, que apreciava molt i, li fa lliurar com a present.

Com a ningú li és permès veure-la costa molt fer-li-ho arribar. Té molts vigilants. Finalment el missatger pot donar-li-ho personalment. Ella palpa la carta i sospita de qui és. La llegeix. Se li diu que quan pugui li retorni el cigne amb instruccions de com es poden veure. Al cap d'un mes envia la resposta. I així successivament, s'envien el cigne amb missatges, durant vint anys.

Durant aquest temps llur fill ha estat criat per la germana de la mare. Quan és gran és armat cavaller i li donen l'anell i la carta, on s'explica qui són els seus pares. L'endemà s'encamina cap a Bretanya.

Allí lluita en tornejos i els diners que hi guanya el dóna als cavallers pobres. Guanya molta fama per les gestes, la bondat i la generositat. Li atorguen el nom "Sens Par"

Miló en sent parlar i li dol que un forà rebi tant de reconeiment. Decideix lluitar-hi i avergonyir-lo. Després, cercarà el fill i, així li ho manifesta a la dama que, al seu torn, està molt agraïda perquè endegui la recerca.

Comencen els tornejos i Miló hi busca el cavaller favorit. Quan el troba se'l mira de dalt a baix. Miló lluita molt bé però el jove és molt més aclamat. Malgrat l'enveja que en sentia, Miló reconeix que és molt millor. S'escometen per fi i, en la brega, Miló cau del cavall de forma aparatosa. El jove, per la ventalla de l'elm, li veu la barba blanca i, li acosta el cavall i es disculpa d'haver-lo fet caure. Miló l'encoratja i li demana qui és i qui és el seu pare.

El jove li explica tot el que la seva tia i la carta li havien informat.

Quan ho sent, Miló salta del cavall i se li presenta ple de joia. Mentre fan camí de tornada al seu país, Miló li conta com es veieren amb la seva mare, la seva actual situació, l'afer del cigne, tot.

Quan hi arriben, un vailet els informa que el marit de la dona havia mort i que l'havien comandat cercar Miló. Tornen tots plegats a casa i la dama abraça, per fi, el seu enyorat fill. Aquest els va unir i varen viure sempre més plens de felicitat.

X - El Dissortat (CHAITIVEL)

Maria ens diu que aquest Lai també l'anomenen Els quatre

dols.

A Nantes hi viu una dona molt apreciada per la seva bellesa i afabilitat. És molt requerida d'amors, però ella no volia fer mal a cap pretendent. Les dames prefereixen les requestes que apartar un foll i, encara que no vulguin qui les pretén, cal escoltar-lo i ser complaents.

Allí hi vivien quatre barons. Tots ells molt joves, bells i cortesos. Tots quatre la volien i s'aferrissaven per tenir-la. Cadascun pensava tenir més trumfos que l'altre.

La dama però, per assenyada, demanava temps, reflexió, els dava peixet. No en volia menystenir cap per un d'ells i tots quatre es veien afavorits, per les seves atencions i, podien dir-li el seu nom.

Per Pasqua en una la ciutat, se celebra un torneig. Els quatre pretendents s'hi presenten i lluiten valerosament però, en un dels combats on estan migpartits, de nits, els vencen. Tres d'ells hi moren i un queda esguerrat. Tots els combatents se'n ressenten molt i els planyen, per com ells eren molt admirats. Porten els morts davant la dama que es desmaia.

Els planys pels morts no minven les cures al malferit.

Amb el temps millora i ella el va a veure. Li promet que compondrà un Lai en el seu nom i que es dirà Els quatre dols.

Ell li diu que el faci però que el bategi amb el nom de El Dissortat, perquè els morts han finit de patir però en ell el patiment encara és molt més viu, perquè només la veu i li parla, però no la pot besar ni abraçar. Per això el Lai cal que així es digui i, qui li posi l'altre nom no li posarà pas el veritable.

XI - El lligabosc (CHEVREFEUILLE)

Maria ens diu que aquest Lai parla de l'amor de Tristany i la reina.

El rei Marc havia expulsat el seu nebot, Tristany. Lluny estant, aquest s'abandonà a la mort, per la tristor de no poder satisfer el seu desig. Amb el temps tornà a Cornualla i entrà tot sol pel bosc, amb l'afany de no trobar ningú. En sortia de nit i demanava entre els pagesos notícies del rei. S'assabentà que, per Pentecosta, la cort es reuniria a Tintagel i que hi

hauria molta alegria. La reina hi aniria.
Ell està convençut que el seguici reial haurà de passar per davant del bosc on ell es refugia.
El dia que es posà en moviment la comitiva del rei, Tristany es prepara i tallà una branca d'avellaner del bosc. En llevà l'ecorça i hi gravà el seu nom. Compta que la reina, que sempre està amatent, com un altre cop que féu igual, s'adonà de la seva presència. Sabrà que l'espera allí que, com el lligabosc que entortolliga l'avellaner, si en són separats no poden viure un sense l'altre.
La reina troba el bastó i mana aturar-se i reposar. Passeja amb la seva donzella de confiança, Brangiana. Fora del camí troba Tristany. Ella li informa com es pot congratular amb el rei que l'expulsà per culpa d'una denúncia. Llavors, amb molta tristesa, se separen.
Tristany va a Gal·les de nou, esperant ser cridat pel rei Marc. Allà va compondre un Lai: El Lligabosc, Goteleg, que en diuen els anglesos, Chievrefoil, els francesos.

XII - Eliduc (ELIDUC)

Un cavaller de Bretanya, que es deia Eliduc, tenia una dona d'alta nissaga, Guildeluec. Visqueren lleialment llarg temps però, esdevingué que ell marxà de mercenari a la guerra i, s'enamorà de la filla d'un rei, que es deia Guiliadun. Del nom de les dues dones de la seva vida prengué el nom del Lai: Guildeluec i Guiliadun.
Eliduc era molt apreciat pel rei de la petita Bretanya, fins al punt que, quan el monarca s'absentava, ell governava la terra. Això li donava, entre molts privilegis, poder caçar arreu sense problemes.
Però sempre aquestes coses generen conflictes i, Eliduc fou envejat i, aconseguiren calumniar-lo i, que fos foragitat de la cort sense cap explicació. Ell provà saber per què però el rei no li ho deia. Ni dels seus propers en va treure l'entrellat. Així que marxà al regne de Logres per meditar i deixà la dona a cura dels seus, amb gran tristor i prometent-li fidelitat tota.
Pels volts d'Exeter sentí que un poderós tenia una filla per

casar però no la volia donar a un senyor que la pretenia i, per aquest motiu, estaven en guerra i el tenia assetjat. Ningú s'atrevia a migpartir-los i Eliduc ho volgué provar. Ho comunicà al senyor assetjat, que el feu escortar agradosament a la seva presència. Abans però, a la ciutat, sentí que l'enemic avançava i ell es preparà per fer-li front. Demanà als pocs combatents que l'acompanyaven el millor lloc per a fer una emboscada a l'enemic. Li mostraren un lloc al bosc per on passava l'exercit contrari, després de les seves incursions. Així ho van fer i aconseguiren una gran victòria.

De retorn al castell, el senyor, primer, els pren com enemics, perquè en tornen més dels que n'havien marxat, però un missatger li dóna la certesa que són els seus i victoriosos, amb presoners. El senyor està exultant i lliura un generós botí, que Eliduc reparteix, generosament, entre tots aquells que l'han ajudat.

La seva filla volgué conèixer l'heroi i el feu requerir. Parlen molta estona, llavors ella se n'enamora, però no li ho diu perquè tem la seva negativa. Finalment ell marxa allà on s'hostatja i ella se'n lamenta. Ell, ja sol, medita que bella és, però recorda la seva dona i la promesa de fidelitat, que li va fer. La noia, per la seva banda, desitjaria ser-ne estimada. El seu camarlenc li aconsella enviar-li un present i així, si en fa elogis, sabrà del seu amor. Ella li fa enviar un cinyell i un anell d'or. Un cop marxa el missatger ella tem no la refusi o en faci mofa per humiliar-la davant tots ii, pateix enormement.

El missatger ho du i, el cavaller s'ho posa. Quan el criat torna la dama l'interroga. Ell té el cavaller per prudent però ella malda per saber com s'ho ha pres. A l'encop és informada que el cavaller romandrà al regne durant un any, al servei del seu pare.

El cavaller es corseca amb el dolor que li produeix restar fidel a la seva dona i, el pensament d'haver-se enamorat de Guiliadun. També hi ha el sentiment de fidelitat al rei. Eliduc pateix molt.

Quan la va a veure, davant del pare, agraeix els presents. El pare diu que ha de ser tractat molt cortesament. La filla no té

cap altra intenció. Ja sols, li diu que aquells regals els hi ha oferts per tal com vol donar-li el seu cos i que si el refusa no voldrà cap més home.
El cavaller replica que el fa molt content allò, però que acabada la guerra, dintre d'un any i, sense demora, marxarà. Ella s'hi avé, amb resignació.
Acaba la guerra i Eliduc fa presoner l'enemic. És aclamat.
Mentre, a la petita Bretanya, el seu rei anava perdent totes les possessions. La seva terra cada cop estava més devastada. Es penedia d'haver foragitat Eliduc. Ja havia bandejat tots els seus difamadors. En aquest punt el van requerir del seu país originari.
Quan el cavaller rebé aquelles noves li va doldre per la donzella. Entre ells no hi havia hagut ni follia ni frivolitat, ni vilania. La seva relació havia estat parlar, parlar i bescanviar regals.
Però ell havia de tornar i demanà la llicència al pare de la dama. Aquest mirà de dissuadir-lo, però ell es deu al seu rei i està determinat. El pare li dóna un munt de presents i ell va a acomiadar-se de la dama. Quan aquesta ho sent es desmaia. El cavaller es lamenta, la besa i plora fins que la dama es refà. Ella demana que se l'endugui amb ell, altrament morirà desconsolada. Ell li promet que, fixant un dia de retorn, vindrà a buscar-la, sense que res el pugui retenir. Ho acorden i ell marxa.
La tornada a la seva contrada omplí de joia a tothom, tret d'ell que, com més temps passava, més consirós i enyorat estava. La seva dona, preocupada, s'interessa per la seva tristor. Ell li diu que li prometé al rei d'aquella altra terra on havia estat que hi tornaria perquè li era necessari. També li explica que ha promès que l'ajudarà a aconseguir la pau. La dona, convençuda, el deixa fer.
Amb el temps també posa pau al seu regne i, aleshores, com havia promès, es prepara per anar-se'n. S'enduu només gent amb qui confia plenament: uns pocs. I els fa jurar guardar el seu secret.
Arriba de nou a aquella terra, però es fa fonedís perquè no

vol crear enrenou amb la seva arribada. Fa cercar la seva estimada, de nits. Es troben prop d'un bosc. Es besen i se l'enduu.

Arriben a Totness i s'embarquen. Fet llarg tros, a punt d'a- d'arribar, els pren una tempesta i són a punt de naufragar. Un dels mariners retreu a Eliduc que és culpa de voler la noia, perquè ha faltat a la promesa que féu a la seva dona veritable. Ell s'enfurisma i el maleeix. Ella, que estava mig marejada, en sentir el mariner, perd els sentits i queda comi mig morta. És tanta la ràbia que sent Eliduc que mata el mariner i el llença al mar. Després, ell mateix mena la nau amb molta perícia i la porta a bon port.

Són prop de casa seva i podria dur-la-hi. Com la creu morta, a mig camí troben una capella. Allí l'enterrarà i hi fundarà un convent en commemoració. Fa jurar als seus servar el secret. Però a la capella no hi queda ningú. Només hi veuen una tomba nova. Ell dedueix que és la de l'ermità amb qui molts cops havia fet truques i que tant apreciava; per tot queda molt compungit. Els seus volen cavar la de la donzella però ell, abans, vol fer-se aconsellar pels vilatans de com fer el convent. La deixa a la capella i va a cercar consell. Se n'acomiada i tanca la capella.

Arriba a casa seva. La seva dona està molt contenta però ell és fred i esquerp. Cada dia surt i va al bosc i, a la capella. Allà la noia no perdia el color, ni la frescor però no se'n revenia ni respirava.

Un dia la dona el fa seguir per un servent. L'espieta sent els planys de dol que Eliduc fa dins la capella. Quan la dona ho sap pensa que és impossible que ell estigui tan afectat per la mort recent de l'ermità. Un dia que el seu marit es convidat pel rei, la dona aprofita la seva marxa per anar fins la capella. Hi descobreix la noia. Ara sap la veritat. Comprèn que el seu home està de dol. Li ensenya a l'espieta, mentre li diu que han descobert perquè el seu marit pateix tant, i és perquè ha perdut una dona molt bella i, a ella no li queden motius per ser ni compadida ni que l'estimi, perquè no serà mai més feliç. I es posa a plorar.

De sota l'altar surt una mostela. Com el servent veu que passa per damunt la noia la mata amb un cop de bastó. Al poc en ve una altra, que en veure la morta, la mira de reviscolar però no pot. Així que surt i va al bosc. En torna amb una flor vermella entre les dents i la hi posa entre les de la companya morta que, al moment, es reviscola i torna a la vida.
La dona, que ho ha vist tot, mana al seu acompanyant que li prengui la flor. Ell ho fa amb el bastó, amb més cura. La dona li posa la flor als llavis a la donzella. Al poc aquesta obre els ulls. La dona vol saber tot sobre ella.
La jove es presenta nascuda a Logres, com a filla del rei d'aquelles contrades. Diu haver estimat un cavaller de nom Eliduc, un gran capità que se l'endugué amb ell. Però l'ha enganyada deixant-la allí. En saber que ell tenia dona es cregué massa folla per haver confiat en un home i es desmaià.
La dona la calma, dient-li que ningú ha pogut fer somriure al seu cavaller. Que està desolat, des de que ella es troba així, com fins ara, que la creia morta. I cada dia l'ha visitada i l'ha plorada. Res li ha tornat el consol. I diu que ho sap molt bé perquè ella és la seva dona i, com l'ha vist tan temps així, l'ha fet seguir i l'ha trobada. Està contenta de veure-la viva. La vol acompanyar on és ell. Li tornarà la llibertat i ella prendrà el vel religiós. Mentre tornen a casa seva envia el vailet a cercar Eliduc.
Quan aquest el troba, Eliduc no té espera i s'encamina cap a casa. Quan veu l'amiga dóna les gràcies a la seva dona. Ell besa molts cops la donzella. La dama, quan ho veu, li demana permís per separar-se'n i fer-se monja. Eliduc li ho permet i, li dóna part de les seves terres per bastir una abadia. La dama s'hi tancarà amb més monges, prop del bosc, ran de la capella de l'ermità mort.
Eliduc esposà la noia. Sempre hi tingué gran amor. Van fer moltes obres de misericòrdia. Prop del castell hi féu construir una església. Hi esmerçà riques donacions. Hi va fer ordenar molts vassalls seus i després s'hi consagrà ell també.
A la jove la féu entrar al convent de la seva primera dona, que la rebé com germana, amb tots els honors. Ambdues

pregaren per ell, perquè continués tenint misericòrdia. I ell per elles. S'enviaven missatges i se sentien reconfortats. Cadascun s'esforçava per estimar déu amb cor sincer, fins que van tenir una bella fi.

***

L'edició de 1820 dels Lais, per part de Jean Baptiste-Bonaventure de Roquefort (1777-1834), n'afegia dos més, amb sengles traduccions al francès. Aquests eren Graelent, que té moltes analogies amb el de Lanvall i, un segon que es diu L'Espina. A aquest darrer, un altre estudiós, Gervais de la Rue (1751-1835), li atorgava l'autoria a Guillaume el Normand, cosa rebutjada per Roquefort. Però la majoria d'estudiosos de Maria de França els rebutgen tots dos, com a part del seu corpus i, li neguen l'autoria, considerant-ne part, només els dotze Lais que, tradicionalment li són atribuïts.

DARRERES APRECIACIONS

El masclisme.

Subtilment apareix la restricció i la coacció dels personatges mascles, sovint exercint el seu poder dominador damunt dels femenins i no tan sols per aquell que representa la maldat, sinó el mateix protagonista: *Guigemar,* imposant un cinyell de castedat; Miló abandonant l'estimada en un moment crucial per assoldar-se; la infidelitat d'Eliduc a la seva dona. Molt sovint els marits tenen tancades les dones (G, I, etc) infligint un turment d'aïllament forçat, d'altres vegades és un pare qui reté la filla en una insana preocupació per allunyar els seus pretendents (2).

Més subliminal és la forma de presentar la dominació a través de les queixes dels personatges femenins, retratant les convencions socials, com la dona del senescal (E), proposant primer a l'home i, després al rei, la igualtat social entre els amants; la reclamació de l'herència retinguda a la dona d'Eliduc a qui permetrà establir-se pel seu compte.

El fet religiós.
És escàs i apareix en comptades ocasions. A (I) el cavaller astor, per provar la seva honradesa (o potser desmentir una sospita de condició malèfica) s'avé a confessar-se i resar el Credo, un signe inequívoc de cristiandat.

Però majoritàriament el fet religiós simplement serveix com escenari de l'acció: (I) la cambra mortuòria de l'abadia, de l'escena concloent; (EL) una abadia enmig del bosc, com a panteó funerari o destí final on recloure's els personatges.

La pietat religiosa és utilitzada per determinant l'acabament del relat (EL), els tres personatges l'utilitzen per acabar els seus dies fent mostres de caritat.

La fin's amors.
Les composicions de Maria de França són narratives, de totes totes, però pel desenvolupament dels temes que toca, podríem pensar que la influència de la fin's amor (de l'occità: amor fidel) hi és de manera remarcable. De fet només ho és en alguns aspectes. El cert és que l'apartat de sentimentalisme que provoca l'amor hi és descrit vagament, en molt pocs fragments; per contra, les especificitats físiques, empíriques i palpables que se'n deriven sí que li mereixen la seva atenció. Malgrat que les descripcions serveixen més a fins puntuals del moment narratiu que a peculiaritats de caràcters concrets del personatge de torn.

Podríem dir que a Maria l'interessa molt més la història que el capteniment que pugui provocar en els personatges que, malgrat les seves funcions, viuen i pateixen irremissiblement per l'amor.

Per tant podem afirmar que si bé l'aire occità impregna l'essència dels Lais, només és de passada, sense necessitar-ne l'aroma, perquè es desenvolupen ells sols, davant dels nostres ulls, amb uns matisos olfactius peculiars i, val a dir, més simples que no pas els esgrimits des de l'enjogassada casuística occitana.

Aquí també hauríem d'incloure un tema que és abordat força constantment per Maria i és el de l'amor conjugal.

Normalment impera molt més en els seus Lais l'aspecte negatiu d'aquesta relació que, molt sovint, ve enterbolida per la més pura gelosia (el gilós occità). A part de la típica cort envejosa que posà en perill l'heroi (Tristany LL, o Eliduc EL); en l'apartat amorós trobem a Guigemar un vell gelós que té tancada en una torre la que serà enamorada de l'heroi. Un vell molt similar el trobem al vell senyor de Corwent a Ionec que també tanca la seva dona en una torre pel ròssec de la gelosia i, sembla ser tònica habitual a Miló on la dona, abandonada per l'heroi, es casa amb un ric prohom que la fa vigilar per vells i joves, en alguns casos són prestes qui fan de guarda (G. v-.347); generalment són contundents i generen perill, d'altres fan riure (amarg) G. (V. 218) però aquest desfici pel control femení a voltes ens provoca la sospita d'una certa obcecació sexual.

Però també trobem la mercantilització de l'amor conjugal, que ha de reunir unes certes característiques, sempre al voltant de l'economia, perquè es pugui considerar adient. Ho veiem a Freixe, on els súbdits de Gurum, enamorat de l'heroïna, aconsegueixen convèncer-lo de que la repudiï, per no tenir un estatus social considerablement alt. Devia ser un sentiment molt arrelat, perquè Gurum no costa gaire de convèncer i, és obra del destí que n'impedeix la seva consumació.

Altra cosa és l'enderiament en la conservació o de la potestat malaltissa de la figura paterna envers les seves filles. Per exemple ho podem veure en el pare de Guiliadun (EL.v. 95-98); (2 VV. 21-30)

Tampoc no sempre el favoritisme de la nostra escriptora és massa evident. Això és el que la fa gran. Algun dels Lais, per exemple Bisclavret, la inclinació de la crueltat menyspreable i la traïció no ve per part del mascle, sinó que és l'esposa qui ordeix un pla per a perdre el seu marit. També ho veiem a Equitany, en aquest cas la dona vol donar una mort horrible al seu home i es on produeix un inesperat gir, que confirma la tria del nom del relat, com a moralitat a recordar: la equitat que demanava la dona se li dóna a l'hora de la mort. O, així mateix a Lanvall és la dona del rei, hem de suposar, pel llegendari, la reina Ginebra, la qual s'insinua i avoca el seu marit en contra de l'heroi, en ser-ne rebutjada, omplint-lo de calúmnies.

El joc dels amants

L'escadussera descripció de l'escena d'amor entre els dos amants que trobem a Guigemar (G. v. 531-534), a Ionec (I. v. 193-194), a Eliduc (EL. v. 292, 296, 299) i Bisclavret (B. v.37-38, v.103-105), fins i tot a Lligabosc (v. 94, 104-105) ens porta a pensar que allò amb que Maria es refereix a "el joc dels amants", era quelcom, que li era desconegut, o que, màxim, havia experimentat tan sols allò que ens hi descriu, ben poca cosa, al capdavall.

Potser les seves constatacions havien estat com la dels amants de El Rossinyol, un simple finestrejar o, com l'amor extra-conjugal d'Eliduc i Guiliadun, que, simplement, no havia estat: "ni follia ni frivolitat, ni vilania; tan sols la seva relació havia estat parlar, parlar i bescanviar regals".

Seria forassenyat pretendre trobar, a les pàgines dels Lais, un erotisme fortament marcat, perquè no és ni la pretensió final de l'autora, ni potser l'època ni el públic n'eren competents, ni hi havia una demanda expressa, però sabem, ho hem vist, que un públic femení n'era de concurrència habitual, o àvid en la seva lectura i, tal vegada el seu interès i, la seva inclinació allunyada del masclisme imperant de la bel·licosa condició, haurien preferit descripcions amoroses més intenses i, més quan molts Lais expressen la condició extra matrimonial dels seus herois i, que cerquen un amor més atent, més amable i afectuós, qualitats que ara aquí posem en evidència, per la seva parquedat.

La imatge de l'aspecte dramàtic possessiu que provoca un amor incommensurable el podem trobar en la sensible escena, prèvia al final d'Eliduc (vv. 1117-1118) Quan la dama d'aquest demostra un amor enorme i esplèndid deixant besar el seu marit, molts cops i, davant seu, a la filla del senyor d'Exeter. Ens commou la seva enteresa, sabem del seu dolor, sense que se l'esmenti; ens congratulem amb ella quan decideix deixar-los viure junts i passar a un segon pla.

Tal vegada, com sempre sol passar, la brevetat i la insinuació sempre tenen més força i, subtilment, es guanya molt més terreny que no pas amb la evidència més absoluta. Una visió massa femenina o poc masculina, que, amb la parafarnàlia de la juguesca i la delectança dels preliminars, els és suficient. Mentre que l'altre sexe es mou amb la fogositat del moment i la consumació sobtada de l'acte sexual que, en Maria és d'una absència absoluta, no hauria rescabalat l'adormit sentit de llibertat del seu públic femení, cercant una millor amor, afí a les seves inclinacions.

Parlar.
També en varis fragments dels seus Lais podem constatar la importància que té per a Maria el do de l'eloqüència. Això formava part de la seva capacitació intel·lectual. Els literats medievals tenien coneixements retòrics per tal com formava part de l'educació lingüística a l'hora d'enfrontar-se a l'escriptura. A més, cal saber que l'ensenyament medieval estava exclusivament dirigit al sexe masculí i que, també aleshores encara romania en possessió de l'estament eclesiàstic i, així com el seu interès es movia per la prèdica i l'assoliment de la conversió dels feligresos, calia dotar-se d'uns mitjans i uns mecanismes que els aportessin unes tècniques prou capaces per aconseguir les seves finalitats. Una d'elles provenia de l'oratòria llatina, amb les habilitats que comportava la retòrica tractada des dels temps clàssics.

Ja hem apuntat que resulta molt remarcable que una dama com la nostra escriptora, amb les restriccions sexistes acadèmiques que existien, arribés al nivell que va assolir Maria; és encomiable i ja per si sol li atorga un prestigi intel·lectual afegit, per damunt de la resta de companys literats de la seva època.

L'ensenyament reglat consistia en el Quadrivium o ensenyament de les arts liberals amb les assignatures següents: geometria, aritmètica, música, astronomia; compartit amb el Trivium o arts de l'eloqüència, compost de gramàtica, dialèctica i retòrica.

Així doncs veiem que la retòrica era una part considerable d'allò que s'entenia com ensenyament fonamental, especialment dirigit a formar personalitats universitàries i teològiques, sempre amb l'interès per a continuar l'ensenyament religiós únic a la societat.

Si una de les màximes, extretes del món acadèmic es refereix a les arts del Trivium com que la gramàtica ajuda a elaborar la parla, la dialèctica a cercar la veritat, la retòrica que, a més d'administrar l'art del convenciment a travers dels mots, ens serveix per tal d'acolorir les paraules, així no és estrany que el domini d'aquestes arts interessés fonamentalment a tot aquell que s'apropés a l'art de l'escriptura.

La retòrica era un ensenyament molt adient i útil per poder travar les històries dels narradors; les dones se'n devien servir per a contrarestar la força bruta i la malaptesa dels mascles en una època on eren la força dominant, però al capdavall la força de les paraules és increïble, per tal com pot moure els ànims dels contertulians i, un bon o pervers mitjà per aconseguir els propòsits, tal com expressen les narracions de la nostra autora.

El fet retòric en Maria gira principalment en fer agradós el tracte femení davant del masculí. Així als Lais veiem que el fet de conversar és molt important i, una part indispensable que poden oferir les dames personatges als seus amants. És una qualitat important per a elles que brinda una obertura sincera a la seva personalitat més íntima i afectuosa. Una mena de bàlsam. L'art d'agradar per la paraula és una innovació extreta dels Lais que reflecteix una manera de capteniment cortès, una capacitat intel·lectual que es cultiva per a oferir-se.

Ho podem veure a Guigemar, on aquest i la seva dama, presonera del vell marit gelós, es deliten en conversar, per sobre de tot. Cosa que ens ha alarmat, tal com hem significat en l'apartat anterior del Fins amors. Precisament en aquest Lai no apareix el fet retòric, com a cabal formatiu de la dama presonera, però sabem que, un cop ha intimat amb Guigemar, en resulta una qualitat més de complaença i un motiu més pel jove, per tal com retardar la seva partida, exposant-se al perill que el descobreixin. Tot i així, quan es retroben, al festí de Meridux, aquest do de la parla ha desaparegut i dóna la sensació que només queda el retret, fins que es descobreixen sengles penyores, promeses d'amor mutu.

A Freixe la retòrica apareix, en la forma institucionalitzada per tal com la jove protagonista és pujada en el convent de monges, rebent aquest ensenyament. És considerat un art acadèmic que cal administrar a les joves, com a signe d'educació convenient. El resultat obtingut és obtenir la fervent atenció de Gurum, senyor de tota la comarca de Dol. Tant captivat queda de la seva eloqüència que gosa enfrontar-se al seu destí reclamant-la com a esposa, sense saber si és o no d'alta condició social. El que meravella són les paraules, la gràcia en dir-les i els missatges que se'n desprenen.

El do de la paraula, de saber parlar, també pot ser utilitzat per a fins no gens ètics o benèvols, veiem com personatges femenins se'n serveixen per a intentar causar la perdició als seus confiats amants (B, E). Ho veiem, per partida doble, a Equità amb el raonament entabanador de la dona del senescal, per tal com li fa veure la seva inferioritat social, de rang i condició, cosa que no pot resultar gens equitatiu en una relació. En altres paraules reclama igualtat i fraternitat, dos conceptes que trigarien força a fer-se efectius socialment, llàstima que la demandant no pugui esgrimir la seva qualitat ètica, per com és l'amant del rei i junts pretenen matar el marit. Però la gran força legítima d'igualtat, d'aquesta malèvola dona també s'atreveix davant dels més poderosos, del seu amant, el rei, a qui entabana amb un argument similar al del seu marit senescal, reclamant igualtat davant la figura del monarca, pel perill de veure's bandejada per una nova amant de noble estirp. Diríem que a Equità la força retòrica s'expressa, de forma subliminal, com exemple d'expressió igualadora entre els membres de la societat, maquillada per volences menyspreables, cosa, val a dir, molt avançada per la seva època.

El fet dialèctic entabanador també apareix en Bisclavret. La baronessa que sap extreure la informació pertinent al seu marit, els seus secrets més íntims per tal de servir-se'n per a destruir-lo, socialment i com a ésser humà. La insistència i la manera de preguntar ofereix el preuat guany, l'ocasió per a desempallegar-se'n. Llàstima que per contrast, sempre cap la possibilitat que la força bruta de les paraules, la coacció, la tortura extregui la veritat i, retorni la justícia treta amb males arts, malgrat emprar un art de possibilitats tan lloables.

L'oratòria també és bona per a difamar. La capacitat humana de convertir una bona cosa en una cosa roí. La reina, la dona d'Artús maldiu d'allò que ha pretès ella, embolicar Lanvall a fer-lo el seu amant, per tal com tota la cort cregui que ha estat ell qui volia trair la confiança del rei. Lanvall és un cavaller i no diu la veritat, prefereix patir les humiliacions del rei que ser ell qui llevi l'honor de la seva reina. El silenci enfront de la llengua viperina.

L'eloqüència no té perquè servir només a àvols fins. Els cavallers apreciaven les dones virtuoses però també dotades de bon enraonament. Ho veiem a El Rossinyol, com la dona d'un dels veïns de Saint-Maló enlluerna a un altre veí, simplement a través de la finestra. Deduïm amb la seva loquaç conversa, l'afecte per la qual deu rebre el qualificatiu del seu interlocutor "efecte Rossinyol". Com el seu cant nocturn que adelita i només eleva l'esperit a l'enamorament.

Només cal veure els efectes de la passió que susciten les paraules a la bella i afable dama de Nantes, festejada per quatre pretendents: Els quatre dols. Ella és feliç papallonejant entre els mots de tots ells, simplement i, quan en perd tres li sembla poca la retòrica d'un sol per caure-hi extasiada.

El mateix efecte que experimenta la filla del rei que acull Eliduc. Llargues converses que l'enamoren i li faran prendre el determini de no poder-la oblidar, malgrat tenir lluny una dona abnegada. La prova que no tot era abnegació i bellesa, calia assaonar la vida de l'amant, amb la melosa suavitat de les paraules i, la tècnica de com aplicar-les.

Maria és com els seus personatges, rica en mots, narracions

i converses que ens empaiten, en el frenesí de la modernitat, per a fer-nos asseure al seu costat a escoltar-ne totes les meravelloses històries que ens ha d'explicar.

Els desmais.
Una altra de les constants que podem observar en Maria de França és la utilització dramàtica de l'efecte del desmai.
Apareix en molts dels Lais i no un cop, sinó varis. A Ionec la dona del vell senyor de Corwent, enamorada del cavaller astor, es desmaia fins a quatre ocasions: quan el troba a la misteriosa ciutat, quan s'assabenta de la mort del seu estimat, fins i tot, el moment d'explicar-li al seu fill qui era el seu pare es desmaia, per a no tornar-se a reviscolar més. A El Dissortat la pretesa pels quatre cavallers es desmaia en veure la mort de tres d'ells. A Eliduc l'esvaïment també hi és present, quan Eliduc comunica a la filla del senyor d'Exeter que torna al seu país i, també, quan fugen i els enxampa una tempesta horrorosa. Aquest darrer desmai resulta ser una mort, estranyament latent. Quan desperta, al cap de poc, torna a desmaiar-se, en sentir, de boca de la dona del seu amor, que aquest era casat i tenia una altra vida.
Finalment, hem deixat el primer Lai, en darrer terme, perquè té unes característiques, en aquest aspecte que el fan peculiar. Si bé l'heroïna, la dama tancada pel vell gelós, es desmaia en vàries ocasions: quan navega en la misteriosa nau i pensa que, tal vegada el seu amant s'ha ofegat en aquelles mateixes ones; o bé, per dues ocasions, quasi es desmaia: quan sent explicar a Meriadux que hi ha un jove, a la comarca, que té un nus com ella sols sap confegir, o quan sent el nom del jove, en la recepció pel torneig organitzat pel mateix Meriadux, l'han d'aguantar, "sinó cau rodona" (G.v.766-768)
Però el cert és que no podem pensar que sigui un aspecte melodramàtic, per aconseguir un propòsit exclusiu del gènere femení. En el mateix Lai Guigemar és el propi heroi qui es desmaia, exhaust tan bon punt la misteriosa embarcació es posa en marxa i el vaivé sedant de les ones es deixa sentir, almenys ho explicita la nostra autora, això sí però no deixa

de ser un desmai, similar a la resta que hem referit.

La riquesa
Una inclinació, força persistent en els Lais de Maria, és certa descripció de la sumptuositat. Normalment lligada a l'escenografia puntual, quan no relativa a presents que es fan els mateixos personatges. Diem que és considerable i, és cert. En quasi bé totes les narracions hi figura una breu narració, una adjectivació, que acompanya l'exposició de béns d'ostentació.
I malgrat tot la descripció sol, ser breu i molt similar, en tots els relats.
Així, per exemple trobem que una ocasió propícia, com el luxe que podria ésser descrit en un campament habitat per luxoses fades, en prou feines és digne d'esmentar-ne cap mena de detall (L. v. 81-106). Sabem que la draperia superaria la que haguessin tingut la reina Semiramis o l'emperador Octavi (L. v. 82-85), però res més; que el cordam i les perxes de la tenda de la fada, cap rei podria costejar-se'ls (L. v. 88-92), res més; ni el llit, on jeu la fada, la sola draperia superaria d'escreix allò que pugui valer tot un castell (L. v. 98); i, amb tot, la descripció de la bellesa de la fada sí que li val unes imatges poètiques precioses: la bellesa supera "la flor de lis i la rosa quan floreixen l'estiu", o la seva pell, blanca a la moda, és "més blanca que la flor xiroia" (L. 94)
I així trobem l'esment d'un objecte, comparant-lo amb l'or, entès com a moneda de pagament i, la incapacitat de fer-ne ús, per tal de pagar l'objecte determinat. Això podria ser entès com una tendència a la devaluació del metall preciós per excel·lència per part de Maria. Ja que d'aquesta forma trobem: que una misteriosa nau és tan sumptuosa que ni l'or la podria comprar.
També una mesura per avaluar la riquesa que ens vol presentar és la de recórrer a un personatge mític relacionat amb l'exuberància, en aquest cas Salomó, amb la mena d'esmalt d'un llit (G. v. 172), també comparat amb l'or.
Efectivament, per a Maria el luxe ve relacionat amb objectes

com: l'or, davant tots, però també suau xiprer i ivori blanc (G. v. 174), draps de seda (G. v.175) gibelí i porpra alexandrina (G. v.181-182), (L. v. 102)

D'or, molt sovint són els canelobres (G. v.183) i el sargit de les veles (G. v.175), fins i tot el brodat d'un vestit poc apropiat pel luxe, per a una fugida nocturna com el de Guiliadun (EL. v. 797); els anells, d'una unça (F. v.129) o una gàbia d'or a (L. v. 85), o una àliga (L. v.87); un brocat de seda de Constantinoble (F. v. 125). A Lanvall, que ja ho hem apuntat, les descripcions són molt parques, ni la riquesa de les tendes de les fades, ni les riqueses que reparteix Lanvall, entre els cavallers o els necessitat, mercès al seu do, ens són especificades (L. v. 209), (L. v. 205-214)

També el repartiment de béns pot donar argumentació al relat: haver obviat un personatge a l'hora del repartiment genera una situació que permet superar allò que s'havia de rebre (L. v. 13-19); o el repartiment dóna la feliç conclusió del relat (B. v.302-304) i (F. v. 508), la generositat acompanya molts herois dels Lais i és lloada per Maria: a (EL. v.49-51) al començament es demana ; a (F.v. 265) Gurun l'atorga, igualment que Artús l'ofereix (L. v.13-17), però, també l'oblida (L. v.19), o la treu per despit (L. v.478); el fill de Miló és molt desprès, li diuen "Sens Par" (M. v. 340); el rei que visita Eliduc (EL. v.257), també és generós, com la seva filla (EL. v. 379-381)

I tot i això, mai una espasa és luxosa i d'empunyadura rica i original, tal com veiem en altres ocasions literàries, per part d'altres autors. Les vestimentes no són quasi mai dignes d'elogis, deduïm per la manca de sumptuositat; llevat d'un parell d'ocasions: quan sabem que el rei de Bretanya guarneix Guigemar, abans de la seva partida o bé la de la fada enamorada de Lanvall o Guiliadun, en fugir. Per altra banda un objecte poc donat a l'exuberància com una nau sí que requereix la seva atenció i la seves apreciacions, la qual cosa ens porta a suposar que són fruit d'una observació pròpia, potser de la nau que la dugué a Anglaterra.

Vist això podem pensar que Maria tenia certs tòpics d'allò

que representaven la sumptuositat i el luxe i, els descrivia amb les seves pròpies coneixences i que, per tant, si admetem que les descripcions són prou similars, com hem vist, i que podem pensar que no eren massa precises i, més aviat poc concretes i puntuals, podem deduir que havia gaudit en comptades ocasions de situacions i observacions empíriques luxoses i, que el seu cabal informatiu era limitat i reduït, per la qual cosa, la teoria de la seva estada a la cort d'Enric II i Elionor d'Aquitània ens diria que era la d'una cort no gaire sumptuosa i, més aviat modesta i parca econòmicament.

Una de les aportacions més curioses, entre totes, de la presència del luxe en els Lais és la de (G. v. 178-180) quan ens diu:
"sols del coixí puc dir grans coses:
qui hi reclina el cap als seus rangs
jamai no tindrà cabells blancs!"

L'aspecte fantàstic.
Al Lai Bisclavret, trobem una nota de Maria, que fa pensar en el procés que ha portat a terme per a descobrir l'aspecte fantàstic que pot ser dut al paper i, per tant, fer-ne literatura.
"Meravelles a manta hem vist
a la Bretanya, des de sempre!" (B. v. 259-260)

D'aquests mots s'observa que aquest aspecte del que es pot escriure es concentra especialment a la Bretanya. Així com, literàriament, hom pot detectar en l'aire específic d'un territori concret, els aspectes meravellosos que fan de la contrada un lloc especial i únic, trobem aquests trets disseminats en tot allò que ho pobla, sigui bestiari, del món vegetal, mineral inert o, fins i tot, en objectes i utilitaris, fabricats, suposadament, per l'home.

Bestiari:
Cérvola blanca que parla: Guigemar
Home llop, al Bisclavret
L'Astor que visita la senyora de Corwent al Lai Ionec.

La mostela del Lai Eliduc que cerca una flor que torna a la vida a una altra mostela.

Vegetal:
Les plantes que fan la poció reviscolant, al Lai Els Dos Amants i, que un cop vessada, genera un prat ple de plantes remeieres espectacular.
La flor que troba la mostela al bosc a la part final del Lai Eliduc i, que retorna a la vida, primer una altra mostela i, després, a l'enamorada d'Eliduc.

Objectes:
Nau misteriosa que duu tant l'heroi com la seva enamorada Guigemar
La poció reviscolant de Els Dos Amants.
L'anell desmemoritzador de Ionec.
Els símbols de fidelitat o com a prova de superació per privar la dels amants: el nus a la camisa i el cinyell de Guigemar
La branca d'avellaner que serveix a Tristany per remarcar las seva presència a la reina.
Semblant a la força que suavitza la caiguda de la dama enamorada del cavaller astor d'Ionec.

Persones:
Les fades del Lai Lanvall.

No podem oblidar la desconeguda força que empeny a fugir, en un moment donat, la dama enamorada del Lai Guigemar i que la fa defugir tots els seus captors. No massa descrita en detall i, per tant, de característiques misterioses.
Amb els mateixos efectes també la força que empeny a saltar, una increïble alçada, des d'una finestra, per part de l'enamorada de Ionec. En el món clàssic un cas molt semblant, encara que aquí no s'especifica com succeeix la salvació, el trobem en Iole, aquella que provocarà la mort d'Hèracles, la qual saltant per suïcidar-se és retinguda, durant la caiguda, per la volta dels seus vestits.

I podem incloure aquí la capacitat de Lanvall de generar tota mena de béns, que després reparteix, gràcies al do que li confegeix la fada enamorada seva.
Les transformacions tenen varis sentits:
D'animal a humà: D'astor a cavaller: Ionec.
D'humà vers animal: El soberg prohom de Bretanya en Bisclavret, que esdevé un home llop.
D'humà a humà: El cavaller astor esdevé la seva amant, senyora de Corwent, per a demostrar-li que no és obra malèfica i que és un bon creient. Convertit en la forma d'ella combrega i resa el Credo, davant la seva gelosa vigilant.
També cal apuntar aquí aquells Lais que donen més poca importància al component fantàstic o gens. Així els que menys són: El Rossinyol, Miló, El Dissortat i El lligabosc.

Antics i Moderns.
Com ara veurem, en els versos del 20 al 30 del Prefaci dels seus Lais, Maria ens parla de la literatura antiga, o del tarannà literari que l'havia precedit fins aleshores. D'aquí en podem extreure vàries consideracions. La formació culta de la nostra escriptora que, malgrat referir-se només a una font explícitament, Priscià, demostra la coneixença del tema i només se'n serveix per a a reblar l'existència en l'obra d'aquest clàssic d'unes consideracions coincidents amb el tema que l'interessa a ella. Això és la manera de plantejar les obres en els antics, cosa que els dóna unes característiques determinades: la inclusió de certs fragments, més o menys densos, en vistes per part de llurs autors que podran ser observats pels lectors venidors i, que aquests generaran preguntes i maneres de respondre-les, obres i nous plantejaments a l'hora d'afrontar-los.
En aquesta qüestió es troba ella mateixa, amb la tessitura de prendre partit o no per la seva peculiar forma d'encarar-s'hi. En el cas de Maria, segons ens diu, ella no està interessada en seguir nous serrells, o noves sendes d'estudi, en les obres clàssiques concretes, sinó fer el mateix que ha observat que es produïa en aquest camps, però en una altra mena

d'obres que a ella, ara com ara, li interessen més: els Lais clàssics que ha sentit.

El comentari que fa del procés d'assimilació dels clàssics, des de l'antigor, li serveix per a justificar i plantejar un esquema de treball, pel seu procés d'assimilació dels cants celtes que ha sentit i, fer-ne noves interpretacions, recreacions, noves versions, allò que havien encetat els antics, obrir noves sendes, en definitiva.

De La Nostra Traducció
Hem volgut ser respectuosos amb el text original però hi havia certes consideracions que no hem complert per vàries raons. Hem respectat, pel que fa al missatge, l'estructura de cada vers individual, fins al punt que ha estat possible, però no quan la llengua original era tan precisa i carregada de brevetat que creiem el missatge donat no era prou poètic per guanyar precisió mètrica; aleshores hem donat força al primer en detriment de la segona. En ser un text medieval, pel fet de la llunyania compositiva, podia resultar distant i críptic, cosa que, si el volíem conservar en un sentit molt estricte, amb les constriccions mètriques i lèxiques antigues, podíem haver-ne malmès la bellesa que es podia aconseguir, en el sentit individual.

Hem conservat, tant com ha estat possible, un mot del vers que donés la referència exacta de quin es tractava, cosa que ha estat possible perquè l'estat de la llengua original té terminologia molt propera a la nostra.

Així doncs, resumint, hem sacrificat la medievalitat per la bellesa entenedora moderna, sense allunyar-nos del sentit estricte del vers concret.

EPS.-

ELS LAIS
de
MARIA DE FRANÇA

PRÒLEG

Aqui déu ha donat ciència
i parola en l'eloqüència
no s'hauria pas d'amagar
ans mostrar-se dispost i clar.
5 Quan un bé així llença carrera
és com veure la flor primera
i quan ho sent la multitud
és com olorar un prat de salut.

Un mal costum dels antics savis
10 que Priscià en tastà dels llavis,
citant dels llibres que van fer,
són fragments obscurs al paper
perquè aquells que els estudiessin
en voler aprendre'ls es perdessin.
15 Si bé, glossant lletra en retoc,
el ver sentit no els duia enlloc.
Ja els filòsofs es van adonar
i a tots els va quedar ben clar
que com més temps transcorregués
20 entendre'ls costaria més
i, amb tot, haurien de guardar-se
que no en transcendís una farsa.
Per lliurar-se un del vici greu
li cal estudiar i fer seu
25 un gran treball: bastir unes obres
que sempre l'allunyin de sobres
de patir desconeixement.

Això em dugué a pensar; partint
del llatí fer una bona història
30 cap al romanç, com trajectòria.
Mes no, així no s'hauria entès,
malgrat seguir a uns de més pes.

Prolog.

Qui Deus a duné esciënce
e de parler bone eloquence,
ne s'en deit taisir ne celer,
ainz se deit voluntiers mustrer.
Quant un granz biens est mult oïz,
dunc a primes est il fluriz,
e quant loëz est de plusurs,
dunc a espandues ses flurs.

Custume fu as anciëns,
ceo testimonie Preciëns,
es livres que jadis faiseient
assez oscurement diseient
pur cels ki a venir esteient
e ki apendre les deveient,
que peüssent gloser la letre
e de lur sen le surplus metre.
Li philesophe le saveient,
e par els meïsme entendeient,
cum plus trespassereit de tens,
plus serreient sutil de sens
e plus se savreient guarder
de ceo qu'i ert a trespasser.
Ki de vice se vuelt defendre,
estudiër deit e entendre
e grevose oevre comencier ;
par ceo s'en puet plus esloignier
e de grant dolur delivrer.

Pur ceo començai a penser
d'alkune bone estoire faire
e de Latin en Romanz traire ;
mais ne me fust guaires de pris :
itant s'en sunt altre entremis.

Llavors els lais sentits un dia
em van venir al cap; sabia
35que es van fer de records antics
dels nostres grans, molts amb fatics,
escoltats mentre eren infants,
de boca mateix dels seus grans.
Jo n'havia sentit un munt,
40no els volia oblidar i punt!
I així que jo en rima els he escrit
durant moltes vetlles, de nit,
en honor a vós, oh rei cortès,
noble i prudent i gran entès
45prop de qui tota joia arrela
 i al cor del qual rau la cautela.
Els Lais que he volgut recollir,
són molt millor rimats en si.
Dir-vos-els de cor jo pensava
50però per si la veu se'm clava
més grat serà rebre'ls tal fets.
Joia hauré sols si us són distrets
com mai n'obtingui de més cosa.
No em prengueu pas per vanitosa
55 si us prego, que ara esteu atent,
vet aquí ja el començament:

Des lais pensai qu'oïz aveie.
Ne dutai pas, bien le saveie,
que pur remembrance les firent
des aventures qu'il oïrent
cil ki primes les comencierent
e ki avant les enveierent.
Plusurs en ai oïz conter,
nes vueil laissier ne obliër.
Rimé en ai e fait ditié,
soventes feiz en ai veillié.
En l'onur de vus, nobles reis,
ki tant estes pruz e curteis,
a qui tute joie s'encline,
e en qui quer tuz biens racine,
m'entremis des lais assembler
par rime faire e reconter.
En mun quer pensoe e diseie,
sire, ques vos presentereie.
Se vos les plaist a receveir,
mult me ferez grant joie aveir ;
a tuz jurs mais en serrai liee.
Ne me tenez a surquidiee,
se vos os faire icest present.
Ore oëz le comencement !

I- GUIGEMAR

Qui tracta amb bon material
molt li pesa si queda mal!
Sentiu senyors què diu Maria
quan no oblida cabal que tria:
5 Allò que passa a gent decent,
s'encomana si ho fem plaent.
Així, quan hi ha en un país
dones o homes d'aquest matís,
als molts a qui l'enveja els cou,
10 i amb vileses en fan un jou
per tal de rebaixar-ne el preu;
i amb queixals mosseguen arreu,
com gos malvat dels més arters,
als que l'amanyaguen sincers.
15 Així que cap vel vull deixar-me
la trama espessa em darà alarma
si un d'un altre en diu els mals,
com malparla, no estem en fals!

Els contes que sé, podreu veure
20 que els bretons n'han fet lais per lleure,
però us ho conten altrament.
Així, de bon començament,
seguint-ne lletra i escriptura,
jo us ensenyaré una aventura
25 que passà a Bretanya Menor,
en un temps molt anterior.

Llavors d'Hoel era la terra
tant regnava en pau com en guerra.
El rei havia un seu baró,
30 senyor i governant de Lleó:
Ordial se l'anomenava

I. Guigemar.

Ki de bone matire traite,
mult li peise, se bien n'est faite.
Oëz, seignur, que dit Marie,
ki en sun tens pas ne s'oblie.
Celui deivent la genz loër,
ki en bien fait de sei parler.
Mais quant il a en un païs
hume ne femme de grant pris,
cil ki de sun bien unt envie
sovent en diënt vileinie.
Sun pris li vuelent abaissier :
pur ceo comencent le mestier
del malvais chien coart, felun,
ki mort la gent par traïsun.
Nel vueil mie pur ceo laissier,
se jangleür u losengier
le me vuelent a mal turner ;
ceo est lur dreiz de mesparler.

Les contes que jo sai verais,
dunt li Bretun unt fait les lais,
vos conterai assez briefment.
El chief de cest comencement
sulunc la letre e l'escriture
vos mosterrai une aventure,
ki en Bretaigne la Menur
avint al tens anciënur.

En cel tens tint Hoilas la terre,
sovent en pais, sovent en guerre.
Li reis aveit un suen barun,
ki esteit sire de Liün.
Oridials esteit apelez.

el seu rei molt se l'estimava,
per cavaller noble i valent.
Vivia amb dona i fills content:
35 un noi i una noia molt bella,
Noguent es deia la donzella
Guigemar es deia el donzell.
Regne no n'havia més bell
a pler l'estimava la mare
40 i molt d'ell n'estava el seu pare.
Arribat el temps de campar
al rei servir se l'envià.
Fou tingut per prudent i savi
i elogis en deia tot llavi.
45 Acabada a la cort l'estada,
havent seny i l'edat guanyada,
el rei l'adobà ricament
i armes rebé, segons talent;
Guigemar seguí endavant
50 i la cort el veié marxant
al poc a Flandes arribava;
on es feia guerra, lluitava,
ni Lorena o Borgonya mai
ni a Anjou ni Gascunya rai
55 veieren home més lloable,
com fou ell, cavaller notable.

Mes la Natura un gest rebec
li féu, puix d'amor era llec.
Sota el cel cap dama o donzella,
60 ni que fos la més noble o bella,
ell d'amor no l'hagués rondat
per disposta que hagués estat.
Cap no li dava carabassa
però ell no hi tenia cap traça
65 i ningú mai apercebé
que en amor s'avenís planer:
d'això el veien irremeiable
tant els estranys com l'amigable.

De sun seignur ert mult amez ;
chevaliers ert pruz e vaillanz.
De sa moillier out dous enfanz,
un fiz e une fille bele.
Noguent ot nun la dameisele ;
Guigemar noment le dancel :
el reialme nen out plus bel.
A merveille l'amot sa mere,
e mult esteit bien de sun pere.
Quant il le pout partir de sei,
si l'enveia servir le rei.
Li vadlez fu sages e pruz ;
mult se faiseit amer de tuz.
Quant fu venuz termes e tens
que il aveit eage e sens,
li reis l'adube richement ;
armes li dune a sun talent.
Guigemar se part de la curt ;
mult i dona ainz qu'il s'en turt.
En Flandres vait pur sun pris querre :
la out tuz jurs estrif e guerre.
En Lohereigne n'en Burguigne
ne en Anjou ne en Gascuigne
a cel tens ne pout hom truver
si bon chevalier ne sun per.

De tant i out mespris nature
que unc de nule amur n'out cure.
Suz ciel n'out dame ne pucele,
ki tant par fust noble ne bele,
se il d'amer la requeïst,
que volentiers nel retenist.
Plusurs l'en requistrent suvent,
mais il n'aveit de ceo talent ;
nuls ne se pout aparceveir
que il volsist amur aveir.
Pur ceo le tienent a peri
e li estrange e si ami.

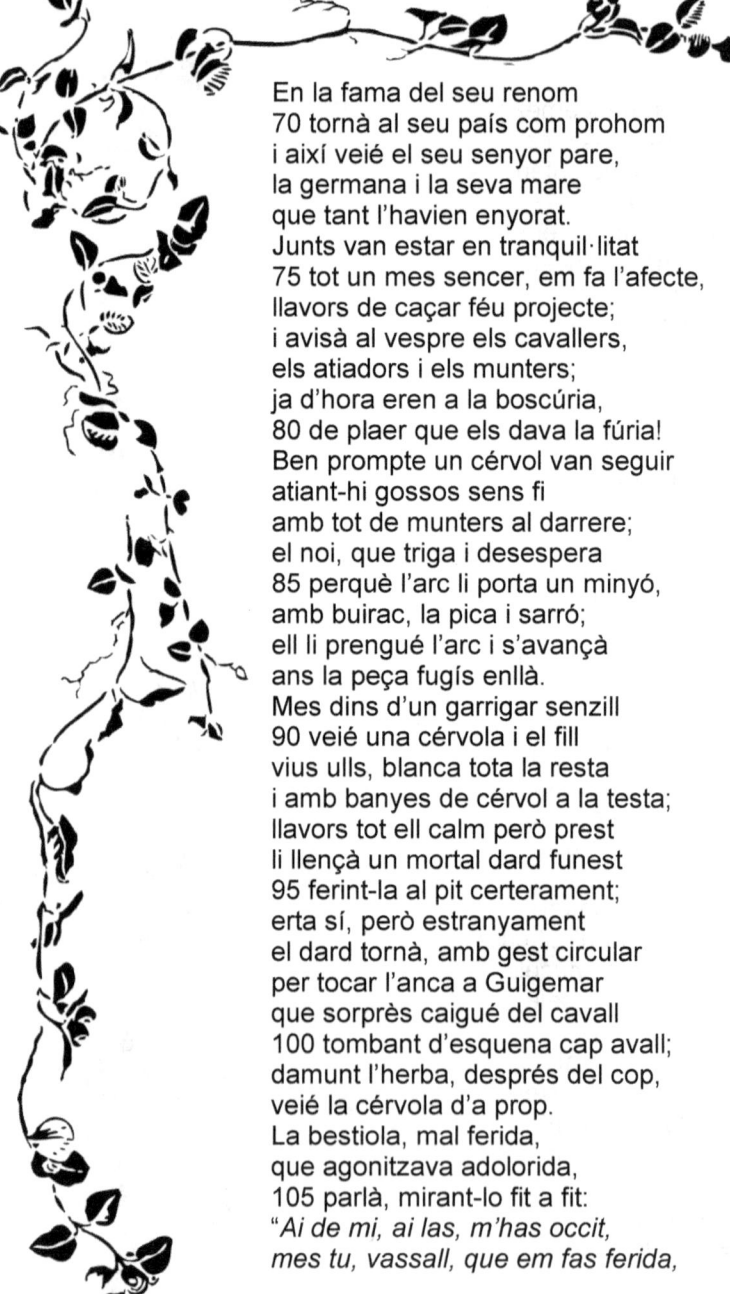

En la fama del seu renom
70 tornà al seu país com prohom
i així veié el seu senyor pare,
la germana i la seva mare
que tant l'havien enyorat.
Junts van estar en tranquil·litat
75 tot un mes sencer, em fa l'afecte,
llavors de caçar féu projecte;
i avisà al vespre els cavallers,
els atiadors i els munters;
ja d'hora eren a la boscúria,
80 de plaer que els dava la fúria!
Ben prompte un cérvol van seguir
atiant-hi gossos sens fi
amb tot de munters al darrere;
el noi, que triga i desespera
85 perquè l'arc li porta un minyó,
amb buirac, la pica i sarró;
ell li prengué l'arc i s'avança
ans la peça fugís enllà.
Mes dins d'un garrigar senzill
90 veié una cérvola i el fill
vius ulls, blanca tota la resta
i amb banyes de cérvol a la testa;
llavors tot ell calm però prest
li llençà un mortal dard funest
95 ferint-la al pit certerament;
erta sí, però estranyament
el dard tornà, amb gest circular
per tocar l'anca a Guigemar
que sorprès caigué del cavall
100 tombant d'esquena cap avall;
damunt l'herba, després del cop,
veié la cérvola d'a prop.
La bestiola, mal ferida,
que agonitzava adolorida,
105 parlà, mirant-lo fit a fit:
"*Ai de mi, ai las, m'has occit,
mes tu, vassall, que em fas ferida,*

En la flur de sun meillur pris
s'en vait li ber en sun païs
veeir sun pere e sun seignur,
sa bone mere e sa sorur,
ki mult l'aveient desiré.
Ensemble od els a sujurné,
ceo m'est a vis, un meis entier.
Talenz li prist d'aler chacier.
La nuit somunt ses chevaliers,
ses veneürs e ses berniers.
Al matin vait en la forest ;
kar cil deduiz forment li plest.
A un grant cerf sunt aruté,
e li chien furent descuplé.
Li veneür current devant ;
li dameisels se vait tarjant.
Sun arc li portot uns vaslez,
sun hansac e sun berserez.
Traire voleit, se mes eüst,
ainz que d'iluec se remeüst.
En l'espeisse d'un grant buissun
vit une bisse od sun foün.
Tute fu blanche cele beste ;
perches de cerf out en la teste.
Pur l'abai del brachet sailli.
Il tent sun arc, si trait a li.
En l'esclot la feri devant ;
ele chaï demeintenant.
La saiete resort ariere :
Guigemar fiert en tel maniere
en la quisse desqu'al cheval,
que tost l'estuet descendre a val.
A terre chiet sur l'erbe drue
de lez la bisse qu'out ferue.
La bisse, ki nafree esteit,
anguissuse ert, si se plaigneit.
Aprés parla en itel guise :
'Oï, lasse ! Jo sui ocise !
E tu, vassal, ki m'as nafree,

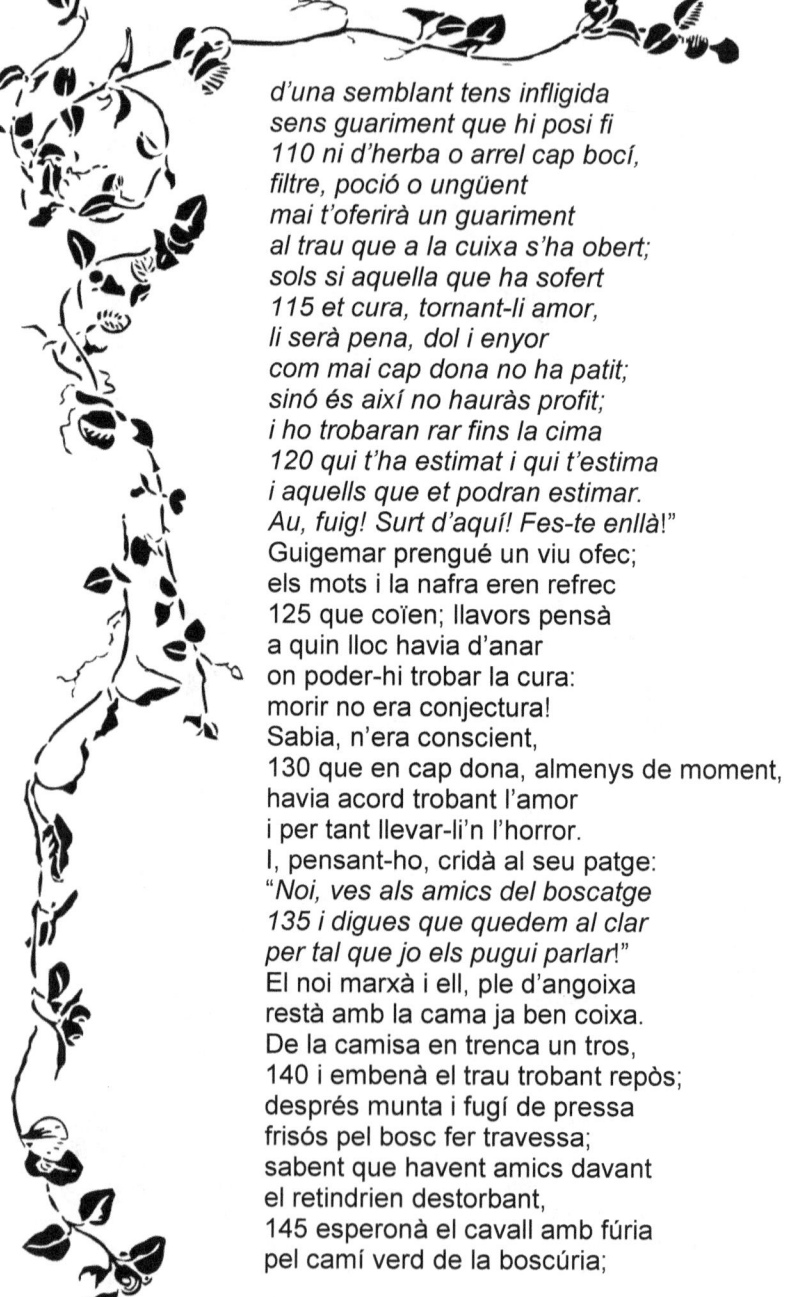

*d'una semblant tens infligida
sens guariment que hi posi fi
110 ni d'herba o arrel cap bocí,
filtre, poció o ungüent
mai t'oferirà un guariment
al trau que a la cuixa s'ha obert;
sols si aquella que ha sofert
115 et cura, tornant-li amor,
li serà pena, dol i enyor
com mai cap dona no ha patit;
sinó és així no hauràs profit;
i ho trobaran rar fins la cima
120 qui t'ha estimat i qui t'estima
i aquells que et podran estimar.
Au, fuig! Surt d'aquí! Fes-te enllà!"*
Guigemar prengué un viu ofec;
els mots i la nafra eren refrec
125 que coïen; llavors pensà
a quin lloc havia d'anar
on poder-hi trobar la cura:
morir no era conjectura!
Sabia, n'era conscient,
130 que en cap dona, almenys de moment,
havia acord trobant l'amor
i per tant llevar-li'n l'horror.
I, pensant-ho, cridà al seu patge:
*"Noi, ves als amics del boscatge
135 i digues que quedem al clar
per tal que jo els pugui parlar!"*
El noi marxà i ell, ple d'angoixa
restà amb la cama ja ben coixa.
De la camisa en trenca un tros,
140 i embenà el trau trobant repòs;
després munta i fugí de pressa
frisós pel bosc fer travessa;
sabent que havent amics davant
el retindrien destorbant,
145 esperonà el cavall amb fúria
pel camí verd de la boscúria;

tels seit la tue destinee :
ja mais n'aies tu medecine !
Ne par herbe ne par racine,
ne par mire ne par poisun
n'avras tu ja mes guarisun
de la plaie qu'as en la quisse,
des i que cele te guarisse,
ki suferra pur tue amur
si grant peine e si grant dolur,
qu'unkes femme tant ne sufri ;
e tu referas tant pur li,
dunt tuit cil s'esmerveillerunt,
ki aiment e amé avrunt
u ki puis amerunt aprés.
Va t'en de ci ! Lai m'aveir pes ! '
Guigemar fu forment blesciez.
De ceo qu'il ot est esmaiez.
Comença sei a purpenser
en quel terre purra aler
pur sa plaie faire guarir ;
kar ne se volt laissier murir.
Il set assez e bien le dit
qu'unkes femme nule ne vit,
a qui il aturnast s'amur
ne kil guaresist de dolur.
Sun vaslet apela avant.
'Amis', fait il,'va tost poignant !
Fai mes compaignuns returner ;
kar jo voldrai a els parler.'
Cil point avant, e il remaint.
Mult anguissusement se pleint.
De sa chemise estreitement
bende sa plaie fermement.
Puis est muntez, d'iluec s'en part ;
qu'esloigniez seit, mult li est tart ;
ne vuelt que nuls des suens i vienge,
kil desturbast ne kil retienge.
Le travers del bois s'en ala
un vert chemin, ki l'en mena

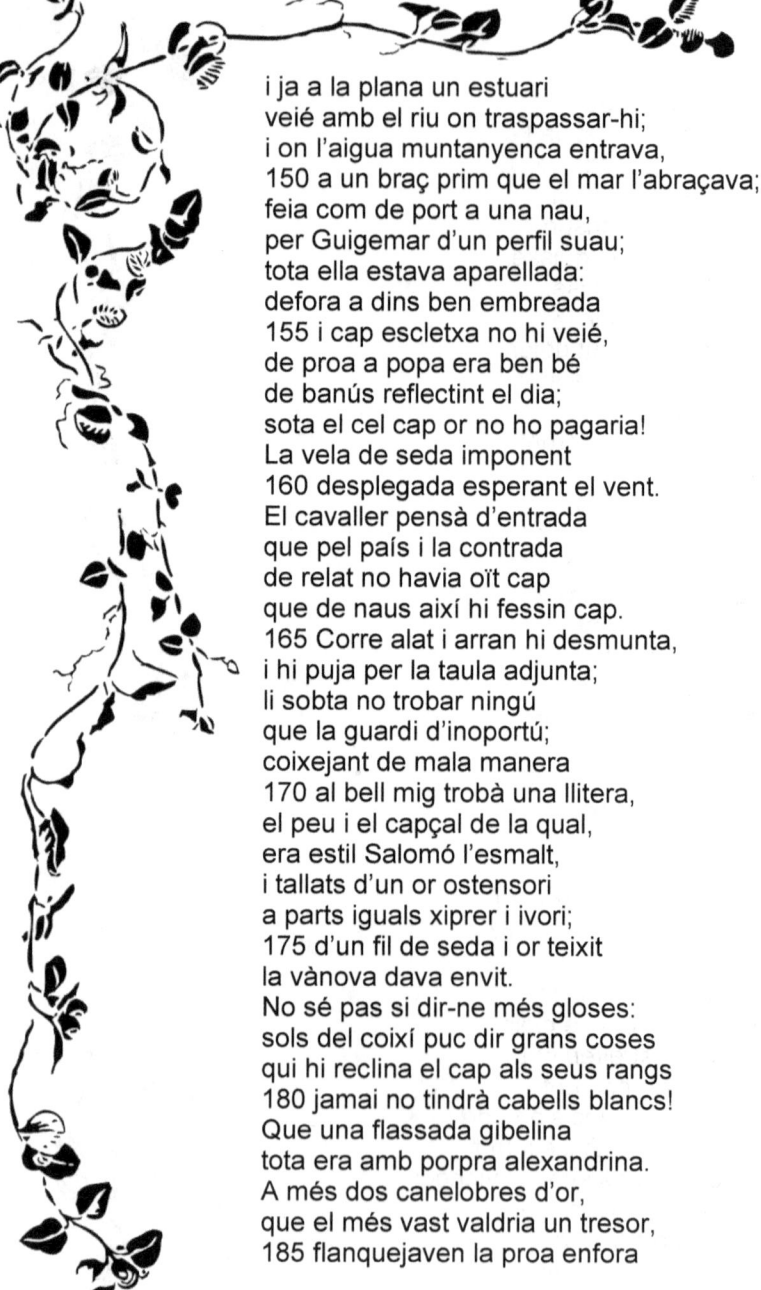

i ja a la plana un estuari
veié amb el riu on traspassar-hi;
i on l'aigua muntanyenca entrava,
150 a un braç prim que el mar l'abraçava;
feia com de port a una nau,
per Guigemar d'un perfil suau;
tota ella estava aparellada:
defora a dins ben embreada
155 i cap escletxa no hi veié,
de proa a popa era ben bé
de banús reflectint el dia;
sota el cel cap or no ho pagaria!
La vela de seda imponent
160 desplegada esperant el vent.
El cavaller pensà d'entrada
que pel país i la contrada
de relat no havia oït cap
que de naus així hi fessin cap.
165 Corre alat i arran hi desmunta,
i hi puja per la taula adjunta;
li sobta no trobar ningú
que la guardi d'inoportú;
coixejant de mala manera
170 al bell mig trobà una llitera,
el peu i el capçal de la qual,
era estil Salomó l'esmalt,
i tallats d'un or ostensori
a parts iguals xiprer i ivori;
175 d'un fil de seda i or teixit
la vànova dava envit.
No sé pas si dir-ne més gloses:
sols del coixí puc dir grans coses
qui hi reclina el cap als seus rangs
180 jamai no tindrà cabells blancs!
Que una flassada gibelina
tota era amb porpra alexandrina.
A més dos canelobres d'or,
que el més vast valdria un tresor,
185 flanquejaven la proa enfora

fors de la landë. En la plaigne
vit la faleise e la muntaigne
d'une ewe ki desuz cureit.
Braz fu de mer ; hafne i aveit.
El hafne out une sule nef,
dunt Guigemar choisi le tref.
Mult esteit bien aparilliee ;
defors e dedenz fu peiee,
nuls huem n'i pout trover jointure.
N'i out cheville ne closture
ki ne fust tute d'ebenus ;
suz ciel n'a or ki vaille plus.
La veile fu tute de seie :
mult est bele, ki la despleie.
Li chevaliers fu mult pensis ;
en la cuntree n'el païs
n'out unkes mes oï parler
que nes i peüst ariver.
Il vait avant, si descent jus ;
a grant anguisse munta sus.
Dedenz quida humes truver,
ki la nef deüssent guarder :
n'i aveit nul, ne nul ne vit.
En mi la nef trova un lit,
dunt li pecol e li limun
furent a l'oevre Salemun
taillié a or, tut a trifoire,
de ciprés e de blanc ivoire.
D'un drap de seie a or teissu
ert la coilte ki desus fu.
Les altres dras ne sai preisier ;
mes tant vos di de l'oreillier :
ki sus eüst sun chief tenu,
ja mais le peil n'avreit chanu.
Li coverturs de sabelin
volz fu de purpre Alexandrin.
Dui chandelabre de fin or
(li pire valeit un tresor)
el chief de la nef furent mis ;

amb grans ciris cremant alhora;
com tot això el meravellava
al llit, defallit sense saba,
s'hi mig recolzà amb dolor a l'anca
190 i veié, que ni els ulls tanca,
impossible desembarcar:
la nau ja era a mig mar enllà
com si res, lliscant l'aigua llisa
bressolant-se amb la suau brisa.
195 Res podia fer, de moment,
i el dolor tornà violent;
no és d'estranyar que es desmaiés
del mal fiblant amb massa excés.
Com patir ja és prou aventura
200 va pregar déu que en tingués cura
i que ben aviat fes port
prou sa i estalvi de la mort.
Amb fatic s'allità i dormí
repassant tot des del matí
205 i esperant que al vespre arribés
on no curat fóra només.

Arribà a una antiga ciutat,
la més important del comtat;
era un vell qui la comandava,
210 tenia dona d'alta saba
i, a més d'alt llinatge lluïa
llesta bellesa i cortesia.
Ell, un gelós amb desmesura,
perquè, de fet, ja és la natura
215 que lliga els vells amb ser gelós:
sempre es veuen cornuts pitjors!
L'edat del traspàs no se'n lliura
de tant guardar el seu sols fan riure!
Sota la torrassa un verger
220 verdejava un quarter;
un clos de marbre verd per tanca
altíssima, espessa i estanca;
un sol pas d'entrar i de granit,

desus out dous cirges espris.
De ceo s'esteit il merveilliez.
Il s'est sur le lit apuiez ;
repose sei, sa plaie duelt.
Puis est levez, aler s'en vuelt.
Il ne pout mie returner ;
la nes est ja en halte mer,
od lui s'en va delivrement.
Bon oré ot e suef vent,
n'i a niënt de sun repaire ;
mult est dolenz, ne set que faire.
N'est merveille se il s'esmaie,
kar grant dolur a en sa plaie.
Sufrir li estuet l'aventure.
A deu prie qu'en prenge cure,
qu'a sun poeir l'ameint a port,
e sil defende de la mort.
El lit se colche, si s'endort.
Hui a trespassé le plus fort ;
ainz la vespree arivera
la u sa guarisun avra.

Desuz une antive cité,
ki esteit chiés de cel regné.
Li sire, ki la mainteneit,
mult fu vielz huem e femme aveit,
une dame de halt parage,
franche, curteise, bele e sage.
Gelus esteit a desmesure ;
car ceo purporte la nature
que tuit li vieil seient gelus ;
mult het chascuns que il seit cus.
Tels est d'eage li trespas !
Il ne la guardout mie a gas.
En un vergier suz le donjun
la out un clos tut envirun.
De vert marbre fu li muralz,
mult par esteit espés e halz.
N'i out fors une sule entree ;

molt ben vigilat dia i nit.
225 A l'altra banda la mar fonda,
tant rost que era en va fer-hi ronda,
només mitjançant un vaixell,
i sols emprat pels del castell.
El mur deixava al vell segur
230 que ella no veuria ningú.
L'alcova estanca li va fer
amb capella entrant primer.
La cambra era plena amb pintures
moltes Venus i escultures,
235 representant l'amor real,
la natura i els trets del qual,
com hom creu, és l'amor que espera,
lleial, sincer en sobremanera.
El llibre d'Ovidi, que diu
240 com d'amar tothom és procliu,
hi era proscrit a la brava
i, així doncs s'excomunicava
els qui el gosessin llegir,
citar, ensenyar o…exercir.

245 Amb la dama el vell hi tenia
la seva neboda per guia,
molt pacient i complaent,
de tarannà franc poc ardent
sa germana li recordava
250 i això a ambdues apropava.
Si ell marxava era un suport
fins que tornés i en fes report,
puix cap home, dona o canalla
podia creuar la muralla.
255 Era un mossèn blanc i florit
garant de clau i del pany proscrit;
el baix membre havia perdut,
ans no el marit l'hagués tingut.
Aquell vell deia missa al dia
260 i duia el menjar i el servia.

cele fu nuit e jur guardee.
De l'altre part fu clos de mer ;
nuls n'i pout eissir ne entrer,
se ceo ne fust od un batel,
se busuin eüst al chastel.
Li sire out fait dedenz le mur,
pur metre i sa femme a seür,
chambre ; suz ciel n'aveit plus bele.
A l'entree fu la chapele.
La chambre ert peinte tut en tur.
Venus, la deuesse d'amur,
fu tresbien mise en la peinture ;
les traiz mustrot e la nature
cument hom deit amur tenir
e leialment e bien servir.
Le livre Ovide, u il enseigne
coment chascuns s'amur estreigne,
en un fu ardant le getout,
e tuz icels escumenjout,
ki ja mais cel livre lirreient
ne sun enseignement fereient.

La fu la dame enclose e mise.
Une pucele a sun servise
li aveit sis sire bailliee,
ki mult ert franche e enseigniee ;
sa niece ert, fille sa sorur.
Entre les dous out grant amur ;
od li esteit quant il errout.
De ci la que il repairout,
hume ne femme n'i venist
ne fors de cel murail n'issist.
Uns vielz prestre blans e floriz
guardout la clef de cel postiz ;
les plus bas membres out perduz :
altrement ne fust pas creüz.
Le servise Deu li diseit
e a sun mangier la serveit.

Un jorn radiant, ja servida,
la dama sortí a l'eixida,
fet un bon son rere el dinar,
amb la neboda a passejar;
265 i van sentir una fressa fina
i en mirar avall, cap a marina,
van veure a flor d'aigua la nau
entrant al port amb un gest suau;
com ningú la menava, en lluita
270 la dama era si restar o fuita,
de por que li feia era clar
que enrogís enlloc de marxar.
No així la donzella, més presta,
audaç i a punt sempre de gesta,
275 l'asserenà i va donar pau.
Després, apropant-se a la nau,
la neboda es tragué la capa
abans pujar, l'última etapa,
primer no hi veié res vivent,
280 després al cavaller dorment;
i el va creure mort, tot i jove;
de cop el vent mogué la roba
i espantada baixà d'un bot
i a la dama li ho conta tot.
285 Ara eixa, calma, l'acomboia
pel mort que ha vist la pobra noia,
i amb serenor indica: "*Tornem,
si és mort, doncs l'enterrarem;
farem que ens ajudi mossèn;
290 que és viu? Que expliqui i estupend!*"
Van fer les dues la passera;
la dama avant, noia darrera,
mirant tot sovint en rodona,
i en ser la primera a l'espona
295 es mirà amb cura el cavaller
com de bell arribava a ser!
S'entristí tant per la ferida
com commogué la curta vida.
Li posà al cim del pit la mà

Cel jur meïsme ainz relevee
fu la dame el vergier alee.
Dormi aveit aprés mangier,
si s'ert alee esbaneier,
ensemble od li ot la meschine.
Guardent a val vers la marine ;
la nef virent al flot muntant,
ki el hafne veneit siglant ;
ne veient rien ki la cunduie.
La dame vuelt turner en fuie :
se ele a poür, n'est merveille ;
tute en fu sa face vermeille.
Mes la meschine, ki fu sage
e plus hardie de curage,
la recunforte e aseüre.
Cele part vunt grant aleüre.
Sun mantel oste la pucele,
entre en la nef ki mult fu bele.
N'i trova nule rien vivant
fors sul le chevalier dormant.
Arestut sei, si l'esguarda ;
pale le vit, mort le quida.
Ariere vait la dameisele,
hastivement sa dame apele.
Tute l'aventure li dit,
mult pleint le mort que ele vit.
Respunt la dame : 'Or i aluns !
Se il est morz, nus l'enforruns ;
nostre prestre nus aidera.
Se vif le truis, il parlera.'
Ensemble vunt, ne targent mes,
la dame avant e cele aprés.
Quant ele est en la nef entree,
devant le lit est arestee.
Le chevalier a esguardé ;
mult pleint sun cors e sa belté.
Pur lui esteit triste e dolente
e dit que mar fu sa juvente.
Desur le piz li met sa main ;

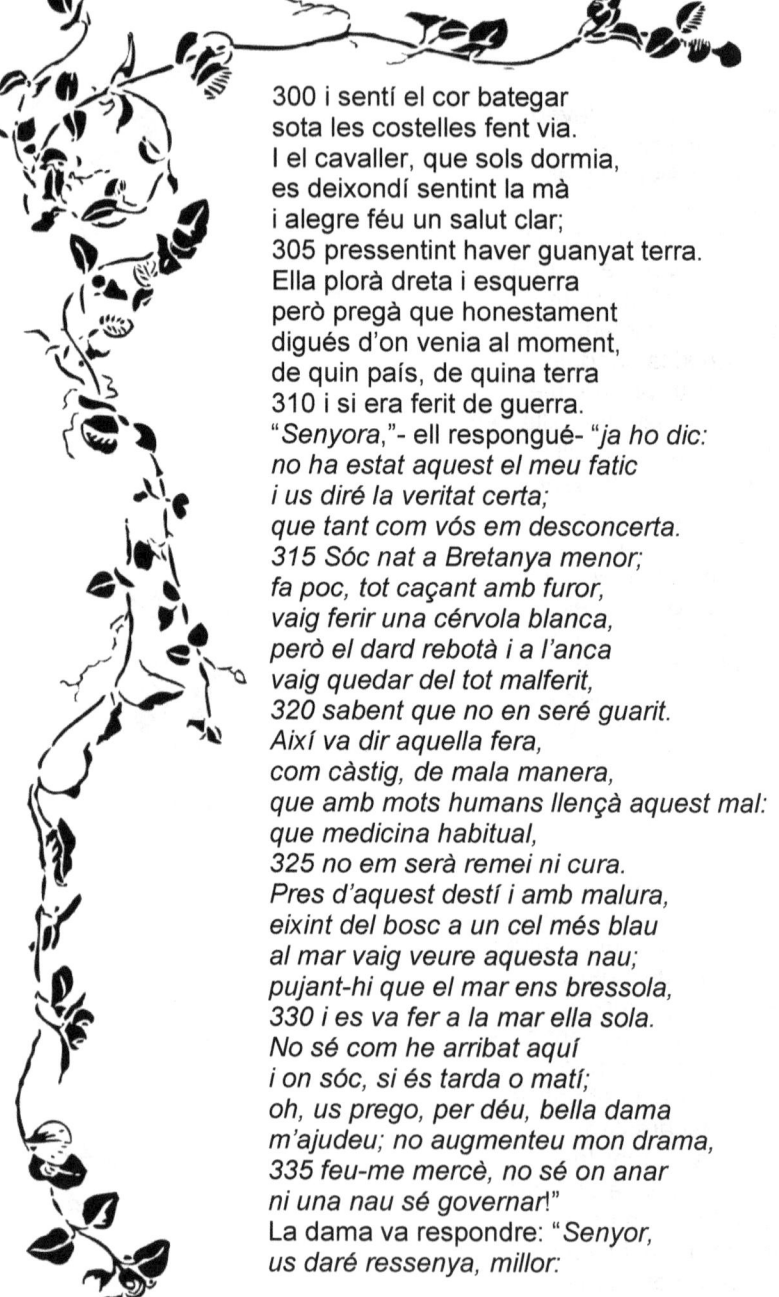

300 i sentí el cor bategar
sota les costelles fent via.
I el cavaller, que sols dormia,
es deixondí sentint la mà
i alegre féu un salut clar;
305 pressentint haver guanyat terra.
Ella plorà dreta i esquerra
però pregà que honestament
digués d'on venia al moment,
de quin país, de quina terra
310 i si era ferit de guerra.
"Senyora,"- ell respongué- "*ja ho dic:
no ha estat aquest el meu fatic
i us diré la veritat certa;
que tant com vós em desconcerta.
315 Sóc nat a Bretanya menor;
fa poc, tot caçant amb furor,
vaig ferir una cérvola blanca,
però el dard rebotà i a l'anca
vaig quedar del tot malferit,
320 sabent que no en seré guarit.
Així va dir aquella fera,
com càstig, de mala manera,
que amb mots humans llençà aquest mal:
que medicina habitual,
325 no em serà remei ni cura.
Pres d'aquest destí i amb malura,
eixint del bosc a un cel més blau
al mar vaig veure aquesta nau;
pujant-hi que el mar ens bressola,
330 i es va fer a la mar ella sola.
No sé com he arribat aquí
i on sóc, si és tarda o matí;
oh, us prego, per déu, bella dama
m'ajudeu; no augmenteu mon drama,
335 feu-me mercè, no sé on anar
ni una nau sé governar!"
La dama va respondre: "*Senyor,
us daré ressenya, millor:

chalt le senti e le quer sein,
ki suz les costes li bateit.
Li chevaliers, ki se dormeit,
s'est esveilliez, si l'a veüe.
Mult en fu liez, si la salue ;
bien set qu'il est venuz a rive.
La dame, pluranz e pensive,
li respundi mult bonement ;
demanda li cumfaitement
il est venuz e de quel terre,
e s'il est eissilliez pur guerre.
'Dame', fet il,'ceo n'i a mie !
Mes se vus plest que jeo vus die
m'aventure, vus cunterai ;
nïent ne vus en celerai.
De Bretaigne la Menur sui.
En bois alai chacier jehui.
Une blanche bisse feri,
e la saiete resorti ;
en la quisse m'a si nafré,
ja mes ne quid aveir santé.
La bisse se pleinst e parla,
mult me maldist e si ura,
que ja n'eüsse guarisun
se par une meschine nun.
Ne sai u ele seit trovee !
Quant jeo oï la destinee,
hastivement del bois eissi.
En un hafne ceste nef vi ;
dedenz entrai, si fis folie ;
od mei s'en est la nes ravie.
Ne sai u jeo sui arivez,
coment a nun ceste citez.
Bele dame, pur deu vus pri,
cunseilliez mei, vostre merci !
Kar jeo ne sai quel part aler,
ne la nef ne puis governer.'
El li respunt : 'Bels sire chiers,
cunseil vus durrai volentiers.

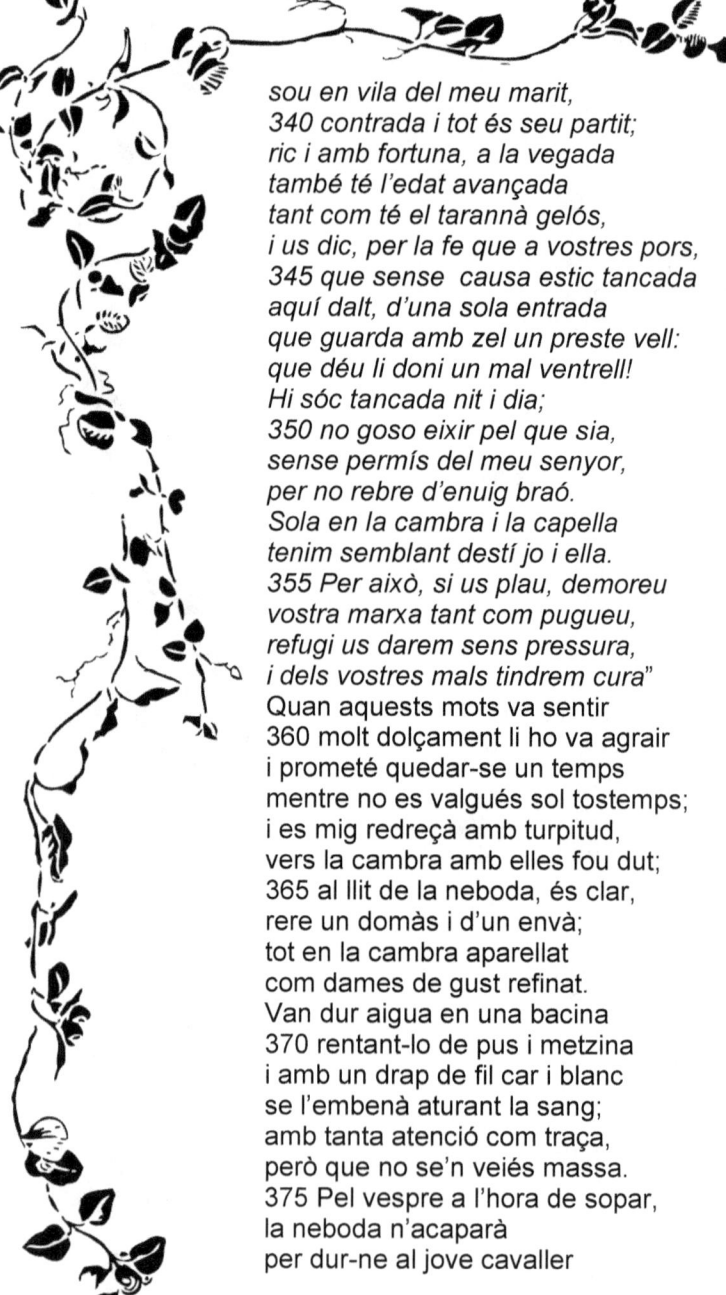

sou en vila del meu marit,
340 contrada i tot és seu partit;
ric i amb fortuna, a la vegada
també té l'edat avançada
tant com té el tarannà gelós,
i us dic, per la fe que a vostres pors,
345 que sense causa estic tancada
aquí dalt, d'una sola entrada
que guarda amb zel un preste vell:
que déu li doni un mal ventrell!
Hi sóc tancada nit i dia;
350 no goso eixir pel que sia,
sense permís del meu senyor,
per no rebre d'enuig braó.
Sola en la cambra i la capella
tenim semblant destí jo i ella.
355 Per això, si us plau, demoreu
vostra marxa tant com pugueu,
refugi us darem sens pressura,
i dels vostres mals tindrem cura"
Quan aquests mots va sentir
360 molt dolçament li ho va agrair
i prometé quedar-se un temps
mentre no es valgués sol tostemps;
i es mig redreçà amb turpitud,
vers la cambra amb elles fou dut;
365 al llit de la neboda, és clar,
rere un domàs i d'un envà;
tot en la cambra aparellat
com dames de gust refinat.
Van dur aigua en una bacina
370 rentant-lo de pus i metzina
i amb un drap de fil car i blanc
se l'embenà aturant la sang;
amb tanta atenció com traça,
però que no se'n veiés massa.
375 Pel vespre a l'hora de sopar,
la neboda n'acaparà
per dur-ne al jove cavaller

Ceste citez est mun seignur
e la cuntree tut en tur.
Riches huem est de halt parage,
mes mult par est de grant eage.
Anguissusement est gelus,
par cele fei que jeo dei vus.
Dedenz cest clos m'a enserree.
N'i a fors une sule entree ;
uns vielz prestre la porte guarde :
ceo doinse deus que mals feus l'arde !
Ici sui nuit e jur enclose ;
ja nule feiz nen iere si ose
que j'en isse, s'il nel comande,
se mis sire ne me demande.
Ci ai ma chambre e ma chapele,
ensemble od mei ceste pucele.
Se vus i plest a demurer,
tant que vus mielz puissiez errer,
volentiers vus sojurnerum
e de bon quer vus servirum.'
Quant il a la parole oïe,
dulcement la dame en mercie ;
od li sujurnera, ceo dit.
En estant s'est dreciez del lit ;
celes li aïent a peine.
La dame en sa chambre l'en meine.
Desur le lit a la meschine,
triers un dossal ki pur cortine
fu en la chambre apareilliez,
la est li dameisels culchiez ;
En bacins d'or ewe aporterent :
sa plaie e sa quisse laverent,
A un bel drap de cheinsil blanc
li osterent en tur le sanc ;
puis l'unt estreitement bendé.
Mult le tienent en grant chierté.
Quant lur mangier al vespre vint,
la pucele tant en retint,
dunt li chevaliers out asez :

per tal que s'atipés ben bé.
Mes ara ell d'amor fou ferit
380 i vivament i adolorit;
la dama l'havia nafrat,
tant, com casa seva oblidat;
i no sentia la ferida!
I pregava angoixat, sens vida
385 la jove que en tenia cura
més repòs, no tanta verdura.
I ella obeí fent-ho curt,
seguint un voler, creia, absurd;
i anà amb la tia que, com dama,
390 estava presa d'igual flama:
el foc que a Guigemar cremava
en la tia ja era com lava.

I doncs el cavaller ja sol
s'angoixa i pensa sens consol,
395 quina cosa li pot passar;
intueix que el remei vindrà,
mes sense la dama amb tendresa
serà home mort, en té certesa!
"*Ai, las!*"– es diu- "*com comportar-se?*
400 Li dic clar o, creant una farsa,
intento obtenir pietat?
No sóc pas prou desgraciat
perquè en tingui ara més sutge
si d'orgull i dret em rebutja?
405 Només em restarà morir
i d'aquest mal tostemps llanguir"
Pensa, en sospirar, novament,
quant viu és el seu patiment;
no ho podrà aguantar cap més dia,
410 altra cosa preferiria.
Tota la nit queda vetllant,
treballant-li el cap burxant,
tothora revivint presents
aquell rostre, els mots, moviments,

bien est peüz e abevrez.
Mes amurs l'ot feru al vif ;
ja ert sis quers en grant estrif,
kar la dame l'a si nafré,
tut a sun païs ublié.
De sa plaie nul mal ne sent ;
mult suspire anguissusement.
La meschine, kil deit servir,
prie qu'ele le laist dormir.
Cele s'en part, si l'a laissié.
Puis qu'il li a duné cungié,
devant sa dame en est alee,
ki alkes esteit reschalfee
del feu dunt Guigemar se sent
que sis quers alume e esprent.

Li chevaliers fu remés sous.
Pensis esteit e anguissous ;
ne set uncore que ceo deit ;
mes nepurquant bien s'aparceit :
se par la dame n'est guariz,
de la mort est seürs e fiz.
'A las ! 'fet il, quel le ferai ?
Irai a li, si li dirai
que ele ait merci e pitié
de cest chaitif descunseillié.
S'ele refuse ma preiere
e tant seit orgoilluse e fiere,
dune m'estuet il a doel murir
u de cest mal tuz jurs languir.'
Lors suspira ; en poi de tens
li est venuz novels purpens,
e dit que sufrir li estoet ;
kar issi fait ki mielz ne poet.
Tute la nuit a si veillié
e suspire e travaillié ;
en sun quer alot recordant
les paroles e le semblant,

415 aquells ulls blaus, aquella boca;
el gest que profund al cor toca
d'un bleix entre dents per fatiga,
quasi li va fer dir: "*Amiga!*"
Si sabés quan profund l'atreia
420 com d'amor mudava de jeia;
poc a poc sentia engrandir,
el cor i minvar de juí;
potser així el mal guariria
donant-li color i energia.

425 Tot i ell colpit de mal d'amor,
el d'ella no era pas menor.
Aparegué de matinada
quan la dama ja estava alçada,
queixant-se d'haver mal dormit,
430 l'Amor la burxà dant-li neguit.
La neboda allà feinejava,
li va percebre certa trava,
com llagrimosos trets als ulls
que omplia al cavaller d'antulls,
435 amb visites sovintejades;
que ell ho sentís calien més dades
i quan la dama enfilà a missa
la noia va anar, amb xerradissa,
al cavaller davant del llit
440 però fou ell qui donà envit:
"*Amiga, nostra dama és fora?
Com és que s'ha llevat tan d'hora?*"
i quan féu pausa que sospira
ella digué des de la cadira:
445 "*Senyor,*" –etzibà- "*vós ameu!
Guardeu-vos-en prou a tot preu!
Perquè de com ameu tantost
vostra amor fóra correspost.
La meva senyora es veurà
450 estimada de qui n'haurà
la consideració extrema.
Us cal d'Amor fix per sistema,*

I

es uiz vairs e la bele buche,
dunt la dolçurs al quer li tuche.
Entre ses denz merci li crie ;
pur poi ne l'apele s'amie.
Se il seüst qu'ele senteit
e cum l'amurs la destreigneit,
mult en fust liez, mien esciënt ;
un poi de rasuagement
li tolist alques la dolur
dunt il ot pale la colur.

Se il a mal pur li amer,
el ne s'en puet niënt loër.
Par matinet einz l'ajurnee
esteit la dame sus levee.
Veillié aveit, de ceo se pleint ;
ceo fet amurs ki la destreint.
La meschine, ki od li fu,
al semblant a apareceü
de sa dame, que ele amout
le chevalier ki sojurnout
en la chambre pur guarisun ;
mes el ne set s'il l'aime u nun.
La dame est entree el mustier,
e cele vait al chevalier.
Asise s'est devant le lit ;
e il l'apele, si li dit :
'Amie, u est ma dame alee ?
Pur quei est el si tost levee ? '
A tant se tut, si suspira.
La meschine l'araisuna.
'Sire', fet ele, vus amez !
Guardez que trop ne vus celez !
Amer poëz en itel guise,
que bien iert vostre amurs assise.
Ki ma dame voldreit amer,
mult devreit bien de li penser.
Ceste amurs sereit covenable,
se vus amdui fussiez estable,

vós sou bell i ella encara és bella"
Ell va respondre a la donzella:
455 *"De tal forma he pres l'amor, jo
que bé em podria ser res bo
sinó rebo ben prompte ajut.
Aconselleu-me o estic perdut,
com obtinc l'amor salvador?"*
460 La joveneta, amb gran dolçor,
va reconfortar el cavaller
per tal d'ajudar-lo, també
en el que pogués, bonament,
dant cortesia abastament.

465 Quan la dama de missa eixí
al convalescent féu camí,
per saber com passava el dia,
si calia res o dormia;
i en moure amb amor la maneta
470 ja trobà aquella joveneta
que al cavaller la va apropar,
amb l'intent de deixar tot clar,
l'encaminà infonent coratge,
calia alleugerir damnatge.
475 Es van saludar amb cortesia,
una frissança els corroïa.
Tement començar amb peu esquerre
parlà ell, essent de llunya terra;
tenia por que no mostrés
480 res que al seu cor l'allunyés.
Com malaltia que no es mostra
no deixa de ser només nostra
així com l'amor que al cor plora
no perd gens mostrant-se defora
485 ans és de mala carnadura,
per tal com és fet per natura.
Molts se'n riuen, no en fan cabal
com els vilatans, gent normal
que van pel món estarrufant-se
490 i en fan sols gestes de gaubança.

Vus estes bels, e ele est bele ! '
Il respundi a la pucele :
Jeo sui de tel amur espris,
bien me purra venir a pis,
se jeo n'ai sucurs e aïe.
Cunseilliez mei, ma dulce amie !
Que ferai jeo de ceste amur ? '
La meschine par grant dulçur
le chevalier a conforté
e de s'aïe aseüré,
de tuz les biens qu'ele puet faire ;
mult ert curteise e de bon aire.

Quant la dame a la messe oïe,
ariere vait, pas ne s'ublie.
Saveir voleit que cil faiseit,
se il veillout u il dormeit,
pur qui amur sis quers ne fine.
Avant l'apele la meschine ;
al chevalier la fait venir :
bien li purra tut a leisir
mustrer e dire sun curage,
turt li a pru u a damage.
Il la salue e ele lui.
En grant esfrei erent amdui.
Il ne l'osot nïent requerre ;
pur ceo qu'il ert d'estrange terre,
aveit poür, s'il li mustrast,
qu'el l'enhaïst e esloignast
Mes ki ne mustre s'enferté,
a peine puet aveir santé.
Amurs est plaie dedenz cors,
e si ne piert nïent defors ;
ceo est uns mals ki lunges tient,
pur ceo que de nature vient.
Plusur le tienent a gabeis,
si cume cil vilain curteis,
ki jolivent par tut le mund,
puis se vantent de ceo que funt ;

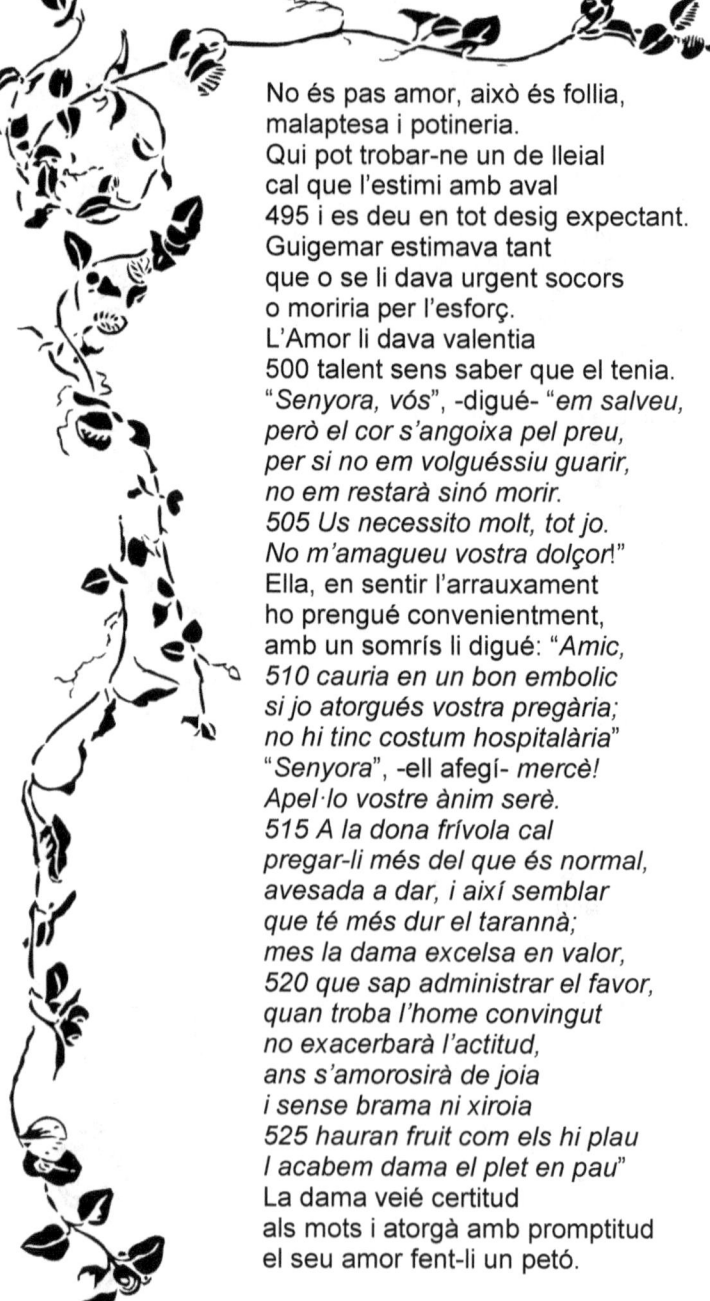

No és pas amor, això és follia,
malaptesa i potineria.
Qui pot trobar-ne un de lleial
cal que l'estimi amb aval
495 i es deu en tot desig expectant.
Guigemar estimava tant
que o se li dava urgent socors
o moriria per l'esforç.
L'Amor li dava valentia
500 talent sens saber que el tenia.
"*Senyora, vós*", -digué- "*em salveu,
però el cor s'angoixa pel preu,
per si no em volguéssiu guarir,
no em restarà sinó morir.
505 Us necessito molt, tot jo.
No m'amagueu vostra dolçor!*"
Ella, en sentir l'arrauxament
ho prengué convenientment,
amb un somrís li digué: "*Amic,
510 cauria en un bon embolic
si jo atorgués vostra pregària;
no hi tinc costum hospitalària*"
"*Senyora*", -ell afegí- *mercè!
Apel·lo vostre ànim serè.
515 A la dona frívola cal
pregar-li més del que és normal,
avesada a dar, i així semblar
que té més dur el tarannà;
mes la dama excelsa en valor,
520 que sap administrar el favor,
quan troba l'home convingut
no exacerbarà l'actitud,
ans s'amorosirà de joia
i sense brama ni xiroia
525 hauran fruit com els hi plau
I acabem dama el plet en pau*"
La dama veié certitud
als mots i atorgà amb promptitud
el seu amor fent-li un petó.

n'est pas amurs, einz est folie
e malvaistiez e lecherie.
Ki en puet un leial trover,
mult le deit servir e amer
e estre a sun comandement.
Guigemar aime durement :
u il avra hastif sucurs,
u li estuet vivre a reburs.
Amurs li dune hardement :
il li descuevre sun talent.
'Dame', fet il, 'jeo muere pur vus ;
mis quers en est mult anguissus.
Se vus ne me volez guarir,
dunc m'estuet il en fin murir.
Jo vus requier de druërie :
bele, ne m'escundites mie !'
Quant ele l'a bien entendu,
avenantment a respundu.
Tut en riant li dit : 'Amis,
cist cunseilz sereit trop hastis,
d'otreier vus ceste preiere ;
jeo ne sui mie custumiere.'
'Dame', fet il,'pur deu merci,
ne vus ennuit, se jol vus di !
Femme jolive de mestier
se deit lunc tens faire preier,
pur sei cherir, que cil ne quit
que ele ait usé cel deduit.
Mes la dame de bon purpens,
ki en sei ait valur ne sens,
s'ele trueve hume a sa maniere,
ne se fera vers lui trop fiere,
ainz l'amera, si'n avra joie.
Ainz que nuls le sace ne l'oie,
avrunt il mult de lur pru fait.
Bele dame, finum cest plait !'
La dame entent que veir li dit,
e li otreie senz respit
l'amur de li, e il la baise.

530 Per Guigemar fou tot rodó.
Junts van dormir i cercar raons,
abraçant-se fent llargs petons
a més d'allò que tant convé,
als qui s'estimen i jo sé!

535 Passat, em sembla, un any i mig
Guigemar i ella igual promig
portaven una feliç vida.
Però Fortuna, que no oblida
girar la roda, el seu treball,
540 i un fa anar amunt i l'altre avall,
féu que a tots dos, innocentment,
se'ls descobrís, sobtadament.

Fou un matí d'estiu normal,
la dama jeia amb el malalt
545 fent-li petons ben dolçament,
quan digué: "*Bell amic turgent,
tot el cor diu que us perdré,
que ens descobriran, prou que ho sé,
mes si moriu, jo vull morir;
550 o si marxeu, allà al confí,
sé que trobareu altre amor
i jo em fondré presa d'enyor*"
"*Senyora*", -tornà ell- "*Silenci!
No vull que el vostre cor ni ho pensi.
555 Que no tingui pau, tal com trona,
si poso ulls en cap altra dona!*"
"*Amic, d'això tota jo crema.
Deu-me la camisa, sens témer.
Faré un nus discret i ben llis
560 i allà on sigueu dono permís
d'estimar a qui el desfarà
i la desplegui tota, és clar!*"
Ell l'hi lliurà, tot fent promesa,
i ella hi féu el fet amb llestesa
565 perquè cap dona ho desfés,
ans tallant o trencant redreç;

Des ore est Guigemar a aise.
Ensemble juënt e parolent
e sovent baisent e acolent ;
bien lur covienge del surplus,
de ceo que li altre unt en us !

Ceo m'est a vis, an e demi
fu Guigemar ensemble od li.
Mult fu delituse la vie.
Mes fortune, ki ne s'oblie,
sa roe turnë en poi d'ure,
l'un met desuz, l'altre desure.
Issi est il d'els avenu ;
kar tost furent aparceü.

Al tens d'esté par un matin
jut la dame lez le meschin.
La buche li baise e le vis ;
puis si li dit : 'Bels, dulz amis,
mis quers me dit que jeo vus pert ;
veü serum e descovert.
Se vus murez, jeo vueil murir ;
e se vus en poëz partir,
vus recoverrez altre amur,
e jeo remeindrai en dolur.'
'Dame', fet il,'nel dites mes !
Ja n'aie jeo joie ne pes,
quant vers nule altre avrai retur !
N'aiez de ceo nule poür ! '
'Amis, de ceo m'aseürez !
Vostre chemise me livrez !
El pan desuz ferai un pleit ;
cungié vus doins, u que ceo seit,
d'amer cele kil desfera
e ki despleier le savra.'
Il li baille, si l'aseüre ;
le pleit i fet en tel mesure,
nule femme nel desfereit,
se force u cultel n'i meteit.

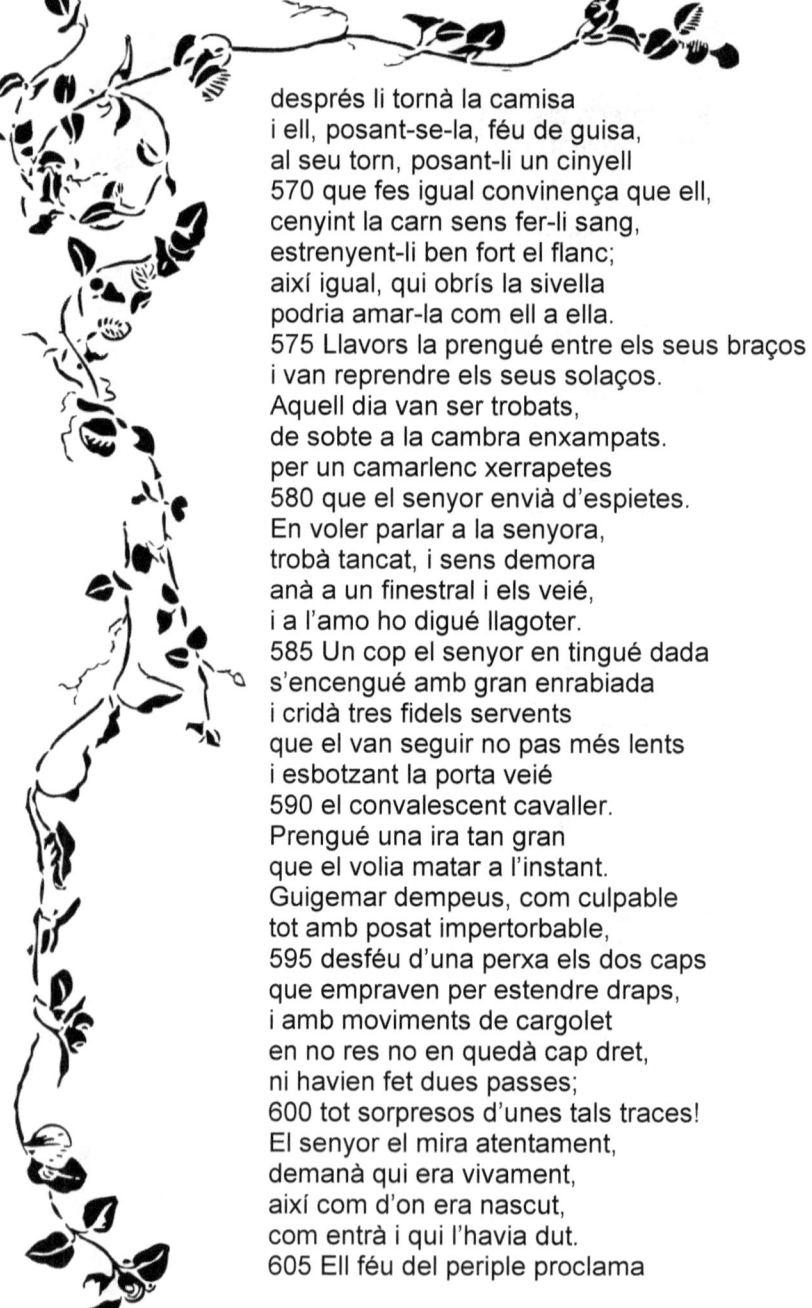

després li tornà la camisa
i ell, posant-se-la, féu de guisa,
al seu torn, posant-li un cinyell
570 que fes igual convinença que ell,
cenyint la carn sens fer-li sang,
estrenyent-li ben fort el flanc;
així igual, qui obrís la sivella
podria amar-la com ell a ella.
575 Llavors la prengué entre els seus braços
i van reprendre els seus solaços.
Aquell dia van ser trobats,
de sobte a la cambra enxampats.
per un camarlenc xerrapetes
580 que el senyor envià d'espietes.
En voler parlar a la senyora,
trobà tancat, i sens demora
anà a un finestral i els veié,
i a l'amo ho digué llagoter.
585 Un cop el senyor en tingué dada
s'encengué amb gran enrabiada
i cridà tres fidels servents
que el van seguir no pas més lents
i esbotzant la porta veié
590 el convalescent cavaller.
Prengué una ira tan gran
que el volia matar a l'instant.
Guigemar dempeus, com culpable
tot amb posat impertorbable,
595 desféu d'una perxa els dos caps
que empraven per estendre draps,
i amb moviments de cargolet
en no res no en quedà cap dret,
ni havien fet dues passes;
600 tot sorpresos d'unes tals traces!
El senyor el mira atentament,
demanà qui era vivament,
així com d'on era nascut,
com entrà i qui l'havia dut.
605 Ell féu del periple proclama

La chemise li dune e rent.
Il la receit par tel covent,
qu'el le face seür de li
par une ceinture altresi,
dunt a sa char nue la ceint ;
par mi les flans alkes restreint,
Ki la bucle purra ovrir
senz depescier e senz partir,
il li prie que celui aint.
Puis l'a baisë ; a tant remaint.
Cel jur furent aparceü,
descovert, trové e veü
d'un chamberlenc mal vezié,
que sis sire i out enveié.
A la dame voleit parler,
ne pout dedenz la chambre entrer.
Par une fenestre les vit ;
vait a sun seignur, si li dit.
Quant li sire l'a entendu,
unques mes tant dolenz ne fu.
De ses privez demande treis.
A la chambre vait demaneis ;
il en a fet l'us depescier :
dedenz trova le chevalier.
Pur la grant ire que il a
a ocire le cumanda.
Guigemar est en piez levez ;
ne s'est de niënt esfreez.
Une grosse perche de sap,
u suleient pendre li drap,
prist en ses mains, e sis atent.
Il en fera alkun dolent :
ainz que il d'els seit aprismiez,
les avra il tuz mahaigniez.
Li sire l'a mult esguardé ;
enquis li a e demandé
ki il esteit, e dunt fu nez,
e coment ert laienz entrez.
Cil li cunte cum il i vint,

i com el va acollir la dama.
També digué la profecia
de la cérvola d'aquell dia,
i la nau que l'havia dut;
610 després se li oferí retut.
L'amo del castell no se'l creia,
al·legà que si fos com deia
tornaria a enfilar a la nau,
vers fos on fos el seu palau;
615 afegí un vot que no es curés,
que li plauria que es negués;
mes li oferí una garantia:
de que al port l'acompanyaria.
Ja a la nau l'obligà a embarcar
620 i no el perdé fins que salpà.
I prest era a la mar defora.
El passatger plora que plora,
tenint sa dama ben present.
Va pregar a déu omnipotent
625 que li donés ràpida mort,
que no arribés mai a cap port
sinó recobrava l'amiga;
ho pregà molts cops sens fatiga.
Mentre es gronxava en el dolor
630 la nau féu port amb serenor,
just on la primera vegada:
tocant del seu país l'entrada.

Sols fer peu amb certa flaquesa
trobà un conegut d'infantesa
635 que, cercant cavaller, menava
un bell destrer d'estampa brava;
com el coneixia el cridà
i aquell jovenet es tombà:
en veure desmuntà al moment
640 i oferí el cavall content;
per fi, després d'anar errabund,
i cercar un senyor n'hagué un.

e cum la dame le retint ;
tute li dist la destinee
de la bisse ki fu nafree
e de la nef e de sa plaie.
Ore est del tut en sa manaie.
Il li respunt que pas nel creit,
e s'issi fust cum il diseit,
se il peüst la nef trover,
il le metreit giers en la mer ;
s'il guaresist, ceo li pesast,
e bel li fust, se il neiast.
Quant il l'a bien aseüré,
al hafne sunt ensemble alé.
La barge truevent, enz l'unt mis :
od lui s'en vet en sun païs.
La nes eire, pas ne demure.
Li chevaliers suspire e plure ;
la dame regrete sovent,
e prie deu omnipotent
que il li doinst hastive mort
e que ja mes ne vienge a port,
s'il ne repuet aveir s'amie,
qu'il desire plus que sa vie.
Tant a cele dolur tenue,
que la nes est a port venue
u ele fu primes trovee.
Asez ert pres de sa cuntree.

Al plus tost qu'il pout s'en issi.
Uns damisels, qu'il ot nurri,
errot aprés un chevalier ;
en sa mein menot un destrier.
Il le conut, si l'apela,
e li vaslez se reguarda.
Sun seignur veit, a pié descent ;
le cheval li met en present.
Od lui s'en vait ; joius en sunt
tuit si ami ki trové l'unt.

Brama corregué del retorn,
mes veure'l trist dolgué a l'entorn;
645 van creure prudent que es casés,
i això per ell no era un redreç:
prendre dona fóra un error,
ni per cabals ni per amor.
Fidel al vot sols qui fes llisa,
650 sens trencar el nus, de la camisa.
Voltaren noves per Bretanya
que ja a dama o donzella afanya
per tal de provar desfer el nus,
que en totes fou igual d'obtús.

655 Ara us parlaré de la dama
que Guigemar diu tant ama.
Aconsellat pels seus barons
el vell la tancà a les presons
d'una torre de marbre airós.
660 Els jorns són vils, les nits pitjors.
Cap home al món podrà dir-hi
la seva pena, el seu martiri,
el seu dolor, angoixa i el mal
que passà en la torre, com cal.
665 Dos anys o més, va estar-hi, crec,
sense joia ni assossec.
Amb l'amic parlava amb cor trist:
"Guigemar, mai us hagués vist!
Mes em valdria estar morint
670 que sens veure-us seguir patint.
Si avui fugís o bé demà
al lloc on vós vàreu salpar
m'hi negaré!" I anà veloç
i absorta al portal de pany clos,
675 i no hi troba balda o topall,
i s'aventurà avall i avall,
sense aturador, fent-se enllà.
Arran de mar la nau trobà,
estacada en aquella roca
680 on morir li feia patxoca;

Mult fu preisiez en sun païs ;
mes tuz jurs ert maz e pensis.
Femme voleient qu'il presist ;
mes il del tut les escundist :
ja ne prendra femme nul jur,
ne pur aveir ne pur amur,
se ele ne puet despleier
sa chemise senz depescier.
Par Bretaigne vait la novele ;
il n'i a dame ne pucele
ki n'i alast pur asaier :
unc ne la porent despleier.

De la dame vus vueil mustrer,
que Guigemar puet tant amer.
Par le cunseil d'un suen barun
sis sire l'a mise en prisun
en une tur de marbre bis.
Le jur a mal e la nuit pis.
Nuls huem el mund ne purreit dire
la grant peine ne le martire
ne l'anguisse ne la dolur
que la dame suefre en la tur.
Dous anz i fu e plus, ceo quit ;
une n'i ot joie ne deduit.
Sovent regrete sun ami :
'Guigemar, sire, mar vus vi !
Mielz vueil hastivement murir
que lungement cest mal sufrir !
Amis, se jeo puis eschaper,
la u vus fustes mis en mer
me neierai ! 'Dunc lieve sus ;
tute esbaïe vient a l'us ;
n'i trueve clef ne serreüre :
fors s'en eissi par aventure.
Unques nuls ne la desturba.
Al hafne vint, la nef trova ;
atachiee fu al rochier,
u ele se voleit neier.

pujà amb el mar a la retina
i un fixament que l'amoïna:
I si ell es negà aquell dia?
Quins pensaments..., quina agonia...
685 si per la borda s'arrambés...
podria caure al mar, només...
Tant l'angoixà aquest pensament
que es desmaià. La nau rabent
trobà a Bretanya un port informe,
690 just al moll d'un castell enorme,
l'amo del qual, pels més porucs,
tenia un nom: Meriadux.

Estant en guerra amb un veí
s'havia llevat de matí
695 perquè els seus envaïssin prompte
aquell enemic amb més compte.
Esbargint-se, finestrejant,
veié la nau al port entrant;
i en davallar al llarg de l'escala
700 cridà un criat de l'altra ala.
Tots dos van córrer vers la nau
on van pujar amb esperit brau;
la dama hi van trobar dorment,
semblava una fada vivent!
705 Aquell home la prengué a pes
i la portà al castell com res,
molt satisfet per la troballa
de tan bella i sens falla.
Ell, com qui l'hagués embarcat,
710 sabia que era d'alt estat
i noble. I se'n sentí atret
d'amor com mai no en fos abstret.
Amb una germana que havia
la instal·là amb tota l'alegria.
715 A la dama fou comandada
tenir-ne cura i vigilada.
Rebia excés, tot quan conforta,
mes ella tostemps era absorta.

Quant el la vit, enz est entree ;
mes d'une rien s'est purpensee
qu'iluec fu sis amis neiez.
Dunc ne puet ester sur ses piez :
se desqu'al bort peüst venir,
el se laissast defors chaïr !
Asez suefre travail e peine.
La nes s'en vet, ki tost l'en meine.
En Bretaigne est venue al port
suz un chastel vaillant e fort.
Li sire qui li chastels fu
aveit a nun Meriadu.

Il guerreiot un suen veisin ;
pur ceo fu levez par matin,
sa gent voleit fors enveier
pur sun enemi damagier.
A une fenestre s'estot
e vit la nef ki arivot.
Il descendi par un degré ;
sun chamberlein a apelé.
Hastivement a la nef vunt ;
par l'eschiele muntent a munt.
Dedenz unt la dame trovee,
ki de belté resemble fee.
Il la saisist par le mantel ;
od lui l'en meine en sun chastel.
Mult fu liez de la troveüre,
kar bele esteit a desmesure ;
ki que l'eüst mise en la barge,
bien set qu'ele est de grant parage.
A li aturna tel amur,
unques a femme n'ot greignur.
Il out une serur pucele ;
en sa chambre, ki mult fu bele,
la dame li a comandee.
Bien fu servie e honuree,
richement la vest e aturne ;
mes tuz jurs est pensive e murne.

Ell igualment la requeria,
720 puix l'amava més cada dia;
i la festejava a tropell
tant que ella li mostrà el cinyell
dient que cap home amaria
que no el descordés sens falsia
725 ni trencar-lo. Quan ho sentí
ell replicà de forma irada:
"*Això se sembla a un altre cas
que corre, un que no es casa pas
si abans no se li allisa,
730 desfent-li un nus, una camisa.
Diuen que la té ben plegada,
que ho han provat manta vegada
i sols tallant podria ser;
com vós demana un gest balder!*"
735 Ella sospirà d'improvís,
i no es va desmaiar d'un trist!
Ell la sostingué entre els seus braços
i del brial li tallà els llaços,
després el cinyell volgué obrir
740 però no ho pogué aconseguir.
I escampà entre prohoms la nova
i molts van venir a fer la prova.

Després que un llarg temps va transcórrer,
un gran torneig se li va ocórrer
745 a Meriadux, per reptar
aquell que hi guerregés allà.
Hostatjà els millors cavallers
pendent que Guigemar vingués,
en això hi posà grans afanys,
750 ja que eren amics i companys;
i comptant que no el decebria
com bon reclam per gallardia.
S'hi va presentar, i ricament;
Va atraure prohoms, més de cent.
755 Meriadux tots dins la torre,
acollí, tal com van concórrer.

Il vait sovent a li parler,
kar de bon quer la puet amer.
Il la requiert ; el n'en a cure,
ainz li mustre de la ceinture :
ja mes hume nen amera
se celui nun ki l'uverra
senz depescier. Quant il l'entent,
si li respunt par maltalent :
'Altresi a en cest païs
un chevalier de mult grant pris,
de femme prendre en itel guise
se defent par une chemise,
dunt li destre pans est pleiez ;
il ne puet estre desliez,
force u cultel n'i metreit.
Vus feïstes, ceo quit, cel pleit ! '
Quant el l'oï, si suspira,
pur un petit ne se pasma.
Il la reçut entre ses braz.
De sun blialt trencha les laz ;
la ceinture voleit ovrir,
mes n'en poeit a chief venir.
Puis n'ot el païs chevalier,
que il n'i feïst essaier.

Issi remest bien lungement
de ci qu'a un turneiement,
que Meriadus afia
cuntre celui qu'il guerreia.
Mult i ot semuns chevaliers ;
Guigemar fu tuz li primiers.
Il l'i manda par gueredun
si cum ami e cumpaignun,
qu'a cel busuin ne li faillist
e en s'aïe a lui venist.
Alez i est mult richement ;
chevaliers meine plus de cent,
Meriadus dedenz sa tur
le herberja a grant honur.

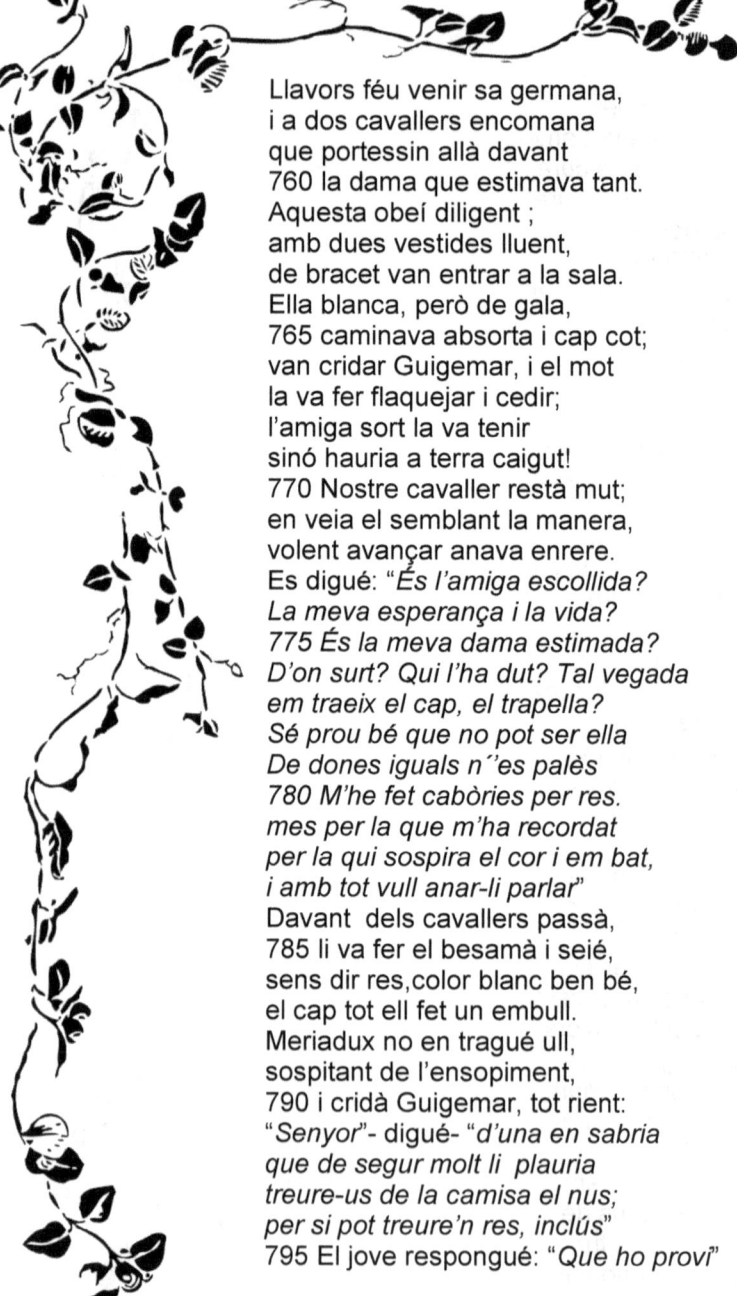

Llavors féu venir sa germana,
i a dos cavallers encomana
que portessin allà davant
760 la dama que estimava tant.
Aquesta obeí diligent ;
amb dues vestides lluent,
de bracet van entrar a la sala.
Ella blanca, però de gala,
765 caminava absorta i cap cot;
van cridar Guigemar, i el mot
la va fer flaquejar i cedir;
l'amiga sort la va tenir
sinó hauria a terra caigut!
770 Nostre cavaller restà mut;
en veia el semblant la manera,
volent avançar anava enrere.
Es digué: *"És l'amiga escollida?*
La meva esperança i la vida?
775 *És la meva dama estimada?*
D'on surt? Qui l'ha dut? Tal vegada
em traeix el cap, el trapella?
Sé prou bé que no pot ser ella
De dones iguals n´'es palès
780 *M'he fet cabòries per res.*
mes per la que m'ha recordat
per la qui sospira el cor i em bat,
i amb tot vull anar-li parlar"
Davant dels cavallers passà,
785 li va fer el besamà i seié,
sens dir res, color blanc ben bé,
el cap tot ell fet un embull.
Meriadux no en tragué ull,
sospitant de l'ensopiment,
790 i cridà Guigemar, tot rient:
"Senyor"- digué- *"d'una en sabria*
que de segur molt li plauria
treure-us de la camisa el nus;
per si pot treure'n res, inclús"
795 El jove respongué: *"Que ho provi"*

Encuntre lui sa serur mande ;
par dous chevaliers li comande
qu'ele s'aturt e vienge avant,
la dame meint qu'il aime tant.
Cele a fet sun comandement.
Vestues furent richement,
main a main vienent en la sale ;
la dame fu pensive e pale.
Ele oï Guigemar nomer :
ne pout desur ses piez ester ;
se cele ne l'eüst tenue,
ele fust a terre chaüe.
Li chevaliers cuntre els leva ;
la dame vit e esguarda
e sun semblant e sa maniere.
Un petitet se traist ariere.
'Est ceo', fet il,'ma dulce amie,
m'esperance, mis quers, ma vie,
ma bele dame ki m'ama ?
Dunt vient ele ? Ki l'amena ?
Ore ai pensé mult grant folie ;
bien sai que ceo n'est ele mie :
femmes se resemblent asez.
Pur nïent change mis pensez.
Mes pur cele qu'ele resemble,
pur qui mis quers suspire e tremble,
a li parlerai volentiers ! '
Dunc vet avant li chevaliers.
Il la baisa, lez lui l'asist ;
unques nul altre mot ne dist
fors tant que seeir la rova.
Meriadus les esguarda ;
mult li pesa de cel semblant.
Guigemar apele en riant.
'Sire', fet il,'se vus plaiseit,
ceste pucele essaiereit
vostre chemise a despleier,
s'ele i purreit rien espleitier.'
Il li respunt : 'E jeo l'otrei ! '

Digué a un servent que duia un obi
on trobar la camisa agresta,
versat en saons com aquesta.
A nostra dama fou lliurada,
800 i un cop la tingué allí plegada
ja en va reconèixer el plec;
pres el cor de desassossec,
per por que si la prova errava,
no ho malmetés tot a la brava.
805 Meriadux pla era amb neguit!
pres d'un foll dolor ben garfit.
"Senyora" –digué-"Aprofiteu.
No passa res si no el desfeu!"
Davant de tal comminament,
810 prengué la camisa un moment
i en res hagué el nus desplegat.
Guigemar en quedà admirat,
la reconegué amb gran sorpresa
dubtava de l'avinentesa,
815 i amb tot li parlà amb gran mesura:
"Amiga, dolça criatura,
sou vós? Doneu-me el privilegi
de palpar-vos i que jo vegi
si hi ha el cinyell que us vaig cordar"
820 Pels costats passà cada mà
i va trobar-hi el cinyell.
"Dolçor"- digué- *"quin punt tant bell*
que ara us hagi trobat aquí!
Com ho heu fet per a venir?"
825 Ella li féu saber el dolor,
totes les penes, la tristor
que tingué en la seva garjola.
Com va córrer estant tota sola,
quan baixà els graons i fugí;
830 com, volent la mort, era allí,
amb la nau d'estranya virtut,
presa del cavaller hirsut,
ben guardada, amb grans honors,
requerida sempre d'amors...

Un chamberlenc apele a sei,
ki la chemise ot a guarder ;
il li comande a aporter.
A la pucele fu bailliee ;
mes ne l'a mie despleiee.
La dame conut bien le pleit.
Mult est sis quers en grant destreit ;
kar volentiers s'i essaiast,
s'ele peüst u ele osast.
Bien s'aparceit Meriadus ;
dolenz en fu, ainz ne fu plus.
'Dame', fait il, 'kar assaiez,
se desfaire le purriëz ! '
Quant ele ot le comandement,
le pan de la chemise prent ;
legierement le despleia.
Li chevaliers s'esmerveiila.
Bien la conut ; mes nequedent
nel poeit creire fermement.
A li parla en tel mesure :
'Amie, dulce creature,
estes vus ceo ? Dites mei veir !
Laissiez m'en vostre cors veeir
la ceinture dunt jeo vus ceins
A ses costez li met ses meins,
si a trovee la ceinture.
'Bele', fet il, 'quels aventure
que jo vus ai ici trovee !
Ki vus a ici amenee ? '
Ele li cunte la dolur,
les granz peines e la tristur
de la prisun u ele fu,
e coment li est avenu,
coment ele s'en eschapa,
neier se volt, la nef trova,
dedenz entra, a cel port vint,
e li chevaliers la retint ;
guardee l'a a grant honur,
mes tuz jurs la requist d'amur.

835 Mes la joia havia tornat:
"*Perquè amic ja m'heu retrobat*"
Guigemar cridà dret dempeus:
"*Escolteu tots les meves veus!:
Una amiga he reconegut,
840 que jo em pensava haver perdut.
Meriadux prego humilment
me la retorneu al moment.
Ferm, vostre home ligi seré,
durant tres anys us serviré,
845 amb cent cavallers, si puc més*"
Meriadux digué després:
"*Guigemar, franc es vostre envit,
mes no estic tan desprotegit,
ja sé afrontar un atac notable
850 i no em cal vostre ajut amable.
Jo la vaig trobar i la retinc,
i contra qui sigui, us previnc*"
Quan l'altre el sentí, gens content
manà muntar a la seva gent;
855 i el desafiament no triga;
el premi afranquir l'amiga!

A ciutat tots els cavallers
vinguts pel torneig només
veien Guigemar per sincer.
860 En donen fe a cada carrer:
on calgui amb ell aniran;
faltar es tindrà per ser bergant!
Van fer nits al castell que dava
a Meriadux guerra brava.
865 El seu senyor a tots va acollir
joiós, sobretot, de reunir
Guigemar a la seva partida,
amb ell l'obra era garantida!
Es van llevar al matí següent,
870 amb l'aprovisionament,
eixint de vila amb alegria,
puix Guigemar els conduïa.

Ore est sa joie revenue.
'Amis, menez en vostre drue !'
Guigemar s'est en piez levez.
'Seignur', fet il,'or m'escultez !
Ci ai m'amie cuneüe
que jeo quidoue aveir perdue.
Meriadu requier e pri,
rende la mei, sue merci !
Sis huem liges en devendrai ;
dous anz u treis le servirai
od cent chevaliers u od plus.'
Dunc respundi Meriadus.
'Guigemar', fet il,'bels amis,
jeo ne sui mie si suzpris
ne si destreiz pur nule guerre,
que de ceo me deiez requerre.
Jeo la trovai, si la tendrai !
Encuntre vus la defendrai !'
Quant il l'oï, hastivement
comanda a munter sa gent.
D'iluec se part ; celui desfie.
Mult li peise qu'il lait s'amie.

En la vile n'out chevalier,
ki fust venuz pur turneier,
que Guigemar n'en meint od sei.
Chescuns li afie sa fei :
od lui irunt quel part qu'il alt ;
mult est huniz ki or li falt.
La nuit sunt al chastel venu,
ki guerreiout Meriadu.
Li sire les a herbergiez,
ki mult en fu joius e liez
de Guigemar e de s'aïe ;
bien set que sa guerre est finie.
El demain par matin leverent,
par les ostels se cunreerent.
De la vile issent a grant bruit ;
Guigemar primes les cunduit.

El primer assalt fou molt audaç,
però, per fort, fou un fracàs.
875 Guigemar se centrà en la vila,
no en marxarà sinó hi desfila;
allí obtingué més partidaris
que afamats dins creixent diaris;
i així el castell pogué abatre
880 i al seu senyor, el jorn vint-i-quatre;
prengué l'amiga amb joies plenes,
vencent tots dos mútues penes.

D'aquest conte que ara heu sentit
era el Lai Guigemar susdit;
885 el cantaven amb arpa o roda
segons les traces del rapsode.

Al chastel vienent, si l'asaillent ;
mes forz esteit, al prendre faillent.
Guigemar a la vile assise ;
n'en turnera, si sera prise.
Tant li crurent ami e genz,
que tuz les afama dedenz.
Le chastel a destruit e pris
e le seignur dedenz ocis.
A grant joie s'amie en meine.
Ore a trespassee sa peine.

De cest cunte qu'oï avez
fu Guigemar li lais trovez,
que hum dit en harpe e en rote ;
bone en est a oïr la note.

II EQUITANY

Han estat molt nobles barons
la gent de Bretanya, els bretons.
Tenien costum i avidesa,
com cortesia i noblesa,
5 contar-ne aventures sentides,
complaent gent de totes mides;
fent Lais així, per pur record,
que ningú oblidés el report.
En van fer un, que vaig sentir
10 que aquí no he pogut negligir,
el d'Equitany que fou molt noble
senyor de Nauns; rei del poble
era Equitany ferm compromís
que es féu estimar pel país;
15 tant dava com amor rebia
fidel a la cavalleria
Això el posà a prova molts cops
quan cercà sens fre amor d'arrops.
Tant d'amor tingué en desmesura
20 que la raó eixí per l'altura.
Equitany tingué un senescal
bon cavaller, prudent, lleial
que en guardava tota la terra
amb gran justícia i mà esquerra
25 quan ell cercava el seu desig;
que res distreia aquell capritx
de rei que obvia algun caprici:
caçar i riberejar amb desfici.
Tenia esposa el senescal,
30 i el poble en rebria gran mal
perquè la dama era molt bella;
tant com amable, mesella,
cor gentil com bella carnadura,
així la formà la natura;
35 amb els ulls verds i el rostre llis,

II. Equitan.

Mult unt esté noble barun
cil de Bretaigne, li Bretun.
Jadis suleient par pruësce,
par curteisie e par noblesce
des aventures que oeient
ki a plusurs genz aveneient,
faire les lais pur remembrance,
qu'um nes meïst en ubliance.
Un en firent, ceo oi cunter,
ki ne fet mie a ubliër,
d'Equitan ki mult fu curteis,
sire des Nans, justise e reis.
Equitan fu mult de grant pris
e mult amez en sun païs.
Deduit amout e druërie :
pur ceo maintint chevalerie.
Cil metent lur vie en nuncure,
ki d'amer n'unt sen ne mesure ;
tels est la mesure d'amer
que nuls n'i deit raisun guarder.
Equitan ot un seneschal,
bon chevalier, pru e leial.
Tute sa terre li guardout
e meinteneit e justisout.
Ja, se pur osteier ne fust,
pur nul busuin ki li creüst
li reis ne laissast sun chacier,
sun deduire, sun riveier.
Femme espuse ot li seneschals,
dunt puis vint el païs granz mals.
La dame ert bele durement
e de mult bon afaitement.
Gent cors out e bele faiture.
En li former uvra nature.
Les uiz out vairs e bel le vis,

bonica boca i un nas castís,
els cabells rossos relluents
veu amable, tractes plaents;
de la cara color de rosa
40 que en diré jo? Doncs cap més cosa.
Pel reialme bella i amable
pel rei del tot inigualable.
Sovint l'havia saludat
i dels seus havers regalat;
45 en secret frisava parlar-hi
i així ho disposà el seu desvari;
privadament, com a remà,
fins la contrada anà a caçar
ran d'on vivia el senescal
50 amb la dama. Del castell alt
ell s'hi féu albergar de nit,
i simulant prendre respit
pogué parlar-li vehement,
demostrant coratge evident;
55 la trobà agradosa i d'imatge
de cos bell i amb un clar visatge,
que el féu tot ell embalair-se;
d'Amor no sabé resistir-se.
La sageta vers ell llançada
60 amb gran joia prengué marrada
clavant-se-li al cor de ple
que ni tot el seny va valer;
l'havia pres del tot la dama
i perdé la parla l'infame,
65 incapaç d'escoltar res més
sens que defensar-se pogués:
La nit no dorm, tampoc reposa
i en fa desvari i tota cosa,
"*Ai, làs!* – es diu- *Quin cruel fat*
70 *M'ha dut a aquest lloc allunyat?*
D'ençà que he vist aquesta dama
d'angoixa el cor tot ell s'inflama
i se m'ha omplert de tremolors;
fins quan n'haurà d'estar amorós?

bele buche, nes bien asis,
les chevels blunz e reluisanz.
Curteise fu e bien parlanz.
Sa face aveit colur de rose.
Qu'en direie jeo altre chose ?
El reialme n'aveit sa per.
Li reis l'oï sovent loer.
Soventes feiz la salua ;
de ses aveirs li enveia.
Senz veüe la coveita,
e cum ainz pot, a li parla.
Priveement esbaneier
en la cuntree ala, chacier
la u li seneschals maneit.
El chastel u la dame esteit
se herberja li reis la nuit,
quant repairout de sun deduit.
Asez poeit a li parler,
sun curage e sun bon mustrer.
Mult la trova curteise e sage,
bele de cors e de visage,
de bel semblant e enveisiee.
Amurs l'a mis a sa maisniee.
Une saiete a vers lui traite,
ki mult grant plaie li a faite :
el quer li a lanciee e mise.
N'i a mestier sens ne cointise :
pur la dame l'a si suzpris,
tuz en est murnes e pensis.
Or l'i estuet del tut entendre,
ne se purra nïent defendre.
La nuit ne dort ne ne repose,
mes sei meïsme blasme e chose.
'A las', fet il, 'quels destinee
m'amena en ceste cuntree ?
Pur ceste dame qu'ai veüe
m'est une anguisse el quer ferue,
ki tut le cors me fet trembler.
Jeo quit que mei l'estuet amer.

*75 Perquè estimant sé que faig mal
puix dama és del senescal,
i en tant li dec tot el respecte,
com l'espero pel meu subjecte.
Sols faltaria que ho sabés,
80 prou se'n doldria i jo pla més;
i encara molt pitjor fóra
que enfollís tenint-la al devora.
I amb tot bella seria i res
sense amant, amor ni interès.
85 No tindria pas cortesia
si un amant no obté amb energia;
i home que n'obtingui l'amor
no el pot pas tenir com error.
Si al senescal se li conta
90 no ho pot rebre gens com afronta;
no la pot tenir per ell sol,
compartir-la no serà un dol."*
Dit això, tot ell sospirà,
jaient al llit, mirant l'envà.
95 Llavors va dir-se: *"Doncs de què
m'enervo i perdo tot l'alè?
Encara no sé pas si ella
em vol d'amant o serà arpella;
saber-ho sols serà un moment
100 si sent allò que el meu cor sent;
sols així perdré aquest dolor.
Ai, triga el dia en fer claror!
No vull repòs, sols aclarir;
massa he dormit i he estat mesquí!"*
105 Vetllà el rei fins fer-se de dia;
que sols féu créixer l'agonia.
S'alçà i sortí a caçar
però no va anar gaire enllà,
s'hi repensà i busca una excusa
110 fent-se el malalt, cosa difusa.
Molt afectat el senescal
que a casa d'ell prengués cap mal,
que el rei deia sentia viu,

E se jo l'aim, jeo ferai mal :
ceo est la femme al seneschal.
Guarder li dei amur e fei,
si cum jeo vueil qu'il face a mei.
Se par nul engin le saveit,
bien sai que mult l'en pesereit.
Mes nepurquant pis iert asez
que jeo pur li seie afolez.
Si bele dame tant mar fust,
s'ele n'amast u dru n'eüst !
Que devendreit sa curteisie,
s'ele n'amast de druërie ?
Suz ciel n'a hume, s'el l'amast,
ki durement n'en amendast.
Li seneschals se l'ot cunter,
ne l'en deit mie trop peser ;
suls ne la puet il pas tenir :
certes jeo vueil a li partir ! '
Quant ceo ot dit, si suspira,
e puis se jut e si pensa.
Aprés parla e dist : 'De quei
sui en estrif e en esfrei ?
Uncor ne sai ne n'ai seü
s'ele fereit de mei sun dru ;
mes jeol savrai hastivement.
S'ele sentist ceo que jeo sent,
jeo perdreie ceste dolur.
E deus ! Tant a de ci qu'al jur !
Jeo ne puis ja repos aveir.
Mult a que jeo culchai ier seir.'
Li reis veilla tant que jurs fu ;
a grant peine l'a atendu.
Il est levez, si vet chacier.
Mes tost se mist el repairier,
e dist que mult est deshaitiez.
Es chambres vet, si s'est culchiez.
Dolenz en est li seneschals.
Il ne set pas quels est li mals,
de quei li reis sent les friçuns :

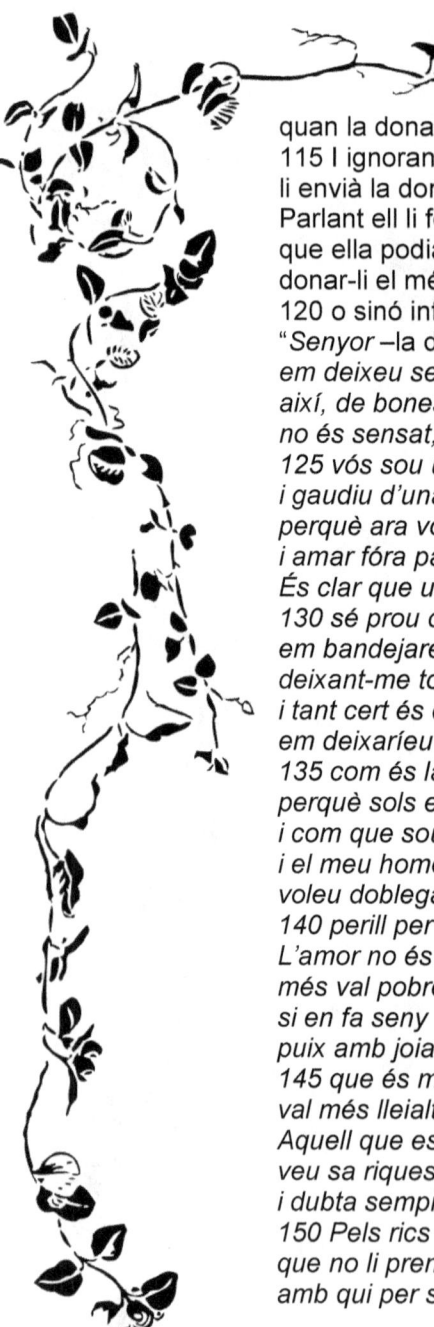

quan la dona n'era el motiu.
115 I ignorant, volent-lo distreure
li envià la dona a seure.
Parlant ell li féu saber tot
que ella podia a cada mot
donar-li el més gran confort
120 o sinó infringir-li la mort.
"*Senyor* –la dama va dir–
em deixeu sense esma i juí:
així, de bones a primeres,
no és sensat; de totes maneres
125 vós sou un rei de gran noblesa
i gaudiu d'una gran riquesa,
perquè ara vós em festegeu
i amar fóra pagar un alt preu.
És clar que un cop tingueu el fet
130 sé prou del cert que amb gest discret
em bandejareu de seguida,
deixant-me tota avergonyida;
i tant cert és que si us amés
em deixaríeu sens delers,
135 com és la cosa més injusta,
perquè sols entre iguals s'ajusta;
i com que sou un rei puixant
i el meu home és vostre garant
voleu doblegar, em sembla a mi,
140 perill per amor obtenir.
L'amor no és té sinó entre iguals,
més val pobre home entre lleials,
si en fa seny i tot valor,
puix amb joia dóna un amor
145 que és més que el d'un príncep o un rei;
val més lleialtat que servei.
Aquell que estima d'una alçada
veu sa riquesa amenaçada
i dubta sempre per no res.
150 Pels rics sempre primer interès:
que no li prenguin mai l'amiga,
amb qui per senyoria lliga."

sa femme en est dreite achaisuns.
Pur sei deduire e cunforter,
la fist venir a li parler.
Sun curage li descovri,
saveir li fet qu'il muert pur li ;
del tut li puet faire confort
e bien li puet doner la mort.
'Sire', la dame li a dit,
'de ceo m'estuet aveir respit.
A ceste primiere feiee
n'en sui jeo mie cunseilliee.
Vus estes reis de grant noblesce ;
ne sui mie de tel richesce,
qu'a mei vus deiez arester
de druërie ne d'amer.
S'aviëz fait vostre talent,
jeo sai de veir, n'en dut niënt,
tost m'avriëz entrelaissiee
j'en sereie mult empeiriee.
Se issi fust que vus amasse
e vostre requeste otreiasse,
ne sereit pas uël partie
entre nus dous la druërie.
Pur ceo que estes reis puissanz
mis sire est de vus tenanz,
quideriëz a mun espeir
le dangier de l'amur aveir.
Amurs n'est pruz, se n'est egals.
Mielz valt uns povres huem leials,
se en sei a sen e valur ;
e graindre joie est de s'amur
qu'il n'est de prince ne de rei,
quant il n'a leialté en sei.
S'alcuns aime plus haltement
qu'a sa richesce nen apent,
cil se dute de tute rien.
Li riches huem requide bien
que nuls ne li toille s'amie
qu'il vuelt amer par seignurie.'

Equitany es dol de l'excés:
"*Senyora, prou, no digueu més!*
155 No em parleu pas d'amants cortesos,
ans d'uns simples bergants burgesos
que creuen engrandir cabal
malmetent noblesa amb llur mal.
Dama sàvia sota el cel, d'imatge
160 ferma, sortosa i franc cossatge,
per qui d'amar es té fidel,
no pot trobar millor model
i millor amant, sens fer garbell,
que un ric príncep d'un ric castell,
165 perquè no caldrà penedir-se
d'estimar aquell millor a avenir-se,
amb qui altres enganyen l'amor
i es conformen amb poc valor,
amb falsia i decepció;
170 se'n veuen molts en munió,
no és meravella qui s'hi perd
tot li fuig i queda desert.
Demà, estimada, feu-me vostre;
no seré rei sota aquest sostre
175 ans vostre humil amant i amic,
puix ho ben juro i així ho dic
que jo us daré vostre plaer;
no em féu per vós morir l'alè,
vós sereu dama i jo servent,
180 vós altiva i jo penitent."
Com el rei li insistí tot ple
i tant li suplicà mercè,
l'amor ella s'assegurà
i el seu cor, per fi, atorgà.
185 Intercanviaren anells,
la fe lligaren dels cervells,
s'entendriren i es van amar,
que en moririen sens dubtar.
Llarg temps durà llur actitud,
190 abans ningú ho hagués sabut,
fins que al terme d'aquella estada

Equitan li respunt aprés :
'Dame, merci ! Ne dites mes !
Cil ne sunt mie fin curteis,
ainz est bargaigne de burgeis,
ki pur aveir ne pur grant fiu
metent lur peine en malvais liu.
Suz ciel n'a dame, s'ele est sage,
curteise e franche de curage,
pur quei d'amer se tienge chiere
qu'el ne seit mie noveliere,
s'ele n'eüst fors sun mantel,
qu'uns riches princes de chastel
ne se deüst pur li pener
e leialment e bien amer.
Cil ki d'amur sunt novelier
e ki s'aturnent al trichier,
il sunt gabé e deceü ;
de plusurs l'avum nus veü.
N'est pas merveille se cil pert
ki par s'ovraigne le desert.
Ma chiere dame, a vus m'otrei !
Ne me tenez mie pur rei,
mes pur vostre hume e vostre ami !
Seürement vus jur e di
que jeo ferai vostre plaisir.
Ne me laissiez pur vus murir !
Vus seiez dame e jeo servanz,
vus orguilluse e jeo preianz.'
Tant a li reis parlé a li
e tant li a crié merci
que de s'amur l'aseüra,
e el sun cors li otria.
Par lur anels s'entresaisirent,
lur fiances s'entreplevirent.
Bien les tindrent, mult s'entramerent,
puis en mururent e finerent.
Lung tens dura lur druërie,
que ne fu pas de gent oïe.
As termes de lur assembler,

l'assemblea fou convocada
i el rei comunicà a la gent
voler guarir privadament.
195 Les finestres van ser tancades
que ningú gosés, endebades,
si ell, com rei, no l'avisava,
entrar sens permís a la brava.
I així dels vespres a alta nit.
200 ella podia fer-hi llit.
Regnava el senescal per ell
i oïa els plets des del castell.
I el rei l'amava en gran manera
de cap més dama anà darrera,
205 i amb cap es negava a casar-se;
proposar-li-ho era com farsa
i els seus s'ho agafaven mal.
Quan la dona del senescal
ho sentí temé i li pesà
210 que no fos de perdre'l mitjà;
i un cop va poder parlar amb ell
enlloc de manyagues de pell,
petons, abraçades i joia
conjunta, vingué ben mansoia
215 i es posà a doldre's tot plorant,
fins que el rei, estranyat del plant,
inquirí si n'era el culpable.
La dama respongué tota amable:
"*Senyor, ploro pel nostre amor*
220 *que es torna sofrença i dolor,*
puix veig prendreu filla de rei
i em deixareu sense remei;
tant ho he sentit que és segur.
I de mi què serà? És molt dur.
225 *De vós sols espero la mort*
sinó n'obtinc cap més confort."
El rei cercà uns mots prou mansois:
"*No tingueu por, prou somicois!*
Tingueu per segur que cap dona
230 *no prendré, per molt que el tro trona!*

quant ensemble durent parler,
li reis faiseit dire a sa gent
que saigniez ert priveement.
Li us des chambres furent clos ;
ne trovissiez hume si os,
se li reis pur lui n'enveiast,
ja une feiz dedenz entrast.
De nuiz veneit, de nuiz alout
veeir celui que ele amout.
Li seneschals la curt teneit,
les plaiz e les clamurs oeit.
Li reis l'ama mult lungement,
que d'altre femme n'ot talent.
Il ne voleit nule espuser ;
ja n'en rovast oïr parler.
Sa genz li tindrent mult a mal,
tant que la femme al seneschal
l'oï suvent ; mult l'en pesa,
e de lui perdre se duta.
Quant ele pout a lui parler
e el li dut joie mener,
baisier, estreindre e acoler,
ensemble od lui rire e juër,
forment plura e grant duel fist.
Li reis demanda e enquist
que ceo deveit e que ceo fu.
La dame li a respundu :
'Sire, jo plur pur nostre amur,
ki mei revert a grant dolur.
Femme prendrez, fille a un rei,
e si vus partirez de mei.
Sovent l'oi dire e bien le sai.
E jeo lasse ! que devendrai ?
Pur vus m'estuet aveir la mort ;
car jeo ne sai altre cunfort,'
Li reis li dit par grant amur :
'Bele amie, n'aiez poür !
Certes ja femme ne prendrai,
ne pur altre ne vus larrai.

Això feu-vos cert i veritable:
quan l'home se us mori incurable
la meva reina us faré, i sí,
ningú me'n farà mai desdir."
235 La dama agraïda es calmà
i va entendrir el tarannà,
quan en rebé l'assegurança
que no la deixaria a ultrança
per cap altra. Llavors en tot,
240 per matar l'home, sobretot,
cercà la manera amb empeny,
rebent de l'altre ajut i seny
que s'hi avingué de seguida,
sols pendent de la seva crida:
245 per ella era esclau d'alegria
disposat a tot per follia.
"*Senyor,* – digué ella- *si bé us plau*
veniu a caçar al bosc en pau
on vivim el marit i jo,
250 *i ja al castell del meu senyor*
demaneu sojorn per malura;
proposaré un bany com a cura
al qual el meu home, segur,
sumar-s'hi trobarà oportú.
255 *Sobretot digueu aquell dia*
que li'n voleu la companyia.
Jo tots dos banys hauré escalfat,
i en dos grans bocois de costat,
però el seu estarà bullint
260 *tant que un home igual o distint*
s'hi escaldaria complet
i no en sortiria peu dret.
I quan mori ben escaldat
cridareu a cada soldat
265 *mostrant-los, convenientment,*
la seva mort al bon moment."
El rei a tot s'hi va acordar
per com el pla li era clar.
Tres mesos no es van esmunyir

Saciez de veir e si creez :
se vostre sire fust finez,
reïne e dame vus fereie ;
ja pur nul hume nel lerreie.'
La dame l'en a mercié
e dit que mult l'en set bon gre,
e se de ceo l'aseürast
que pur altre ne la laissast,
hastivement purchacereit
a sun seignur que morz sereit ;
legier sereit a purchacier,
pur ceo qu'il l'en volsist aidier.
Il li respunt que si fera ;
ja cele rien ne li dirra,
que il ne face a sun poeir,
turt a folie u a saveir.
'Sire', fet ele,'se vus plest,
venez chacier en la forest
en la cuntree u jeo sujur.
Dedenz le chastel mun seignur
sujurnez ; si serez saigniez,
e al tierz jur si vus baigniez.
Mis sire od vus se saignera
e avuec vus se baignera.
Dites li bien, nel laissiez mie,
que il vus tienge cumpaignie !
E jeo ferai les bains temprer
e les dous cuves aporter.
Sun bain ferai chalt e buillant ;
suz ciel nen a hume vivant,
ne seit eschaldez e mal mis,
einz que dedenz se seit asis.
Quant morz sera e eschaldez,
voz humes e les soens mandez ;
si lur mustrez cumfaitement
est morz el bain sudeinement.'
Li reis li a tut graanté,
qu'il en fera sa volenté.
Ne demura mie treis meis

270 que el rei se'n va anar a caçar allí
i, amb l'acord de sanar-hi mal,
va suggerir al senescal
fer un bany en despuntar el dia,
sabent que el súbdit ho voldria:
275 "Fem un bany – digué- *curatiu*."
I el senescal: "*M'hi avinc*" –que diu.
La dama escalfà l'aigua amb cura
i en dos bocois, ferma juntura,
posats davant de sengles llits;
280 manà omplir d'aigua amb vius envits,
mirant com la més bullidera
sempre la del senescal era.
Aquest prohom s'havia alçat
per passejar, havent clarejat,
285 i ella aprofità rebre el rei,
just en un descuit del servei.
I un cop al llit del seu senyor
van gaudir de l'ocasió
fent-se l'amor amb gran delit,
290 frec del bocoi als peus del llit,
mentre la porta vigilava
una fidel mossa sens trava.
Doncs tornà el senescal de cop,
provà entrar i ella parà el cop
295 mes ja a l'embat segon cedí
i es va veure obligada a obrir.
Tots dos, rei i dona, trobà
armant-se entre llençols, és clar;
i el rei, en veure'l tan felló,
300 com pretext, cercant el perdó,
va entrar dins del bocoi d'un salt,
tot nu, d'esma, pel sobresalt;
va escaldar-se amb gran sofriment
sense temps per cap pensament;
305 el parany se li girà en contra
tot per aquell sobtat encontre.
El senescal se'n va lliurar
i, en veure el rei, ho veié clar:

qu'el païs vet chacier li reis.
Saignier se fet cuntre sun mal,
ensemble od lui sun seneschal.
Al tierz jur dist qu'il baignereit.
Li seneschals mult le voleit.
'Vus baignerez', dist il,'od mei ! '
Li seneschals dist : 'Jo l'otrei.'
La dame fet les bains temprer
e les dous cuves aporter.
Devant le lit tut a devise
a chescune des cuves mise.
L'ewe buillant fait aporter,
u li seneschals dut entrer.
Li prozdum esteit sus levez ;
pur deduire fu fors alez.
La dame vint parler al rei,
e il la mist dejuste sei.
Sur le lit al seignur culchierent
deduistrent e enveisierent :
iluec unt ensemble geü,
pur la cuve ki devant fu.
L'us firent tenir e guarder ;
une meschine i dut ester.
Li seneschals ariere vint.
A l'us buta, cele le tint.
Icil le fiert par tel aïr,
par force li estut ovrir.
Le rei e sa femme a trovez
el lit gisant entracolez.
Li reis guarda, sil vit venir.
Pur sa vileinie covrir
dedenz la cuve salt joinz piez,
e il fu nuz e despuilliez ;
unques guarde ne s'en dona.
Iluec murut e eschalda.
Sur lui est li mals revertiz,
e cil en est sals e guariz.
Li seneschals a bien veü
coment del rei est avenu.

la dona d'una revolada
310 hi llençà dins d'una vegada
i així tots dos hi van morir,
primer el rei, i ella amb igual fi.

Qui vulgui una raó aprendre
aquest exemple podrà prendre
315 quan d'algú es percaça el mal
un o altre acabarà igual.
Tal com passà jo us ho he dit,
Bretanya en féu Lai, jo l'he escrit;
narra com Equitany morí
320 amb la dama que amà a desdir.

Sa femme prent demeintenant :
el bain la met, le chief avant.
Issi mururent ambedui,
li reis avant, ele aprés lui.

Ki bien voldreit raisun entendre,
ici purreit ensample prendre :
tels purchace le mal d'altrui,
dunt tuz li mala revert sur lui.
Issi avint cum dit vus ai.
Li Bretun en firent un lai,
d'Equitan, cument il fina
e la dame ki tant l'ama.

III FREIXE

Ara el Lai de Freixe us diré,
segons la contalla que en sé.

A Bretanya, de temps afins,
dos cavallers van ser veïns;
5 rics homes ambdós i puixants,
i valerosos cortesans,
propers d'una sola contrada,
cadascun d'esposa estimada.
Passà que una d'elles fou prenys
10 i ja al seu tarannà d'empenys
parí a l'encop dos infants.
L'home, com dels més exultants,
volgué la joia compartir
i comunicà al seu veí
15 que de la dama un dels dos fills
que havia parit com pubills
li oferiria tot l'honor
de dar-li el seu nom sonor.
Sopava el veí cavaller
20 en rebre el fet del missatger
que davant d'ells s'agenollà,
mentre el missatge desplegà.
El ric home ho trobà un detall
i va donar al troter un cavall.
25 La dona de l'home va somriure
servint-se de carn mitja lliura.
Era molt falsa i orgullosa,
manefla així com envejosa.
I tot mastegant va escopir,
30 perquè li ho sentissin tots dir:
"Déu em val, tanta meravella
que un prohom així estavella
a la taula del meu senyor,
amb tanta barra i menció,

III. Le Fraisne.

Le lai del Fraisne vus dirai
sulunc le cunte que jeo sai.

En Bretaigne jadis maneient
dui chevalier ; veisin esteient.
Riche hume furent e manant,
e chevalier pru e vaillant.
Prochein furent, d'une cuntree.
Chescuns femme aveit espusee.
L'une des dames enceinta.
Al terme qu'ele delivra,
a cele feiz ot dous enfanz.
Sis sire en est liez e joianz.
Pur la joie que il en a,
a sun bon veisin le manda,
que sa femme a dous fiz eüz,
de tanz enfanz esteit creüz ;
l'un li trametra a lever,
de sun nun le face nomer.
Li riches huem sist al mangier ;
a tant es vus le messagier !
Devant le deis s'agenoilla,
tut sun message li cunta.
Li sire en a deu mercié ;
un bon cheval li a doné.
La femme al chevalier s'en rist,
ki juste lui al mangier sist ;
kar ele ert feinte e orguilluse
e mesdisanz e enviüse.
Ele parla mult folement,
e dist oant tute sa gent :
'Si m'aït deus, jo m'esmerveil,
u cist prozdum prist cest cunseil,
qu'il a mandé a mun seignur
sa hunte e sa grant deshonur,

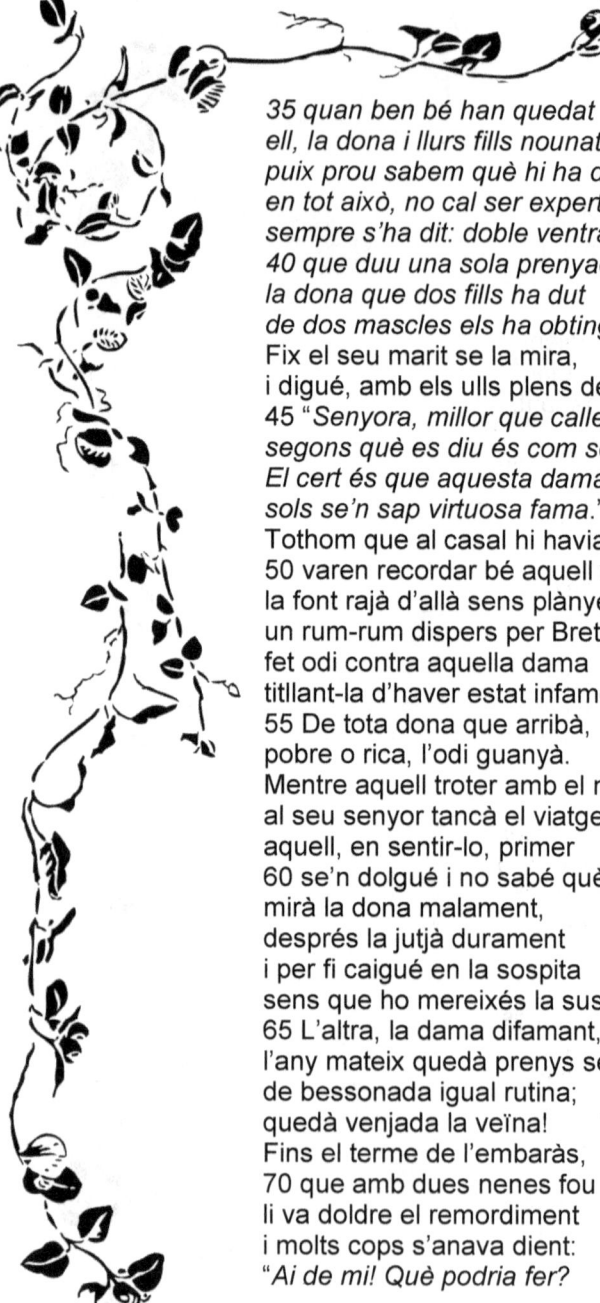

35 quan ben bé han quedat deshonrats
ell, la dona i llurs fills nounats,
puix prou sabem què hi ha del cert:
en tot això, no cal ser expert,
sempre s'ha dit: doble ventrada
40 que duu una sola prenyada,
la dona que dos fills ha dut
de dos mascles els ha obtingut."
Fix el seu marit se la mira,
i digué, amb els ulls plens de guspira:
45 "Senyora, millor que calleu;
segons què es diu és com se'ns veu!
El cert és que aquesta dama
sols se'n sap virtuosa fama."
Tothom que al casal hi havia
50 varen recordar bé aquell dia;
la font rajà d'allà sens plànyer
un rum-rum dispers per Bretanya,
fet odi contra aquella dama
titllant-la d'haver estat infame.
55 De tota dona que arribà,
pobre o rica, l'odi guanyà.
Mentre aquell troter amb el missatge
al seu senyor tancà el viatge;
aquell, en sentir-lo, primer
60 se'n dolgué i no sabé què fer;
mirà la dona malament,
després la jutjà durament
i per fi caigué en la sospita
sens que ho mereixés la susdita.
65 L'altra, la dama difamant,
l'any mateix quedà prenys semblant
de bessonada igual rutina;
quedà venjada la veïna!
Fins el terme de l'embaràs,
70 que amb dues nenes fou vivaç,
li va doldre el remordiment
i molts cops s'anava dient:
"Ai de mi! Què podria fer?

que sa femme a eüz dous fiz.
E il e ele en sunt huniz.
Nus savum bien qu'il i afiert :
unques ne fu ne ja nen iert
ne n'avendra cele aventure,
qu'a une sule porteüre
une femme dous enfanz ait,
se dui hume ne li unt fait.'
Sis sire l'a mult esguardee,
mult durement l'en a blasmee.
'Dame', fet il,'laissiez ester !
Ne devez mie issi parler !
Veritez est que ceste dame
a mult esté de bone fame.'
La genz ki en la maisun erent
cele parole recorderent.
Asez fu dite e coneüe,
par tute Bretaigne seüe.
Mult en fu la dame haïe ;
puis en dut estre mal baillie.
Tutes les femmes ki l'oïrent,
povres e riches, l'en haïrent.
Cil ki le message ot porté
a sun seignur a tut cunté.
Quant il l'oï dire e retraire
dolenz en fu, ne sot que faire ;
sa prude femme en enhaï
e durement la mescreï,
e mult la teneit en destreit,
senz ceo qu'ele nel deserveit.
La dame ki si mesparla
en l'an meïsmes enceinta.
De dous enfanz est enceintiee :
ore est sa veisine vengiee !
Desqu'a sun terme les porta.
Dous filles ot : mult li pesa.
Mult durement en est dolente ;
a sei meïsmes se demente.
'Lasse', fet ele, 'que ferai ?

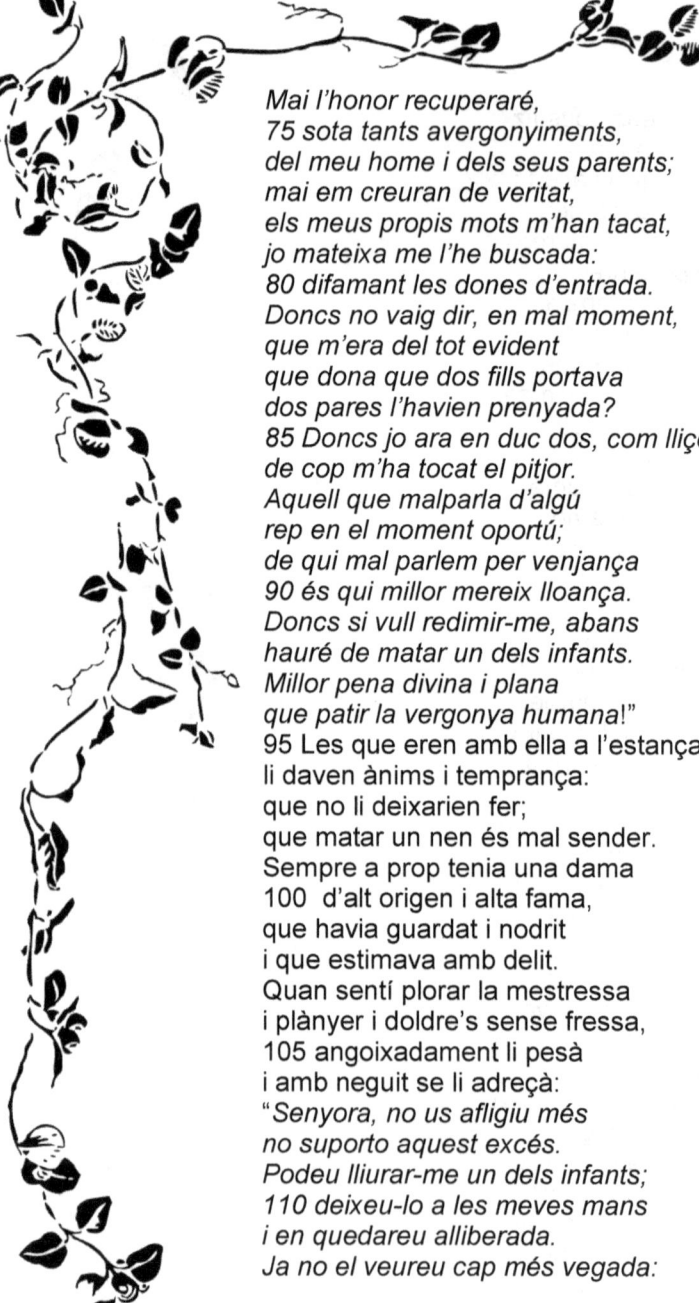

Mai l'honor recuperaré,
75 sota tants avergonyiments,
del meu home i dels seus parents;
mai em creuran de veritat,
els meus propis mots m'han tacat,
jo mateixa me l'he buscada:
80 difamant les dones d'entrada.
Doncs no vaig dir, en mal moment,
que m'era del tot evident
que dona que dos fills portava
dos pares l'havien prenyada?
85 Doncs jo ara en duc dos, com lliçó;
de cop m'ha tocat el pitjor.
Aquell que malparla d'algú
rep en el moment oportú;
de qui mal parlem per venjança
90 és qui millor mereix lloança.
Doncs si vull redimir-me, abans
hauré de matar un dels infants.
Millor pena divina i plana
que patir la vergonya humana!"
95 Les que eren amb ella a l'estança
li daven ànims i temprança:
que no li deixarien fer;
que matar un nen és mal sender.
Sempre a prop tenia una dama
100 d'alt origen i alta fama,
que havia guardat i nodrit
i que estimava amb delit.
Quan sentí plorar la mestressa
i plànyer i doldre's sense fressa,
105 angoixadament li pesà
i amb neguit se li adreça:
"Senyora, no us afligiu més
no suporto aquest excés.
Podeu lliurar-me un dels infants;
110 deixeu-lo a les meves mans
i en quedareu alliberada.
Ja no el veureu cap més vegada:

Ja mes pris ne honur n'avrai !
Hunie sui, c'est veritez.
Mis sire e tuz mis parentez
certes ja mes ne me crerrunt,
des que ceste aventure orrunt ;
kar jeo meïsmes me jujai,
de tutes femmes mesparlai.
Dunc dis jeo que unques ne fu
ne nus ne l'aviüm veü,
que femme dous enfanz eüst,
se dous humes ne coneüst.
Ore en ai dous ; ceo m'est a vis,
sur mei en est turnez li pis.
Ki sur altrui mesdit e ment,
ne set mie qu'a l'ueil li pent ;
de tel hume puet l'um parler,
ki mielz de lui fet a loër.
Pur mei defendre de hunir
un des enfanz m'estuet murdrir.
Mielz le vueil vers deu amender
que mei hunir ne vergunder.'
Celes ki en la chambre esteient
la cunfortouent e diseient
qu'eles nel suferreient pas ;
d'enfant ocire n'est pas gas.

 La dame aveit une meschine,
ki mult esteit de franche orine ;
lung tens l'ot guardee e nurrie
e mult amee e mult cherie.
Cele oï sa dame plurer,
durement pleindre e doluser ;
anguissusement li pesa.
A li vint, si la cunforta.
'Dame', fet ele, 'ne valt rien.
Laissiez cest duel, si ferez bien !
L'un des enfanz me bailliez ja !
Jeo vus en deliverrai ja,
si que honie n'en serez
ne que ja mes ne la verrez.

el deixaré a un monestir
ben sa i estalvi, sens tragí;
115 cap prohom no el trobarà pas
i déu el nodrirà de pas."
La dama, en sentir-la, es calmà;
de joia prengué un rostre clar;
aquell pla l'arribà a convèncer
120 fins que arribà la recompensa.
Llavors en un ric llenç de fil
van amagar l'infant gentil,
embolcallat de drap rosat,
que un cop l'home havia portat
125 d'una estada a Constantinoble;
pocs n'hauríeu vist de tant noble.
La nova mare amb un bon llaç
un gros anell li lligà al braç
que l'or feia una unça ben bé
130 i a l'encast un jacint cimer,
amb la verge al voltant gravada,
que si la nena era trobada
prou sabrien sobradament
que era nada de bona gent.
135 L'acompanyant prengué l'infant,
sortint de la cambra a l'instant
puix era una nit ben serena,
i vilà enllà enfilà carena
vers un camí que s'endinsava
140 pel bosc, directe i sense trava.
El travessà completament,
amb pas segur i l'infant prement,
fins que va sortir al camí.
Sentí un gos bordant prop d'allí,
145 i a d'altres, i cantar algun gall,
senyals de vila al capdavall.
Vers allí es va dirigir,
on aquells sorolls va sentir.
La vila era rica i amb fama,
150 allà on arribà aquella dama;
també hi havia una abadia

A un mustier la geterai,
tut sein e salf l'i porterai.
Alcuns prozdum la trovera,
se deu plest, nurrir la fera.'
La dame oï que cele dist.
Grant joie en out ; si li promist,
se cel servise li faiseit,
bon gueredun de li avreit.
En un chief de mult bon cheinsil
envolupent l'enfant gentil
e desus un paile roé ;
sis sire li ot aporté
de Costentinoble u il fu ;
unques si bon n'orent veü.
A une piece d'un suen laz
un gros anel li lie al braz.
De fin or i aveit une unce ;
el chastun out une jagunce ;
la verge en tur esteit letree.
La u la meschine iert trovee,
bien sacent tuit veraiement
qu'ele est nee de bone gent.
La dameisele prist l'enfant ;
de la chambre s'en ist a tant.
La nuit quant tut fu aseri,
fors de la vile s'en eissi.
En un grant chemin est entree,
ki en la forest l'a menee.
Par mi le bois sa veie tint.
Od tut l'enfant ultre s'en vint ;
unques del grant chemin n'eissi.
Bien loinz sur destre aveit oï
chiens abaier e cos chanter :
iluec purra vile trover.
Cele part vet a grant espleit,
u la noise des chiens oeit.
En une vile riche e bele
est entree la dameisele.
En la vile out une abeïe

pròspera i de categoria;
hi vivien monges tancades
i per l'abadessa guardades.
155 La jove es mirà aquell convent:
torres i murs, cloquer d'argent
i anà amb pas ràpid a la porta
i amb una embranzida somorta
l'infant que duia hi va deixar,
160 i humilment s'hi va agenollar,
i resà aquesta oració:
"*Déu just, escolta el meu clamor,
senyor de tot i paternal
guarda aquest infant de tot mal.*"
165 I un cop el prec hagué finit
es tombà i veié, com d'envit,
un freixe enorme, amb gran capçada
tota espessa per la fullada;
de quatre troncs era el brancam
170 i dava ombra i cau a l'ocellam.
Prengué de nou el nadó en braços
i anà sota el freixe amb ferms passos;
i el deixà sota el peu immens
i reféu camí amb cor tens
175 fins tornar amb la seva mestressa,
i allí digué fets i l'adreça.

A l'abadia un dels porters
solia obrir pels matiners,
per la gent que sempre venia
180 a oir l'ofici del nou dia.
Nit aclarida es va llevar,
cremà espelmes aquí i allà,
tocà matines i va obrir.
Veié al peu del freixe un tragí;
185 pensà d'uns draps d'algú perduts,
no són hores d'enginys aguts!
Aturà els quefers un moment
i anà al peu de l'arbre imponent;
palpant, palpant trobà l'infant

durement riche e bien guarnie ;
mun esciënt noneins i ot
e abeesse kis guardot,
La meschine vit le mustier,
les turs, les murs e le clochier.
Hastivement est la venue.
Devant l'us s'est aresteüe.
L'enfant mist jus qu'ele porta ;
mult humblement s'agenuilla.
Ele comence s'oraisun.
'Deus', fait ele, 'par tun seint nun,
sire, se te vient a plaisir,
cest enfant guarde de perir ! '
Quant sa preiere aveit finee,
ariere sei s'est reguardee.
Un fraisne vit, le e branchu
e mult espés e bien ramu ;
en quatre furs esteit quarrez ;
pur umbre faire i fu plantez.
Entre ses braz a pris l'enfant,
des i qu'al fraisne vint corant.
Desus le mist ; puis le laissa ;
a deu le veir le comanda.
La dameisele ariere vait ;
sa dame cunte qu'ele a fait.

En l'abeïe ot un portier ;
ovrir suleit l'us del mustier,
de fors par unt la genz veneient
ki le servise oïr voleient.
Icele nuit par tens leva.
Chandeiles, lampes aluma,
les seins sona e l'us ovri.
Sor le fraisne les dras choisi ;
quida qu'alkuns les eüst pris
en larrecin e iluec mis
d'altre chose nen ot reguard.
Plus tost qu'il pot vint cele part ;
taste, si a l'enfant trové.

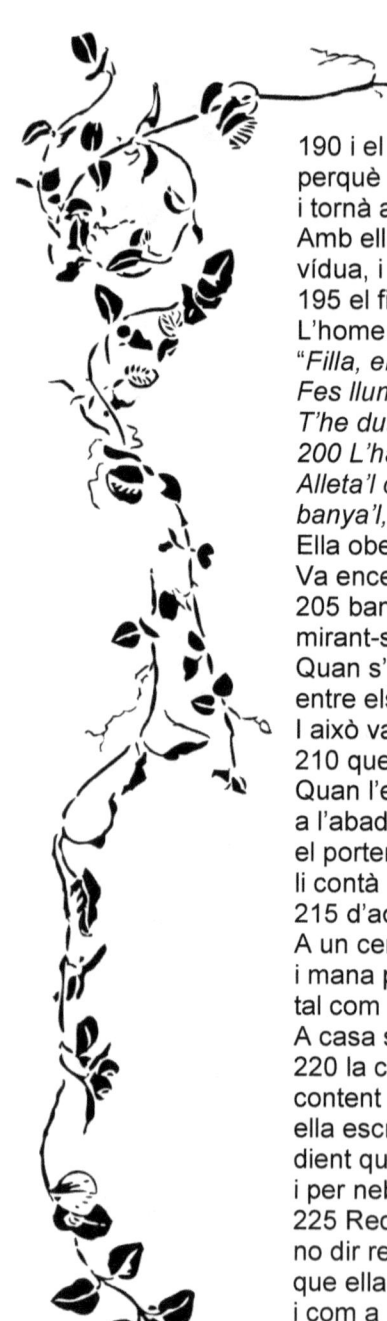

190 i el prengué, tot a déu lloant,
perquè ho prengué per gran troballa,
i tornà al seu cau que mai falla.
Amb ell una filla vivia,
vídua, i que va perdre un dia
195 el fillet mentre l'alletava.
L'home la cridà mentre entrava:
"Filla, encara no t'has alçat?
Fes llum i veuràs què he portat.
T'he dut un infantó insegur.
200 L'ha deixat sota el freixe algú;
Alleta'l com solies fer,
banya'l, cuida'l; ho faràs bé."
Ella obeí el seu dictat:
Va encendre foc i aquell albat
205 banyà i alletà tendrament,
mirant-se'l amorosament.
Quan s'adormí trobà l'anell
entre els plecs del ric mantell.
I això va fer ben evident
210 que aquella nena era alta gent.
Quan l'endemà, acabat l'ofici,
a l'abadessa, en ser propici,
el porter se li acostà
li contà els fets com van anar
215 d'aquella nena i la troballa.
A un cert punt l'abadessa el talla
i mana portar-li la nena,
tal com l'hagué vist a serena.
A casa se'n tornà el porter,
220 la criatura li dugué
content en mostrar-la a la dama;
ella escrutà del cap a cama,
dient que se n'ocuparia
i per neboda la tindria.
225 Recalcà al porter, sobretot,
no dir res a ningú de tot
que ella la tindria afillada;
i com a un freixe fou trobada,

Il en a deu mult mercié,
e puis l'a pris, si ne l'i lait.
A sun ostel od tut s'en vait.
Une fille ot ki vedve esteit ;
sis sire ert morz, enfant aveit
petit en berz e alaitant.
Li prozdum l'apela avant.
'Fille', fet il, levez, levez !
Fu e chandeile m'alumez !
Un enfant ai ci aporté,
la fors el fraisne l'ai trové.
De vostre lait le m'alaitiez ;
 Eschalfez le e sil baigniez ! '
Cele a fet sun comandement.
Le feu alume e l'enfant prent,
eschalfé l'a e bien baignié,
puis l'a de sun lait alaitié.
En tur sun braz trueve l'anel ;
le paile virent riche e bel :
bien sorent cil a esciënt
qu'ele est nee de halte gent.
El demain aprés le servise,
quant l'abeesse ist de l'eglise,
li portiers vet a li parler.
L'aventure li vuelt cunter
de l'enfant cum il le trova.
L'abeesse li comanda
que devant li seit aportez
tut issi cum il fu trovez.
A sa maisun vet li portiers.
L'enfant aporte volentiers,
si l'a a la dame mustré,
e el l'a forment esguardé,
e dit que nurrir le fera
e pur sa niece la tendra.
Al portier a bien defendu
qu'il ne die cument il fu.
Ele meïsmes l'a levee.
Pur ceo qu'el fraisne fu trovee,

doncs Freixe seria el seu nom.
230 I Freixe li digué tothom.

Neboda passà de la dama,
creixent sota la seva flama;
dins del clos d'aquella abadia
es va fer dia rere dia;
235 i així, quan tingué set anys,
pujà bella i de grans afanys,
per ser molt entenimentada
com de l'abadessa ensenyada;
com se l'estimà amb bogeria,
240 sumptuosament la vestia
i en esdevenir senyoreta,
essent de natura tan dreta
Bretanya no n'hagué més bella,
ni cortès com ella donzella:
245 franca era per la bona escola
dolça de sentir-ne parola;
qui la veiés ja l'estimava
i de lloances la inundava.
Rics homes venien amb lleure
250 que l'abadessa els deixés veure
la neboda, marcant horari,
sols pel plaer d'un poc parlar-hi.

A Dol vivia un bon senyor
ni d'abans ni després millor;
255 us en puc dir el nom adjunt:
al país li deien Gurun.
De la jove sentí parlar
i l'amà de llavors ençà.
Un dia tornant d'un torneig
260 per l'abadia féu passeig
i demanà per la donzella
a l'abadessa sentinella.
Tant li sembla entenimentada
com cortès, plaent i acurada
265 que pensà en guanyar-ne l'amor

Le Fraisne li mistrent a nun,
e Le Fraisne l'apelë hum.

La dame la tint pur sa niece,
Issi fu celee grant piece ;
dedenz le clos de l'abeïe
fu la dameisele nurrie.
Quant ele aveit passé .vii. anz,
de sun aé fu bele e granz.
Des qu'ele pot raisun entendre,
l'abeesse l'a faite aprendre ;
car mult l'amout e cherisseit
e mult richement la vesteit.
Quant ele vint en tel eé
que nature furme belté,
en Bretaigne ne fu si bele
ne si curteise dameisele.
Franche esteit e de bone escole
e en semblant e en parole.
Nuls ne la vit ki ne l'amast
e merveille ne la preisast.
Li riche hume veeir l'alouent.
A l'abeesse demandouent,
sa bele niece lur mustrast
e que sufrist qu'a els parlast.

 A Dol aveit un bon seignur :
unc puis ne einz n'i ot meillur.
Ici vus numerai sun nun :
el païs l'apelent Gurun.
De la pucele oï parler ;
si la cumença a amer.
A un turneiement ala ;
par l'abëie returna.
La dameisele a demandee ;
l'abeesse li a mustree
Mult la vit bele e enseigniee,
sage, curteise e afaitiee.
Se il nen a l'amur de li,

o no mereixia vigor.
Dubtava com a un laberint,
puix si hi tornava més sovint
l'abadessa sospitaria
270 i que la veiés privaria.
Llavors pensà, més que una queixa
faria l'abadia créixer,
dant-li terres seves i més
tot fent que se'l felicités,
275 aconseguint així el dret
de ser acollit a fons complet.
Per obtenir fraternitat
no li recà donar en privat,
més la seva única raó
280 no era pas obtenir perdó.
Durant l'afer hi sojornà
i amb aquella jove parlà
Tant li pregà i tant li insistí
que ella atorgà més d'un bocí.
285 Quan ell tingué segur l'amor
li va parlar de l'exterior:
"*Formosa, ara que amb vós estic*
i que heu fet de mi vostre amic,
vivim plegats. Veniu amb mi!
290 Prou sabeu, i segur que sí,
que si ho sabés tot vostra tia
no gairebé que s'ho prendria,
i més si quedéssiu prenyada;
el càstig fóra dur d'entrada.
295 Si sentiu mon consell i us plau
veniu amb mi al meu palau.
Mai, mai us abandonaré,
i no us faltarà res, també."
Ella tant i tant l'estimava
300 que acceptà l'oferta sens trava.
Plegats van marxar a ple solell;
mentre ell la duia al seu castell
ella el llenç i l'anell portava,
trets del passat que n'era esclava.

mult se tendra a mal bailli.
Esguarez est, ne set coment ;
kar se il repairout sovent,
l'abeesse s'aparcevreit ;
ja mes des uiz ne la verreit.
D'une chose se purpensa :
l'abeïe creistre voldra,
de sa terre tant i durra,
dunt a tuz jurs l'amendera ;
kar il i volt aveir retur
e le repaire e le sejur.
Pur aveir lur fraternité
la a grantment del soen doné ;
mult i aveit altre achaisun
que de receivre le pardun.
Soventes feiz i repaira.
A la dameisele parla ;
tant li preia, tant li premist,
qu'ele otria ceo que il quist.
Quant a seür fu de s'amur,
si la mist a raisun un jur.
'Bele', fet il, 'ore est issi,
de mei avez fet vostre ami.
Venez vus ent del tut od mei !
Saveir poëz, jol quit e crei,
se vostre ante s'aparceveit,
mult durement li pesereit,
s'en tur li fussiez enceintiee ;
durement sereit curuciee.
Se mun cunseil creire volez,
ensemble od mei vus en vendrez.
Certes ja mes ne vus faldrai,
richement vus cunseillerai.
Cele ki durement l'amot
bien otria ceo que li plot.
Ensemble od lui en est alee ;
a sun chastel l'en a menee.
Sun paile en porte e sun anel :
de ceo li puet estre mult bel.

305 Ja fa temps l'abadessa un dia
li ho explicà a l'abadia:
que ho duia quan la van trobar,
sota el freixe rere l'altar;
qui la trobà així ho referí,
310 res més no li va saber dir.
No havent sols bona voluntat,
com neboda havia pujat.
La noia ho guardà tot secret
en un cofre ferm i discret;
315 llavors no se'l volgué deixar
prement-lo com un talismà.
El cavaller que l'acompanyava
cada jorn tot l'amor li dava
i allí, de tots els servidors
320 es guanyà els més fervents vigors,
estimant-la per la franquesa
i la lluïssor de noblesa.

Temps durà l'estabilitat
fins que el cavaller fou titllat
325 de rèprobe per mil falsies,
escampades entre enraonies;
l'aconsellaven trobar esposa
i que es desfés d'aquella nosa.
Que fóra un goig haver un hereu
330 digne i com cal a tot arreu,
pel terrós i el seu heretat;
quan ell faltés tot dissortat
seria, si ho deixava tot
sense un infant legítim brot;
335 i no el tindrien per senyor,
ni el servirien d'ardor,
si no feia llur voluntat.
El cavaller es veié forçat
a l'acord que dona prendria
340 i,com martelleig, ell sentia:
"*Senyor* -feien- *a prop d'aquí
viu un prohom que pot servir*"

L'abeesse li ot rendu
e dit coment ert avenu,
quant primes li fu enveiee.
Desus le fraisne fu culchiee ;
le paile e l'anel li bailla
cil ki primes li enveia ;
plus d'aveir ne receut od li ;
come sa niece la nurri,
La meschine bien les guarda ;
en un cofre les enferma.
Le cofre fist od sei porter,
nel volt laissier ne ubliër.
Li chevaliers ki l'en mena
mult la cheri e mult l'ama,
e tuit si hume e si servant ;
n'i out un sul, petit ne grant,
pur sa franchise ne l'amast
e ne cherist e honurast.

 Lungement ot od lui esté,
tant que li chevalier fiefé
a mult grant mal li aturnerent.
Soventes feiz a lui parlerent,
qu'une gentil femme espusast
e de cele se delivrast.
Lié sereient, s'il eüst heir
ki aprés lui peüst aveir
sa terre e sun grant heritage
Trop i avreient grant damage,
se il laissast pur sa suignant
que d'espuse n'eüst enfant.
Ja mes pur seignur nel tendrunt
ne volentiers nel servirunt,
se il ne fait lur volenté.
Li chevaliers a graanté
qu'a lur cunseil femme prendra.
Ore esguardent u ceo sera.
'Sire', funt il, 'ci pres de nus
a uns prozdum parlé a nus.

"És ric i sols té una pubilla."
"Tindreu molta terra amb la filla,
345 puix té per nom Avellaner."
"I és molt bonica, això primer."
"Després, com Freixe deixareu,
amb Avellaner es guanya preu:
l'avellaner dona avellanes
350 i el freixe cap fruit, ni ganes."
"Aquella mossa cercarem
i si déu vol us la durem."
I un cop cedí ordiren casori,
s'acordà no fos dilatori.
355 Ai làs! Que desconvenient
que tota aquella bona gent
no lligués les dues carones,
per veure com eren... bessones!
I així Freixe va ser apartada
360 i amb l'altra, l'amic, acordada.
Quan va saber la notícia
dolguda, ho trobà una injustícia;
però al senyor serví igualment
i a tots, com sempre, somrient.
365 Però els cavallers de la casa,
fins els de la tasca més rasa,
es veien d'ànim trasbalsat,
per com tots l'havien tractat.

Per noces, un dia bonic,
370 el senyor cridà a cada amic;
com el seu arquebisbe hi era,
el de Dol, que escau per cantera,
hi vingué amb la seva muller,
mare de les noies, també.
375 Amb la por de la mossa apartada
que els volgués mal, i a la vegada,
danyés també la seva filla.
Fent-la fora, cosa senzilla,
seria convèncer al nou gendre
380 com casar-la amb algú cor tendre.

Une fille a, si n'a plus d'eir :
mult poëz terre od li aveir.
La Coldre a nun la dameisele ;
en tut cest païs n'a si bele.
Pur le Fraisne que vus larrez
en eschange la Coldre avrez.
En la coldre a noiz e deduiz,
li fraisnes ne porte unkes fruiz,
La pucele purchacerons :
se deu plest, si la vus durruns.'
Cel mariage unt purchacié
e de tutes parz otrié.
A las ! cum est mesavenu,
que li prudume n'unt seü
l'aventure des dameiseles,
ki esteient serurs gemeles.
Le Fraisne cele fu celee ;
sis amis a l'altre espusee.
Quant ele sot que il la prist,
unkes peiur semblant n'en fist :
sun seignur sert mult bonement
e honure tute sa gent.
Li chevalier de la maisun
e li vadlet e li garçun
merveillus duel pur li faiseient
de ceo que perdre la deveient.

 Al jur des noces qu'il unt pris
li sire i mande ses amis,
e l'erceveskes i esteit,
cil de Dol ki de lui teneit.
S'espuse li unt amenee.
Sa mere i est od li alee.
De la meschine aveit poür,
vers qui li sire ot tel amur,
que a sa fille mal tenist
vers sun seignur, s'ele poïst.
De sa maisun la getera ;
a sun gendre cunseillera

Tot aquest era el seu delit:
lliurar-se'n i dar-li un marit.
Les noces fou dia de joia
tranquil·les; la noia mansoia
385 restà en cambra, a estones, reclosa;
qui la veié féu igual glosa:
no semblava que li pesés
-segons van referir després-
i amb la nova mestressa, amable
390 es comportà, tant com afable.
Tots se'n feien creus estranyats
dels seus tractes, dels seus posats.
La seva mare la mirava
batent el cor, mirada brava;
395 pensant que si hagués sabut
com era i també l'actitud
no hauria esperonat la filla
treure-li l'home i ser pubilla.

Al vespre, per tal de fer el llit,
400 on l'esposa hauria el marit,
la jove s'havia afanyat
i amb presses la capa llevat
per corregir el camarlenc,
ensenyant-li, amb viu areng,
405 com el senyor volia el llit,
puix sovint li havia dit.
Abans de deixar el llit per bé
van posar un cobertor també;
però la color era gastada,
410 ella el llevà d'una grapada,
i no tenint-ne cap més bo
salva la situació
agafant del cofre el seu drap,
i donà goig sens maldecap,
415 i honor al seu senyor al moment,
puix l'arquebisbe era present
per beneir i el llit senyar,
segons el deure secular.

qu'a un produme la marit ;
si s'en deliverra, ceo dit.
Les noces tindrent richement ;
mult i out esbaneiement.
La dameisele es chambres fu ;
unques de quan qu'ele a veü
ne fist semblant que li pesast
tant que ele s'en curuçast.
En tur la dame bonement
serveit mult afaitieement.
A grant merveille le teneient
cil e celes ki la veeient.
Sa mere l'a mult esguardee,
en sun quer preisiee e amee.
Pensa e dist, s'ele seüst
la maniere e que ele fust,
ja pur sa fille ne perdist
ne sun seignur ne li tolist.

 La nuit al lit apareillier,
u l'espuse deveit culchier,
la damisele i est alee.
De sun mantel s'est desfublee.
Les chamberleins i apela ;
la maniere lur enseigna
cument sis sire le voleit ;
kar meinte feiz veü l'aveit.
Quant le lit orent apresté,
un covertur unt sus jeté.
Li dras esteit d'un vieil bofu.
La dameisele l'a veü.
N'ert mie bons, ceo li sembla ;
en sun curage l'en pesa.
Un cofre ovri, sun paile prist,
sur le lit sun seignur le mist.
Pur lui honurer le faiseit :
kar l'erceveskes i esteit
pur els beneïstre e seignier ;
ceo afereit a sun mestier,

Buida la cambra de plantilla
420 la mare hi féu entrar la filla,
per tal de poder-la acotxar,
i la començà a despullar.
Llavors va veure el llenç al llit
i sentí un calfred inaudit:
425 li semblà com un que tenia
on tapà la filla aquell dia.
Així que copsà aquell record
tot l'ànim li quedà somort;
al camarlenc va requerir:
430 "*Per la fe que puguis tenir,
digueu-me d'on surt aquest llenç?*"
"*Ho sabreu* – diu ell- *Ha estat tens.
La senyoreta l'ha portat
per tapar aquell cobertor arnat;
435 el seu llenç ha salvat millor,
que no pas res, l'ocasió.*"
La dama féu venir la noia,
que un cop davant, tota xiroia,
lleva's la capa, saludant.
440 La mare la mirà escrutant:
"*Estimada, no l'amagueu,
vostra roba, d'on la traieu?
Qui us la dona? De quin lloc ve?
Sigueu sincera i ho seré!*"
445 La mossa, cap cot, contestà:
"*La meva tia que em pujà,
us ho sabria dir millor;
és abadessa, d'un sant do,
em donà un llenç amb un anell,
450 part d'on era jo en un fardell.*"
"*Que puc veure l'anell, bonica?*"
"*I tant! No trigo ni una mica.*"
L'anell la noia li portà
i ella en silenci se'l mirà;
455 prou que l'havia conegut!
Com el llenç, amb exactitud
ara n'estava convençuda;

Quant la chambre fu delivree,
la dame a sa fille amenee.
Ele la volt faire culchier,
si la cumande a despoillier.
Le paile esguarde sur le lit,
que unkes mes si bon ne vit
fors sul celui qu'ele dona
od sa fille qu'ele cela.
Idunc li remembra de li ;
tuz li curages li fremi.
Le chamberlenc apele a sei.
'Di mei', fait ele, 'par ta fei,
u fu cist bons pailes trovez !'
'Dame', fait il, 'bien le savrez !
La dameisele l'aporta,
sur le covertur le geta ;
kar ne li sembla mie boens.
Jeo quit que li pailes est soens.'
La dame l'aveit apelee,
e cele est devant li alee.
De sun mantel se desfubla,
e la mere l'araisuna :
'Bele amie, nel me celez !
U fu cist bons pailes trovez ?
Dunt vus vint il ? Kil vus dona ?
Kar me dites kil vus bailla !'
La meschine li respundi :
'Dame, m'ante ki me nurri ;
l'abeesse kil me bailla
a guarder le me comanda.
Cest e un anel me baillierent
cil ki a nurrir m'enveierent'
'Bele, puis jeo veeir l'anel ?'
'Oïl, dame, ceo m'est mult bel.'
L'anel li a dunc aporté,
e ele l'a mult esguardé.
El l'a tresbien reconeü
e le paile qu'ele a veü.
Ne dute mes, bien set e creit

era en front la filla perduda!
I fent cor fort, per no fer figa,
460 digué: "*Ets la meva filla, amiga!*"
Però era massa el sobreesforç,
s'esllanguí i requerí socors.
Es va refer al cap d'un moment
i féu cridar el marit urgent.
465 Ell arribà tot esglaiat
pensant el pitjor, atabalat,
la dama se li llença als peus,
tot plorant, que ell se'n feia creus,
demanava perdó insistent.
470 Ell no en treia res coherent:
"*Dama* -li demanà- *Què us passa?
Què ha estat, entre nosaltres, massa
perquè us hagi de perdonar?
Digueu-me o em fareu esclatar!.*"
475 "*Senyor, perdó, tot ve d'abans.
Ja us ho dic! Doneu-me les mans!
Recordeu que vaig ser mesquina,
burlant-me de nostra veïna?
Dels seus bessons vaig malparlar.
480 Doncs contra mi se'm va girar.
Vaig quedar en cinta al cap de poc,
de dues nenes, al meu lloc;
per por, a un monestir, una d'elles
vaig deixar, fugint de querelles;
485 amb un llenç i anell regal vostre,
el jorn que vam compartir sostre.
Doncs ja no puc amagar el fi
puix tot ho he trobat aquí!
Fins nostra filla he conegut,
490 que per boja havia perdut;
i és doncs aquesta senyoreta,
bella i prudent ara i aquí dreta,
que el nostre amfitrió ha estimat
i amb sa germana s'ha casat.*"
495 L'home exclamà: "*Em feu molt content;
no hauria pensat ni un moment*

que li Fraisnes sa fille esteit.
Oiant tuz dit, ne ceile mie :
'Tu iés ma fille, bele amie !'
De la pitié que ele en a
ariere chiet, si se pasma.
E quant de pasmeisuns leva,
pur sun seignur tost enveia ;
e il i vient tuz esfreez,
Quant il est en la chambre entrez,
la dame li cheï as piez,
estreitement li a baisiez :
pardun li quiert de sun mesfait.
Il ne sot nïent de cel plait.
'Dame', fet il, 'que dites vus ?
Il n'a se bien nun entre nus !
Quan que vus plest, seit parduné !
Dites mei vostre volunté !'
'Sire, quant parduné l'avez,
jel vus dirai ; si m'escultez !
Jadis par ma grant vileinie
de ma veisine dis folie.
De ses dous enfanz mesparlai :
vers mei meïsmes mesdit ai.
Veritez est, jeo enceintai,
dous filles oi, l'une en celai.
A un mustier la fis geter
e vostre paile od li porter
e l'anel que vus me donastes,
quant vus primes a mei parlastes.
Ne vus puet mie estre celé :
le drap e l'anel ai trové.
Nostre fille ai ci coneüe,
que par ma folie oi perdue.
E ja est ceo la dameisele
ki tant est pruz e sage e bele,
que li chevaliers a amee,
ki sa serur a espusee.'
Li sire dit : 'De ceo sui liez ;
unkes mes ne fui si haitiez.

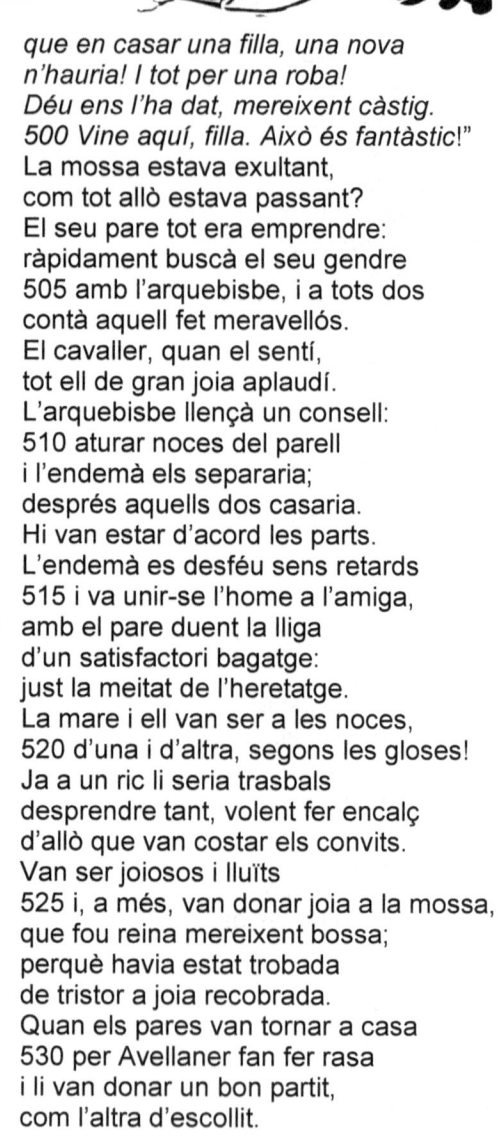

que en casar una filla, una nova
n'hauria! I tot per una roba!
Déu ens l'ha dat, mereixent càstig.
500 Vine aquí, filla. Això és fantàstic!"
La mossa estava exultant,
com tot allò estava passant?
El seu pare tot era emprendre:
ràpidament buscà el seu gendre
505 amb l'arquebisbe, i a tots dos
contà aquell fet meravellós.
El cavaller, quan el sentí,
tot ell de gran joia aplaudí.
L'arquebisbe llençà un consell:
510 aturar noces del parell
i l'endemà els separaria;
després aquells dos casaria.
Hi van estar d'acord les parts.
L'endemà es desféu sens retards
515 i va unir-se l'home a l'amiga,
amb el pare duent la lliga
d'un satisfactori bagatge:
just la meitat de l'heretatge.
La mare i ell van ser a les noces,
520 d'una i d'altra, segons les gloses!
Ja a un ric li seria trasbals
desprendre tant, volent fer encalç
d'allò que van costar els convits.
Van ser joiosos i lluïts
525 i, a més, van donar joia a la mossa,
que fou reina mereixent bossa;
perquè havia estat trobada
de tristor a joia recobrada.
Quan els pares van tornar a casa
530 per Avellaner fan fer rasa
i li van donar un bon partit,
com l'altra d'escollit.

En saber els fets de l'aventura,

Quant nostre fille avum trovee,
grant joie nus a deus donee,
ainz que li pechiez fust dublez.
Fille', fet il, 'avant venez ! '
La meschine mult s'esjoï
de l'aventure qu'ele oï.
Sis pere ne volt plus atendre ;
il meïsmes vet pur sun gendre
e l'erceveske i amena,
cele aventure li cunta.
Li chevaliers quant il le sot,
unkes si grant joie nen ot.
L'erceveskes a cunseillié
que issi seit la nuit laissié ;
el demain les departira,
lui e celi espusera.
Issi l'unt fet e graanté.
El demain furent desevré.
Aprés a s'amie espusee,
e li pere li a donee,
ki mult ot vers li bon curage.
Par mi li part sun heritage.
Il e la mere as noces furent
od lur fille si cum il durent.
Granz noces refunt de rechief ;
a un riche hume sereit grief
d'esligier ceo qu'il despendirent
al grant convive que il firent.
Pur la joie de la meschine,
ki de belté semble reïne,
qu'il unt sifaitement trovee,
unt mult grant joie demenee.
Quant en lur païs s'en alerent,
la Coldre, lur fille, en menerent.
Mult richement en lur cuntree
fu puis la meschine donee.

    Quant l'aventure fu seüe

com els detalls de l'estructura,
535 aquest Lai de Freixe es va fer;
pel nom de la dama, també.

coment ele esteit avenue,
le lai del Fraisne en unt trové :
pur la dame l'unt si numé.

IV BISCLAVRET

Per molt que he traduït, el Lai
d'En Bisclavret no oblido mai.
Bisclavret pels bretons d'abans,
Garwalf en deien els normands;
5 un nom que en contalles ofertes
i algunes es varen fer certes,
els homes, que en llops transformats,
al bosc vivien aïllats
Els Garwalf eren salvatgines:
10 que amb la ràbia a les retines
devoraven gent, fent molts mals
i tot de malvestats fatals.

Això ara ho haurem de deixar
doncs d'un Bisclavret vull narrar.
15 A Bretanya hi visqué un prohom
que elogis en deia tothom;
cavaller de bones maneres
noble i brau, amant de caceres.
Del seu senyor rei favorit
20 amat pels veïns i partit.
Per muller dona de bon sostre
que de bona tenia el rostre,
amant-se d'amor correspost,
mes per ella hi havia un cost:
25 que cada setmana el perdia
tres jorns sencers, res en sabia;
era com un temps fix sospès,
cap dels seus en sabia res.
Un dia, tan bon punt retornà

IV. **Bisclavret.**

Quant des lais faire m'entremet,
ne vueil ubliër Bisclavret.
Bisclavret a nun en Bretan,
Garulf l'apelent li Norman.
Jadis le poeit hum oïr
e sovent suleit avenir,
hume plusur garulf devindrent
e es boscages maisun tindrent.
Garulf, ceo est beste salvage ;
tant cum il est en cele rage,
humes devure, grant mal fait,
es granz forez converse e vait.

Cest afaire les ore ester ;
del Bisclavret vus vueil cunter.
En Bretaigne maneit uns ber,
merveille l'ai oï loër.
Beals chevaliers e bons esteit
e noblement se cunteneit.
De sun seignur esteit privez
e de tuz ses veisins amez.
Femme ot espuse mult vaillant
e ki mult faiseit bel semblant.
Il amot li e ele lui ;
mes d'une chose ert grant ennui,
qu'en la semeine le perdeit
treis jurs entiers qu'el ne saveit
que deveneit ne u alout,
ne nuls des soens nïent n'en sout.
Une feiz esteit repairiez

30 a casa joiós, i al llindar,
li va demanar, tot dient:
- "*Sènyer, estimat amic present,
una cosa us demanaria,
tant sols si trobés l'energia,*
35 *però temo no doni peu
a vostra ira quan em respongueu*"
Quan la sentí, ell l'abraçà,
l'atragué vers si, la besà.
- "*Dama,*"-sospirà- "*vostra veu
40 no callaré mai! Pregunteu,
mentre sàpiga la resposta*".
- "*Per ma fe no sabeu com costa!
Per la por que tinc se'm fa greu.
Els jorns que marxeu de prop meu,
45 em pren al cor un tal dolor
i de perdre-us tinc tanta por
que sinó rebo reconfort
aviat trobaré la mort.
Doncs bé, o em digueu on aneu,
50 on heu estat o, si... per déu,
si una altra n'estimeu de nova,
que si falteu tant això ho prova*".
- "*Dona, oh no! Mercè! Sols un xic!
Gran mal me'n vindrà si us ho dic,
55 deixareu d'estimar-me, ho sé;
i sens l'amor vostre em perdré*"
En veure'l d'aquesta manera
no el prengué pas a la lleugera,
i va voler anar més al fons
60 i amb més manyagues i petons
a la fi tota l'aventura
ell li va contar pura i dura;
- "*D'un temps em torno un Bisclavret:
i al bosc fujo amb sol i fred,
65 on més fons és, sempre corrents,
i visc de preses i torrents*"
Quan ell tot li ho hagué contat,
ella volgué un detall velat:

a sa maisun joius e liez ;
demandé li a e enquis.
'Sire', fait el, 'bealz, dulz amis,
une chose vus demandasse
mult volentiers, se jeo osasse ;
mes jeo criem tant vostre curut
que nule rien tant ne redut.'
Quant il l'oï, si l'acola,
vers lui la traist, si la baisa.
'Dame', fait il, 'or demandez !
Ja cele chose ne querrez,
se jo la sai, ne la vus die.'
'Par fei', fet ele, 'or sui guarie !
Sire, jeo sui en tel esfrei
les jurs quant vus partez de mei.
El cuer en ai mult grant dolur
e de vus perdre tel poür,
se jeo nen ai hastif cunfort,
bien tost en puis aveir la mort.
Kar me dites u vus alez,
u vus estes e conversez !
Mun esciënt que vus amez,
e se si est, vus meserrez.'
'Dame', fet il, pur deu merci !
Mals m'en vendra, se jol vus di ;
kar de m'amur vus partirai
e mei meïsmes en perdrai.'
Quant la dame l'a entendu,
ne l'a niënt en gab tenu.
Suventes feiz li demanda.
Tant le blandi e losenja
que s'aventure li cunta ;
nule chose ne li cela.
'Dame, jeo deviene bisclavret.
En cele grant forest me met
al plus espés de la gualdine,
s'i vif de preie e de ravine.'
Quant il li aveit tut cunté,
enquis li a e demandé

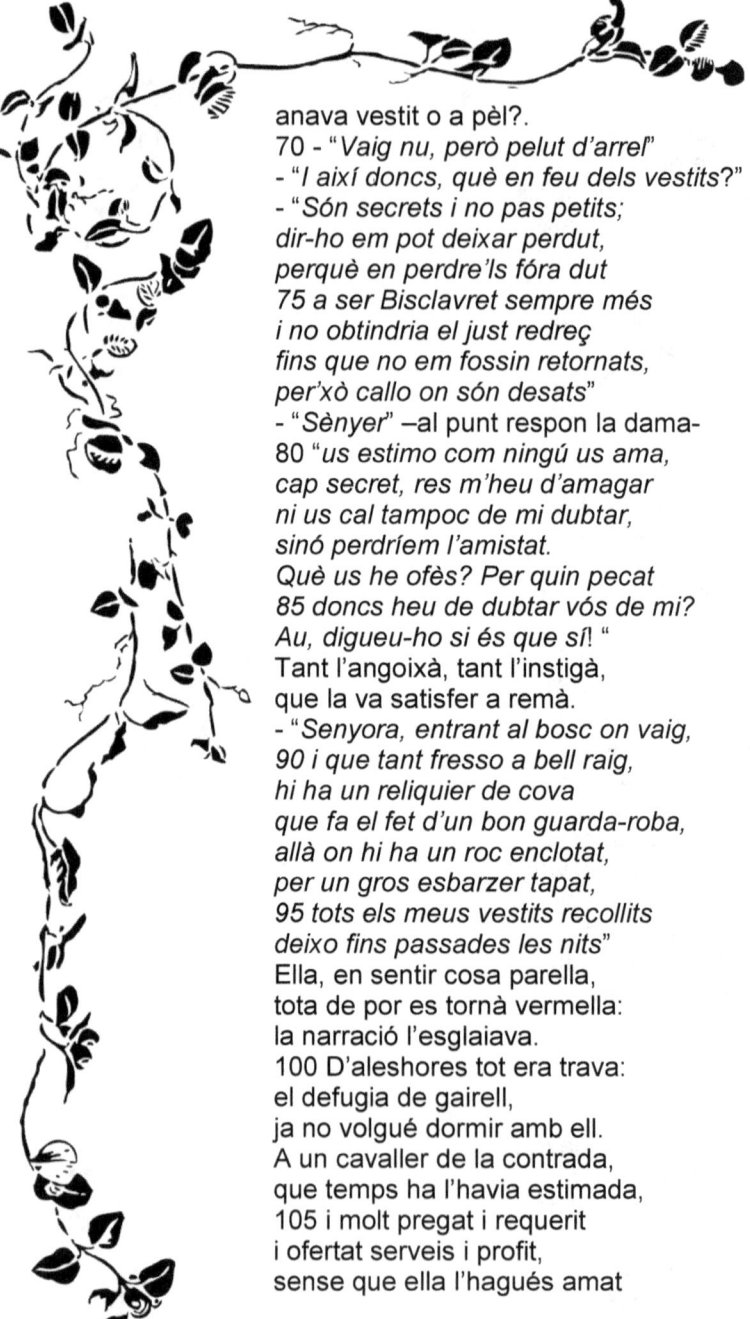

anava vestit o a pèl?.
70 - "*Vaig nu, però pelut d'arrel*"
- "*I així doncs, què en feu dels vestits?*"
- "*Són secrets i no pas petits;
dir-ho em pot deixar perdut,
perquè en perdre'ls fóra dut
75 a ser Bisclavret sempre més
i no obtindria el just redreç
fins que no em fossin retornats,
per'xò callo on són desats*"
- "*Sènyer*" —al punt respon la dama-
80 "*us estimo com ningú us ama,
cap secret, res m'heu d'amagar
ni us cal tampoc de mi dubtar,
sinó perdríem l'amistat.
Què us he ofès? Per quin pecat
85 doncs heu de dubtar vós de mi?
Au, digueu-ho si és que sí!* "
Tant l'angoixà, tant l'instigà,
que la va satisfer a remà.
- "*Senyora, entrant al bosc on vaig,
90 i que tant fresso a bell raig,
hi ha un reliquier de cova
que fa el fet d'un bon guarda-roba,
allà on hi ha un roc enclotat,
per un gros esbarzer tapat,
95 tots els meus vestits recollits
deixo fins passades les nits*"
Ella, en sentir cosa parella,
tota de por es tornà vermella:
la narració l'esglaiava.
100 D'aleshores tot era trava:
el defugia de gairell,
ja no volgué dormir amb ell.
A un cavaller de la contrada,
que temps ha l'havia estimada,
105 i molt pregat i requerit
i ofertat serveis i profit,
sense que ella l'hagués amat

s'il se despueille u vet vestuz.
'Dame', fet il, 'jeo vois tuz nuz.'
Di mei pur deu u sunt voz dras !'
'Dame, ceo ne dirai jeo pas ;
kar se jes eüsse perduz
e de ceo fusse aparceüz,
bisclavret sereie a tuz jurs.
Ja nen avreie mes sucurs,
des i qu'il me fussent rendu.
Pur ceo ne vueil qu'il seit seü.'
'Sire', la dame li respunt,
'jeo vus eim plus que tut le mund.
Nel me devez nïent celer
ne mei de nule rien duter ;
ne semblereit pas amistié,
Qu'ai jeo forfait, pur quel pechié
me dutez vus de nule rien ?
Dites le mei ! Si ferez bien.'
Tant l'anguissa, tant le suzprist,
ne pout el faire, si li dist.
'Dame', fet il, 'de lez cel bois,
lez le chemin par unt jeo vois,
une viez chapele i estait,
ki meinte feiz grant bien me fait.
La est la piere cruese e lee
suz un buissun, dedenz cavee.
Mes dras i met suz le buissun,
tant que jeo revienc a maisun.'
La dame oï cele merveille,
de poür fu tute vermeille.
De l'aventure s'esfrea.
En maint endreit se purpensa
cum ele s'en peüst partir ;
ne voleit mes lez lui gisir.
Un chevalier de la cuntree,
ki lungement l'aveit amee
e mult preiee e mult requise
e mult duné en sun servise,
(ele ne l'aveit unc amé

ni gest amorós retornat,
li va trametre un viu missatge
110 on li obrí el cor dant-li coratge:
- "*Amic meu*" –hi deia- "*joiós
heu d'estar, sens patir i airós,
allò que heu cercat sens respir,
ara acaba de dar un gir.
115 Us brindo l'amor sens fatiga
i el cos perquè em feu vostra amiga!* "
D'ell rebé dolç agraïment
i d'amar-se mútuament
es van jurar a consciència.
120 No trigà en dir-li la violència
en que el seu senyor la posava;
i un cop l'assabenta a la brava
al punt del bosc l'hagué enviat
deixar el seu home despullat.
125 Així Bisclavret fou traït
i per sa muller maleït
I com es perdia tan sovint
ningú ho trobà estrany ni distint
pensant que ja no tornaria.
130 Per ell van demanar algun dia,
sols algun mesell el buscà
i en no trobar-lo va plegar.
La dama amb aquell casaria
que llargament la pretenia,
135 la conquerí no esgotat l'any.

I així passà el rei pel boscany,
menant una cacera brava,
on en Bisclavret es trobava.
Quan van la gossada aquissar
140 en Bisclavret van ensumar;
li feren encalç tot el dia
gossos i munters i algun guia
que no l'empaitessin fou poc,
i esqueixar-lo en bocins, tampoc;
145 sols quan, entre ells, veié el monarca

ne de s'amur aseüré),
celui manda par sun message,
si li descovri sun curage.
'Amis', fet ele, 'seiez liez !
Ceo dunt vus estes travailliez
vus otrei jeo senz nul respit ;
ja n'i avrez nul cuntredit.
M'amur e mun cors vus otrei :
vostre drue faites de mei ! '
Cil l'en mercie bonement
e la fiance de li prent,
e el le met a sairement.
Puis li cunta cumfaitement
sis sire ala e qu'il devint.
Tute la veie que il tint
vers la forest li enseigna ;
pur sa despueille l'enveia.
Issi fu Bisclavret traïz
e par sa femme mal bailliz.
Pur ceo qu'um le perdeit sovent,
quidouent tuit comunalment
que dunc s'en fust del tut alez.
Asez fu quis e demandez :
mes n'en porent mie trover,
si lur estut laissier ester.
La dame a cil dunc espusee,
que lungement aveit amee.

Issi remest un an entier,
tant que li reis ala chacier.
A la forest ala tut dreit
la u li Bisclavret esteit.
Quant li chien furent descuplé,
le Bisclavret unt encuntré.
A lui cururent tutejur
e li chien e li veneür,
tant que pur poi ne l'ourent pris
e tut deciré e mal mis.
Des que il a le rei choisi,

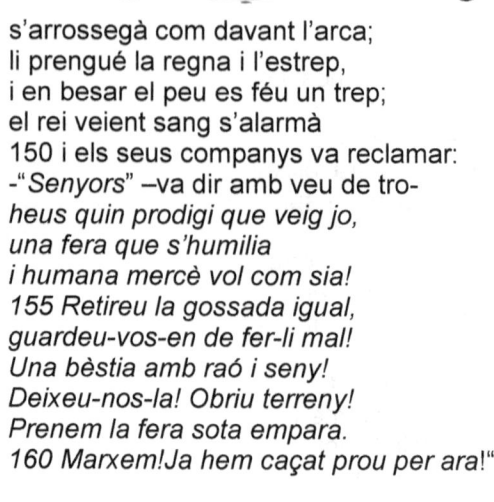

s'arrossegà com davant l'arca;
li prengué la regna i l'estrep,
i en besar el peu es féu un trep;
el rei veient sang s'alarmà
150 i els seus companys va reclamar:
-"*Senyors*" –va dir amb veu de tro-
heus quin prodigi que veig jo,
una fera que s'humilia
i humana mercè vol com sia!
155 Retireu la gossada igual,
guardeu-vos-en de fer-li mal!
Una bèstia amb raó i seny!
Deixeu-nos-la! Obriu terreny!
Prenem la fera sota empara.
160 Marxem!Ja hem caçat prou per ara!"

Quan el rei emprèn el retorn
en Bisclavret segueix d'entorn,
a la vora, no li treu ull,
no en perd traça ni de reüll.
165 El rei el mena al seu castell;
se sent feliç, tot és tan bell!
Mai hagué vist res semblant,
ni junta una esplendor davant!
El rei en té gran cura i mana,
170 a tots els súbdits que reclama,
el respectin com ho fa ell,
i el guardin bé a tot nivell
sinó rebran sa ira a escar,
que prou bé saben sap gastar.
175 Així que el guarden amb excés;
de dia és amb els cavallers,
de nits prop del rei dorm i aprima.
Sabent-lo bo, tothom l'estima,
de bona intenció i puresa
180 lluny de cap mena d'avolesa.
Allà on el rei va, on sigui, ell

vers lui curut querre merci.
Il l'aveit pris par sun estrié,
la jambe li baise e le pié.
Li reis le vit, grant poür a ;
ses cumpaignuns tuz apela.
'Seignur', fet il, 'avant venez !
Iceste merveille esguardez,
cum ceste beste s'umilie !
Ele a sen d'ume, merci crie.
Chaciez mei tuz cez chiens ariere,
si guardez que hum ne la fiere !
Ceste beste a entente e sen.
Espleitiez vus ! Alum nus en !
A la beste durrai ma pes :
kar jeo ne chacerai hui mes.'

Li reis s'en est turnez a tant.
Li Bisclavret le vet siwant ;
mult se tint pres, n'en volt partir,
il n'a cure de lui guerpir,
Li reis l'en meine en sun chastel.
Mult en fu liez, mult li est bel,
kar unkes mes tel n'ot veü ;
a grant merveille l'ot tenu
e mult le tint a grant chierté.
A tuz les suens a comandé
que sur s'amur le guardent bien
e ne li mesfacent de rien,
ne par nul d'els ne seit feruz ;
bien seit abevrez e peüz.
Cil le guarderent volentiers
 tuz jurs entre les chevaliers,
e pres del rei s'alout culchier.
N'i a celui ki ne l'ait chier ;
tant esteit frans e de bon aire :
unkes ne volt a rien mesfaire.
U que li reis deüst errer,

en té cura d'anar parell;
sabent que havent-lo al costat,
com l'estima, es té assegurat.

185 Però escolteu que ve després.
El rei reuní cort de procés,
i cridà tot baró en usatge
per rebre l'anyal vassallatge
cloent-ho amb festa i detalls
190 de música, danses i balls.
El cavaller també hi vingué,
ricament abillat de fester
amb la dona d'en Bisclavret;
poc es pensava aquell duet
195 que el tindrien tan a la vora.
Just entrats al pati de fora
en Bisclavret l'apercebé,
i hi va córrer de dret també
garfint-lo amb dents i instints;
200 quasi el va fer bocins;
sort que el rei, de cop, va i me'l para,
en mostrar-li una llarga vara.
I encara ensenyà alguna dent
dos cops més, a tots sorprenent,
205 de tan manyac que tostemps era
amb forasters i gent propera.
Per això corregué fent xiu-xiu
que allò guardava algun motiu:
un tort li devia haver fet
210 que es volgués venjar tan abstret.
Actuà així llarga durada
durant tota aquella vetllada;
ja acomiadant-se els prohoms
tots varen tornar als seus racons;
215 pel que fa al cavaller assetjat
fou dels primers d'haver marxat;
com en Bisclavret l'aquissava
per marxar no tingué cap trava.

il n'out cure de desevrer ;
ensemble od lui tuz jurs alout,
bien s'aparceit que il l'amout.

Oëz aprés cument avint !
A une curt que li reis tint
tuz les baruns aveit mandez,
cels ki furent de ses chasez,
pur aidier sa feste a tenir
e lui plus bel faire servir.
Li chevaliers i est alez,
richement e bien aturnez,
ki la femme Bisclavret ot.
Il ne saveit ne ne quidot
qu'il le deüst trover si pres.
Si tost cum il vint al palais
e li Bisclavret l'aperceut,
de plein eslais vers lui curut :
as denz le prist, vers lui le trait.
Ja li eüst mult grant laid fait,
ne fust li reis ki l'apela,
d'une verge le manaça.
Dous feiz le volt mordre le jur.
Mult s'esmerveillent li plusur ;
kar unkes tel semblant ne fist
vers nul hume que il veïst.
Ceo diënt tuit par la maisun
qu'il nel fet mie senz raisun,
mesfait li a, coment que seit,
kar volentiers se vengereit.
A cele feiz remest issi,
tant que la feste departi ;
e li barun unt pris cungié,
a lur maisun sunt repairié.
Alez s'en est li chevaliers,
mien esciënt tut as premiers,
que li Bisclavret asailli ;
n'est merveille s'il le haï.

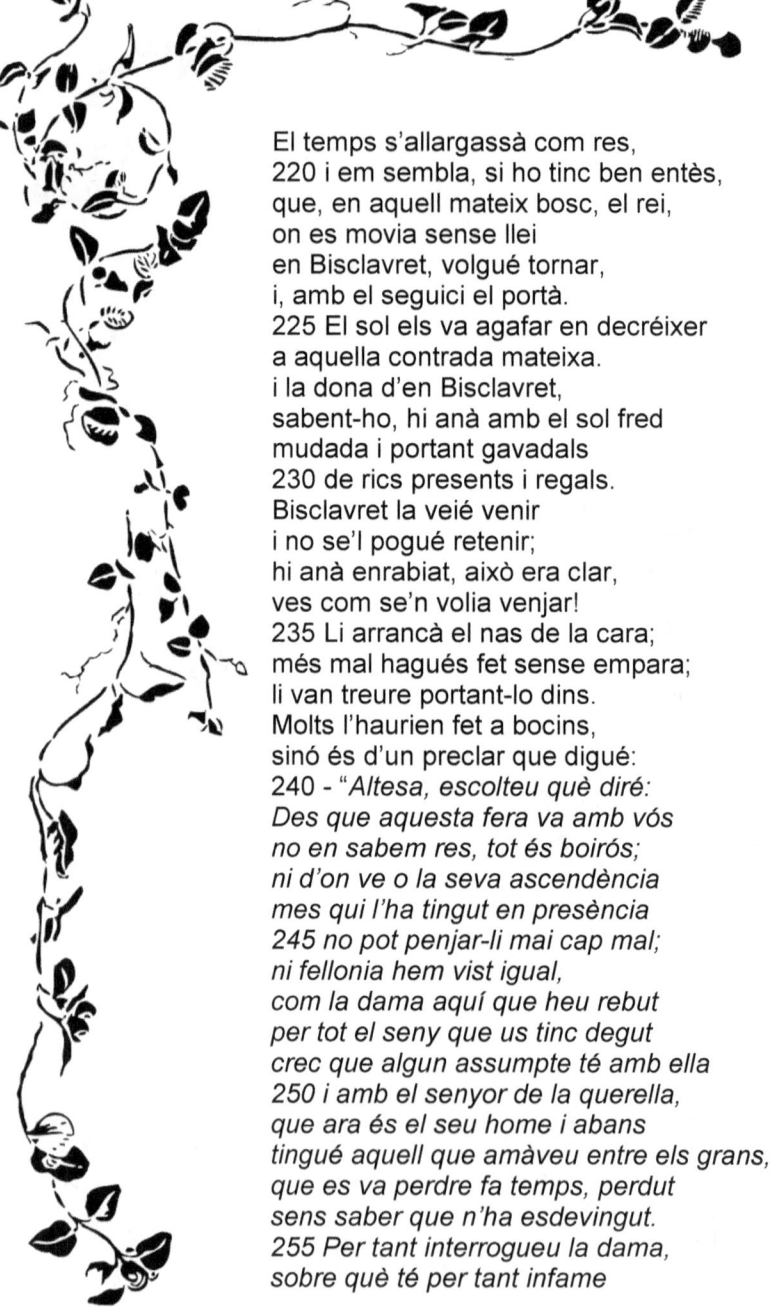

El temps s'allargassà com res,
220 i em sembla, si ho tinc ben entès,
que, en aquell mateix bosc, el rei,
on es movia sense llei
en Bisclavret, volgué tornar,
i, amb el seguici el portà.
225 El sol els va agafar en decréixer
a aquella contrada mateixa.
i la dona d'en Bisclavret,
sabent-ho, hi anà amb el sol fred
mudada i portant gavadals
230 de rics presents i regals.
Bisclavret la veié venir
i no se'l pogué retenir;
hi anà enrabiat, això era clar,
ves com se'n volia venjar!
235 Li arrancà el nas de la cara;
més mal hagués fet sense empara;
li van treure portant-lo dins.
Molts l'haurien fet a bocins,
sinó és d'un preclar que digué:
240 - "*Altesa, escolteu què diré:
Des que aquesta fera va amb vós
no en sabem res, tot és boirós;
ni d'on ve o la seva ascendència
mes qui l'ha tingut en presència
245 no pot penjar-li mai cap mal;
ni fellonia hem vist igual,
com la dama aquí que heu rebut
per tot el seny que us tinc degut
crec que algun assumpte té amb ella
250 i amb el senyor de la querella,
que ara és el seu home i abans
tingué aquell que amàveu entre els grans,
que es va perdre fa temps, perdut
sens saber que n'ha esdevingut.
255 Per tant interrogueu la dama,
sobre què té per tant infame*

Ne fu puis guaires lungement,
(ceo m'est a vis, si cum j'entent),
qu'a la forest ala li reis,
ki tant fu sages e curteis,
u li Bisclavret fu trovez ;
e il i est od lui alez.
La nuit quant il s'en repaira,
en la cuntree herberja.
La femme Bisclavret le sot.
Avenantment s'apareillot.
Al demain vait al rei parler,
riche present li fait porter.
Quant Bisclavret la veit venir,
nuls huem nel poeit retenir :
vers li curut cum enragiez.
Oëz cum il s'est bien vengiez !
Le nes li esracha del vis.
Que li peüst il faire pis ?
De tutes parz l'unt manacié ;
ja l'eüssent tut depescié,
quant uns sages huem dist al rei :
'Sire', fet il, 'entent a mei !
Ceste beste a esté od vus ;
n'i a ore celui de nus
ki ne l'ait veü lungement
e pres de lui alé sovent.
Unkes mes hume ne tucha
ne felunie ne mustra,
fors a la dame qu'ici vei.
Par cele fei que jeo vus dei,
alkun curuz a il vers li
e vers sun seignur altresi.
Ceo est la femme al chevalier
que tant suliëz aveir chier,
ki lung tens a esté perduz,
ne seümes qu'est devenuz.
Kar metez la dame en destreit,
s'alcune chose vus direit,

o què li retreu tant la bèstia;
sota una capa de modèstia
que digui què en sap. Meravelles
260 Bretanya ha vist joves i velles!"
El rei va seguir el consell:
primer prengué el cavaller aquell,
i també la dama fou presa
i a interrogatori sotmesa.
265 Fos per la destresa o la por
ho contà tot al seu senyor.
De com l'home havia traït
deixant-lo nu i fortuït.
L'aventura del seu secret
270 confiat i, hàbilment extret;
com varen robar-li la roba
i ja no en van tenir cap nova.
Doncs, evident ara sí que era
tenien en Bisclavret, la fera!
275 El rei manà buscar els vestits
amagats per aquells bandits
i de l'indret els féu portar
i a en Bisclavretels van donar.
Quan els tingué davant del nas
280 no semblà fer-ne gaire cas.
De nou el docte assessor aquell
donà al rei un brillant consell:
"Senyor, aneu desencaminat,
fixeu-vos en el seu posat.
285 Vestir-se li sembla molèstia
no vol mudar el semblant de bèstia;
l'angunieja com la ronya
perquè aquí s'ha omplert de vergonya.
A vostres cambres per serventes
290 hi feu portar les vestimentes,
després l'hi durem i el deixem
i si es torna home el veurem."
El rei mateix l'hi conduí
tancant rere seu en sortir.
295 Quan hi entrà el mestre d'estança,

pur quei ceste beste la het.
Faites li dire s'el le set !
Meinte merveille avum veüe
ki en Bretaigne est avenue.'
Li reis a sun cunseil creü.
Le chevalier a retenu ;
de l'altre part la dame a prise
e en mult grant destresce mise.
Tant par destresce e par poür
tut li cunta de sun seignur,
coment ele l'aveit traï
e sa despueille li toli,
l'aventure qu'il li cunta,
e que devint e u ala ;
puis que ses dras li ot toluz,
ne fu en sun païs veüz ;
tresbien quidot e bien creeit
que la beste Bisclavret seit.
Li reis demande sa despueille.
U bel li seit u pas nel vueille,
ariere la fet aporter,
al Bisclavret la fist doner.
Quant il l'orent devant lui mise,
ne s'en prist guarde en nule guise.
Li prozdum le rei apela,
cil ki primes le cunseilla.
'Sire, ne faites mie bien !
Cist nel fereit pur nule rien,
que devant vus ses dras reveste
ne mut la semblance de beste.
Ne savez mie que ceo munte.
Mult durement en a grant hunte.
En tes chambres le fai mener
e la despueille od lui porter ;
une grant piece l'i laissuns.
S'il devient huem, bien le verruns.'
Li reis meïsmes l'en mena
e tuz les hus sur lui ferma.
Al chief de piece i est alez ;

amb dos prohoms de confiança,
tots tres van veure, a dreta llei,
ben llarg, damunt del llit del rei,
i dormint aquell cavaller.
300 Sa altesa cridà el més lleuger
que entrà i el besa cent vegades.
Rebé, a banderes desplegades,
les seves terres a desdir;
més li donà que no sé dir.
305 Després la dama bandejada
la va allunyar de la contrada,
i aquell altre conspirador
per traïció al seu senyor.
Tot i això van tenir molts fills
310 coneguts per motius senzills:
pel seu particular visatge;
moltes nenes d'aquell llinatge,
nasqueren sens nas, endebades,
molts en deien "les desnassades".

315 Dita és l'aventura incorrupta
i fou certa, no en tingueu dubte.
D'en Bisclavret fou fet un Lai
perquè ningú l'oblidés mai.

dous baruns a od lui menez.
En la chambre entrerent tuit trei.
Sur le demeine lit al rei
truevent dormant le chevalier.
Li reis le curut enbracier ;
plus de cent feiz l'acole e baise.
Si tost cum il pot aveir aise,
Tute sa terre li rendi,
plus li duna que jeo ne di.
La femme a del païs ostee
e chaciee de la cuntree.
Cil s'en ala ensemble od li,
pur qui sun seignur ot traï.
Enfanz en a asez eüz,
puis unt esté bien cuneüz
e del semblant e del visage :
plusurs des femmes del lignage,
c'est veritez, senz nes sunt nees
e si viveient esnasees.

L'aventure qu'avez oïe
veraie fu, n'en dutez mie.
De Biclavret fu fez li lais
pur remembrance a tuz dis mais.

V LANVALL

L'aventura d'aquest nou Lai,
com us diré, no heu sentit mai:
gira sobre un gentil vassall
que a Bretanya en deien Lanvall.

5 A Kardoel era el reial
d'Artur, previ i habitual
punt contra escocesos i pictes
destructors del país invictes;
fins Loengre havien entrat,
10 tota ella havent-la saquejat.
Rondava Pentecostes, temps
restant el rei sens contratemps,
per'xò un gavadal de rics dons
repartí entre els seus barons,
15 tots ells de la taula rodona;
com ells no en té cap més corona!
Dones i terres repartí
tret d'un, servent de molt camí,
Lanvall, de qui no va fer esments.
20 No el defensà cap dels presents.
Pel seu valor, per sa llarguesa,
per bellesa i per destresa
l'envejava la major part;
els pocs que no en feien descart
25 no li mostraven afecte
i en destret no en daven efecte.
Era fill de rei d'alt paratge,
però lluny del seu heretatge,
de l'estret seguici del rei
30 a punt sempre pel seu servei.
Tanmateix llavors res rebé,
ni Lanvall pregà res, també.

V. **Lanval.**

L'aventure d'un altre lai,
cum ele avint, vus cunterai.
Faiz fu d'un mult gentil vassal ;
en Bretanz l'apelent Lanval.

A Kardoeil surjurnot li reis,
Artur, li pruz e li curteis,
pur les Escoz e pur les Pis
ki destrueient le païs ;
en la terre de Loengre entroënt
e mult suvent le damajoënt.
A la pentecuste en esté
i aveit li reis sujurné.
Asez i duna riches duns.
E as cuntes e as baruns,
a cels de la table roünde
(n'ot tant de tels en tut le munde !)
femmes e terres departi,
fors a un sul ki l'ot servi.
Ceo fu Lanval ; ne l'en sovint,
ne nuls des soens bien ne li tint.
Pur sa valur, pur sa largesce,
pur sa bealté, pur sa pruësce
l'envioënt tuit li plusur ;
tels li mustrout semblant d'amur,
s'al chevalier mesavenist,
ja une feiz ne l'en pleinsist.
Fiz a rei fu, de halt parage,
mes luin ert de sun heritage.
De la maisniee le rei fu.
Tut sun aveir a despendu ;
kar li reis rien ne li dona,
ne Lanval ne li demanda.

Amb tot Lanvall dolgut estava,
pensarós i contenint lava.
35 Senyors meus, no us meravelleu,
un estranger rebent tal preu
pateix molt en una altra terra,
sens socors, sentint-se desferra.

El cavaller de qui parlem
40 serví al rei en llarg barem
i aquell dia muntà el destrer
per esbargir-se pel sender.
Sortí enllà, fora de vila,
i ja tot sol, per un prat enfila
45 fins un llac on l'aigua rossola,
sens veure com el cavall tremola,
quan l'ha desatès i, ha marxat
a pasturar l'herba del prat.
Ell recargola una flassada
50 per dormir-hi una migdiada.
Estirat pensa en tot l'afer,
quan pren la cosa en desesper
i no hi veu cap altra manera,
sent un lleu clapoteig darrera
55 on veu venir dues donzelles
com mai n'ha vist d'altres tan belles.
Les dues vestint ricament,
llurs cossos marcant i estrenyent,
per vestits porpra i de tall llis;
60 l'esguard preciós i d'encís.
La gran duia uns recipients
daurats, molt fins i resplendents;
el vidre us diré era sens falla.
L'altra portava una tovalla;
65 i ambdues varen anar de dret
vers el cavaller mansuet.
Lanvall, amb tota cortesia,
asseure's ell els oferia.
Elles, dant salutació,
70 li van respondre amb un sermó:

Ore est Lanval mult entrepris,
mult est dolenz, mult est pensis.
Seignur, ne vus en merveilliez :
huem estranges, descunseilliez
mult est dolenz en altre terre,
quant il ne set u sucurs querre.

 Li chevaliers dunt jeo vus di,
ki tant aveit le rei servi,
un jur munta sur sun destrier,
si s'est alez esbaneier.
Fors de la vile en est eissuz ;
tuz suls est en un pre venuz.
Sur une ewe curant descent ;
mes sis chevals tremble forment :
il le descengle, si s'en vait,
en mi le pre vultrer le fait.
Le pan de sun mantel plia
desuz sun chief, si se culcha.
Mult est pensis pur sa mesaise,
il ne veit chose ki li plaise.
La u il gist en tel maniere,
guarda a val lez la riviere,
si vit venir dous dameiseles ;
unc nen ot veües plus beles.
Vestues furent richement
e laciees estreitement
en dous blialz de purpre bis ;
mult par aveient bels les vis.
L'einznee portout uns bacins
d'or esmeré, bien faiz e fins :
le veir vus en dirai senz faille ;
l'altre portout une tuaille.
Eles en sunt alees dreit
la u li chevaliers giseit.
Lanval, ki mult fu enseigniez,
cuntre eles s'est levez en piez.
Celes l'unt primes salué,
lur message li unt cunté.

"Senyor Lanvall, nostra senyora,
sàvia i bella, que ens honora,
ha dit que vinguéssim a vós
portant els desitjos millors
75 i que vers ella us conduïm,
just al seu pavelló, allà al cim!"
El cavaller les va seguir
i, amb tot, el cavall negligí,
tot seguint pasturant al prat.
80 Tots tres van ser a lloc aviat;
res faltava en aquell espai,
la reina Semiramis mai,
per molt luxe que hagués tingut,
no abastaria en plenitud;
85 ni l'emperador Octavià
tingué tant com en aquell pla.
Des d'una àliga d'or al mig
que del preu no en sé dir promig;
només amb les cordes i els vents
90 costarien tants i tants cents
que sota el cel cap rei no pot
costejar-se'n ni un espigot.

A dins hi van trobar una noia
que flor de lis, rosa xiroia
95 que quan floreixen amb beutat
no en semblen pas ni la meitat.
Jeia en un jaç com d'esparpell
d'on un llenç valia un castell;
sols duia camisa indolent
100 i el cos s'entreveia excel·lent.
De blanc ermini, capa fina,
tota amb porpra alexandrina,
li queia per l'esquena en ratlla,
però descobrint-li una espatlla.
105 La cara, el coll i la pitrera
més blancs que un arç blanc no supera.

Sire Lanval, ma dameisele,
ki mult par est curteise e bele,
ele nus enveie pur vus :
kar i venez ensemble od nus !
Salvement vus i cunduiruns.
Veez, pres est sis paveilluns ! '
Li chevaliers od eles vait ;
de sun cheval ne tient nul plait,
ki devant lui pesseit el pre.
Des i qu'al tref l'unt amené,
ki mult fu beals e bien asis.
La reïne Semiramis,
quant ele ot unkes plus aveir
e plus puissance e plus saveir,
ne l'emperere Octovian
n'eslijassent le destre pan.
Un aigle d'or ot desus mis ;
de cel ne sai dire le pris
ne des cordes ne des pessuns
ki del tref tienent les giruns :
suz ciel n'a rei kis eslijast
pur nul aveir qu'il i donast.

Dedenz cel tref fu la pucele.
Flur de lis e rose nuvele,
quant ele pert el tens d'esté,
trespassot ele de bealté.
Ele jut sur un lit mult bel
(li drap valeient un chastel)
en sa chemise senglement.
Mult ot le cors bien fait e gent.
Un chier mantel de blanc hermine,
covert de purpre Alexandrine,
ot pur le chalt sur li geté ;
tut ot descovert le costé,
le vis, le col e la peitrine :
plus ert blanche que flurs d'espine.

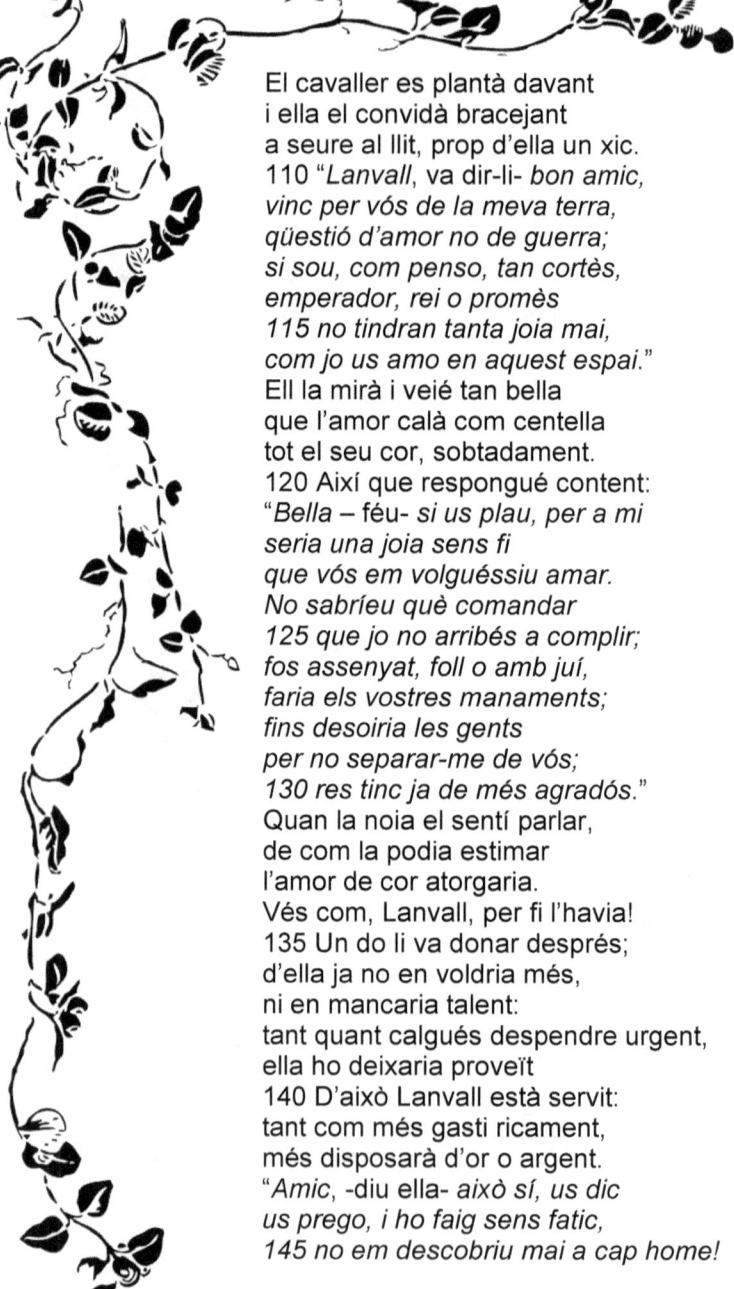

El cavaller es plantà davant
i ella el convidà bracejant
a seure al llit, prop d'ella un xic.
110 "Lanvall, va dir-li- bon amic,
vinc per vós de la meva terra,
qüestió d'amor no de guerra;
si sou, com penso, tan cortès,
emperador, rei o promès
115 no tindran tanta joia mai,
com jo us amo en aquest espai."
Ell la mirà i veié tan bella
que l'amor calà com centella
tot el seu cor, sobtadament.
120 Així que respongué content:
"Bella – féu- si us plau, per a mi
seria una joia sens fi
que vós em volguéssiu amar.
No sabríeu què comandar
125 que jo no arribés a complir;
fos assenyat, foll o amb juí,
faria els vostres manaments;
fins desoiria les gents
per no separar-me de vós;
130 res tinc ja de més agradós."
Quan la noia el sentí parlar,
de com la podia estimar
l'amor de cor atorgaria.
Vés com, Lanvall, per fi l'havia!
135 Un do li va donar després;
d'ella ja no en voldria més,
ni en mancaria talent:
tant quant calgués despendre urgent,
ella ho deixaria proveït
140 D'això Lanvall està servit:
tant com més gasti ricament,
més disposarà d'or o argent.
"Amic, -diu ella- això sí, us dic
us prego, i ho faig sens fatic,
145 no em descobriu mai a cap home!

Li chevaliers avant ala,
e la pucele l'apela.
Il s'est devant le lit asis.
'Lanval', fet ele, 'bels amis,
pur vus vinc jeo fors de ma terre ;
de luinz vus sui venue querre.
Se vus estes pruz e curteis,
emperere ne quens ne reis
n'ot unkes tant joie ne bien ;
kar jo vus aim sur tute rien.'
Il l'esguarda, si la vit bele ;
amurs le puint de l'estencele
ki sun quer alume e esprent.
Il li respunt avenantment.
'Bele', fet il, 'se vus plaiseit
e cele joie m'aveneit
que vus me volsissiez amer,
ne savriëz rien comander
que jeo ne face a mun poeir,
turt a folie u a saveir.
Jeo ferai voz comandemenz ;
pur vus guerpirai tutes genz.
Ja mes ne quier de vus partir :
ceo est la riens que plus desir.'
Quant la pucele oï parler
celui ki tant la pout amer,
s'amur e sun cuer li otreie.
Ore est Lanval en dreite veie !
Un dun li a duné aprés :
ja cele rien ne vuldra mes
que il nen ait a sun talent ;
doinst e despende largement,
ele li trovera asez.
Ore est Lanval bien assenez :
cum plus despendra richement,
e plus avra or e argent.
'Amis', fet ele, 'or vus chasti,
si vus comant e si vus pri :
ne vus descovrez a nul hume !

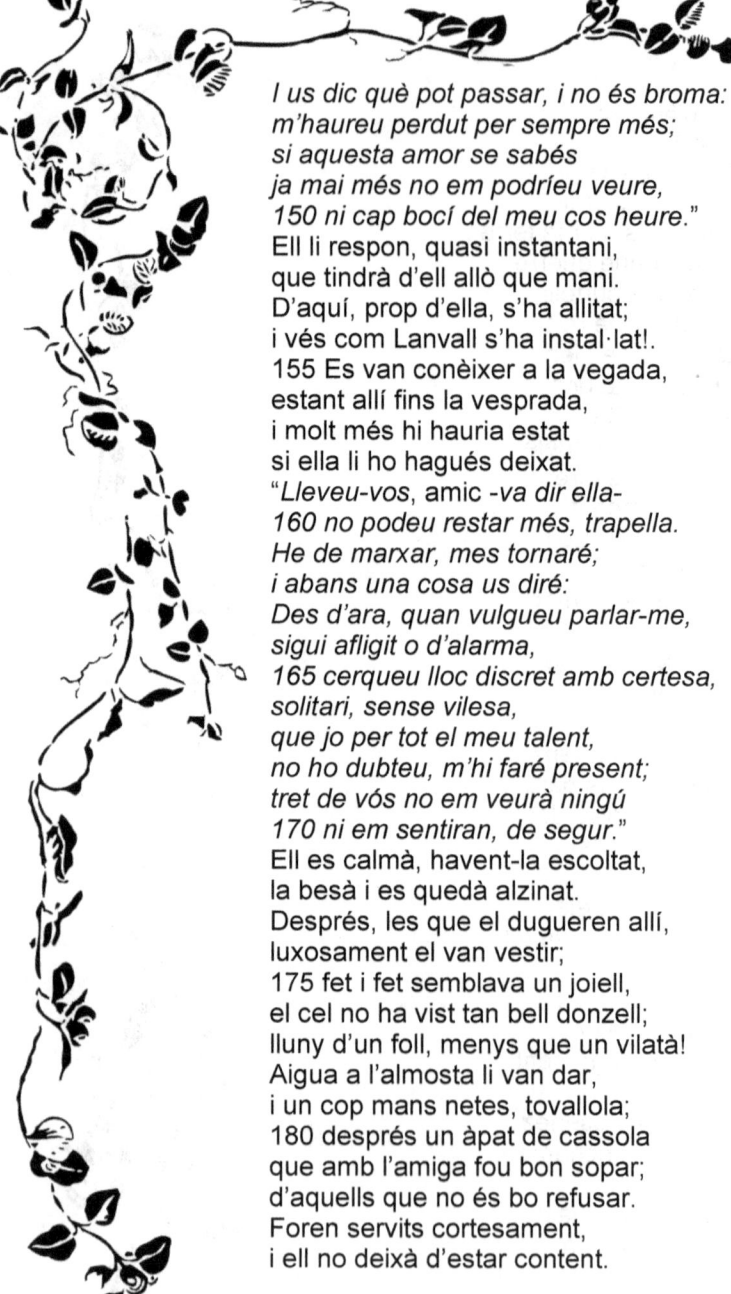

I us dic què pot passar, i no és broma:
m'haureu perdut per sempre més;
si aquesta amor se sabés
ja mai més no em podríeu veure,
150 *ni cap bocí del meu cos heure."*
Ell li respon, quasi instantani,
que tindrà d'ell allò que mani.
D'aquí, prop d'ella, s'ha allitat;
i vés com Lanvall s'ha instal·lat!.
155 Es van conèixer a la vegada,
estant allí fins la vesprada,
i molt més hi hauria estat
si ella li ho hagués deixat.
"*Lleveu-vos*, amic -va dir ella-
160 no podeu restar més, trapella.
He de marxar, mes tornaré;
i abans una cosa us diré:
Des d'ara, quan vulgueu parlar-me,
sigui afligit o d'alarma,
165 cerqueu lloc discret amb certesa,
solitari, sense vilesa,
que jo per tot el meu talent,
no ho dubteu, m'hi faré present;
tret de vós no em veurà ningú
170 ni em sentiran, de segur."
Ell es calmà, havent-la escoltat,
la besà i es quedà alzinat.
Després, les que el dugueren allí,
luxosament el van vestir;
175 fet i fet semblava un joiell,
el cel no ha vist tan bell donzell;
lluny d'un foll, menys que un vilatà!
Aigua a l'almosta li van dar,
i un cop mans netes, tovallola;
180 després un àpat de cassola
que amb l'amiga fou bon sopar;
d'aquells que no és bo refusar.
Foren servits cortesament,
i ell no deixà d'estar content.

De ceo vus dirai jeo la sume.
A tuz jurs m'avriëz perdue,
se ceste amurs esteit seüe ;
mes ne me purriëz veeir
ne de mun cors saisine aveir.'
Il li respunt que bien tendra
ceo qu'ele li comandera.
De lez li s'est el lit culchiez :
ore est Lanval bien herbergiez
ensemble od li. La relevee
demura jusqu'a la vespree,
e plus i fust, se il poïst
e s'amie li cunsentist.
'Amis', fet ele, 'levez sus !
Vus n'i poëz demurer plus.
Alez vus en ; jeo remeindrai.
Mes une chose vus dirai :
quant vus voldrez a mei parler,
ja ne savrez cel liu penser,
u nuls peüst aveir s'amie
senz repruece e senz vileinie,
que jeo ne vus seie en present
a faire tut vostre talent ;
nuls huem fors vus ne me verra
ne ma parole nen orra.'
Quant il l'oï, mult en fu liez ;
il la baise, puis s'est dresciez.
Celes ki al tref l'amenerent
de riches dras le cunreerent.
Quant il fu vestuz de nuvel,
suz ciel nen ot plus bel dancel ;
n'esteit mie fols ne vileins.
L'ewe li donent a ses meins
e la tuaille a essuier ;
puis li aportent a mangier.
Od s'amie prist le super ;
ne faiseit mie a refuser.
Mult fu serviz curteisement,
e il a grant joie le prent.

185 Un entremès sencer hi hagué
a gust concret del cavaller;
petons a l'amiga sovint
i dolces moixaines d'instint.
Així, un cop l'àpat acabat
190 el seu cavall li fou portat
forjat com cal completament,
ara amb sí, amb tot mirament.
I muntant prengué comiat,
i cavalcà vers la ciutat.
195 Tornava mirant rere seu;
a Lanvall li sabia greu,
no es treia del cap l'aventura
que l'engrescava sens mesura;
mes tot semblava esvair-se,
200 que no hi tornaria, va dir-se.
Va arribar al seu allotjament;
malgrat ser esperat per la gent,
i algun estel lluïa encara
del passeig no en féu cosa clara.
205 De llavors ençà els cavallers
que tenien greus menesters
tots desfilaven per allà
i ell els dava riquesa en mà.
Lanvall vinga donar rics dons,
210 Lanvall afranquia presons,
Lanvall sufragava joglars;
Lanvall refà honors i fracàs,
Lanvall dóna esplèndidament,
Lanvall forneix molt d'or i argent;
215 cap estrany n'és prou ni privat
a qui Lanvall no hagi donat.
Això a Lanvall el fa gojós;
sigui nit o dia precoç
un munt d'amics venen sovint;
220 sota ses ordres, que és distint.

Un entremés i ot plenier,
ki mult plaiseit al chevalier :
kar s'amie baisout sovent
e acolot estreitement.
Quant del mangier furent levé,
sun cheval li unt amené.
Bien li ourent la sele mise ;
mult a trové riche servise.
Il prent cungié, si est muntez,
vers la cité en est alez,
Suvent reguarde ariere sei.
Mult est Lanval en grant esfrei ;
de s'aventure vait pensant
e en sun curage dotant.
Esbaïz est, ne set que creire ;
il ne la quide mie a veire.
Il est a sun ostel venuz ;
ses humes trueve bien vestuz.
Icele nuit bon ostel tint ;
mes nuls ne sot dunt ceo li vint.
N'ot en la vile chevalier
ki de surjur ait grant mestier,
que il ne face a lui venir
e richement e bien servir.
Lanval donout les riches duns,
Lanval aquitout les prisuns,
Lanval vesteit les jugleürs,
Lanval faiseit les granz honurs,
Lanval despendeit largement,
Lanval donout or e argent :
n'i ot estrange ne privé
a qui Lanval n'eüst doné.
Mult ot Lanval joie e deduit :
u seit par jur u seit par nuit,
s'amie puet veeir sovent,
tut est a sun comandement.

Em fa l'afecte que per l'any,
per sant Joan, si no m'engany,
eren uns trenta cavallers
que s'esbargien en congrés
225 sota la torre del jardí
on la reina feia camí.
Entre ells destacava Galvany
i un formós cosí seu, Ivany.
Galvany va pronunciar aquests mots,
230 com sempre l'escoltaven tots:
"*Per déu, senyors, vam fer molt mal
al company Lanvall per frugal;
mireu com és llarg i desprès
com fill d'un rei ric és palès;
235 l'hauríem de guanyar al costat.*"
Dit això varen enfilar cap,
sense fer pas gaire llargària,
d'on Lanvall van treure amb pregària.

Recolzada i finestrejant
240 la reina mirava davant,
amb un grup de dames s'estava;
la mainada reial tornava
i a Lanvall, d'entre tots, clissà.
A una de les dames manà
245 la resta de dames reunir
i amb les més belles, això sí,
anar a esbargir-se sens reserva
allà on camparien de l'herba.
Trenta en menà, sinó més;
250 van baixar els graons, amb endreç,
vers els cavallers a l'encontre
de tristor i fatic a la contra.
I arribades, per les mans
s'agafaven, no com vilans.
255 Lanvall es féu, discret, a part,
lluny dels altres. Era molt tard,

Ceo m'est a vis, meïsmes l'an
aprés la feste Seint Johan
des i qu'a trente chevalier
s'erent alé esbaneier
en un vergier desuz la tur
 u la reïne ert a surjur.
Ensemble od els esteit Walwains
e sis cusins, li beals Ywains.
Ceo dist Walwains, li frans, li pruz,
ki tant se fist amer a tuz :
'Par deu, seignur, nus faimes mal
endreit nostre cumpain Lanval,
ki tant est larges e curteis
e sis pere est si riches reis,
que nus ne l'avum amené.'
A tant sunt ariere turné.
A sun ostel revunt ariere,
Lanval ameinent par preiere.

A une fenestre entailliee
s'esteit la reïne apuiee ;
treis dames ot ensemble od li.
La maisniee le rei choisi ;
Lanval conut e esguarda.
Une des dames apela ;
par li manda ses dameiseles,
les plus quointes e les plus beles,
od li s'irrunt esbaneier
 la u cil erent el vergier.
Trente en mena od li e plus ;
par les degrez descendent jus.
Li chevalier encuntre vunt,
ki pur eles grant joie funt.
Il les unt prises par les mains :
cil parlemenz n'ert pas vilains.
Lanval s'en vait de l'altre part,
luin des altres. Mult li est tart

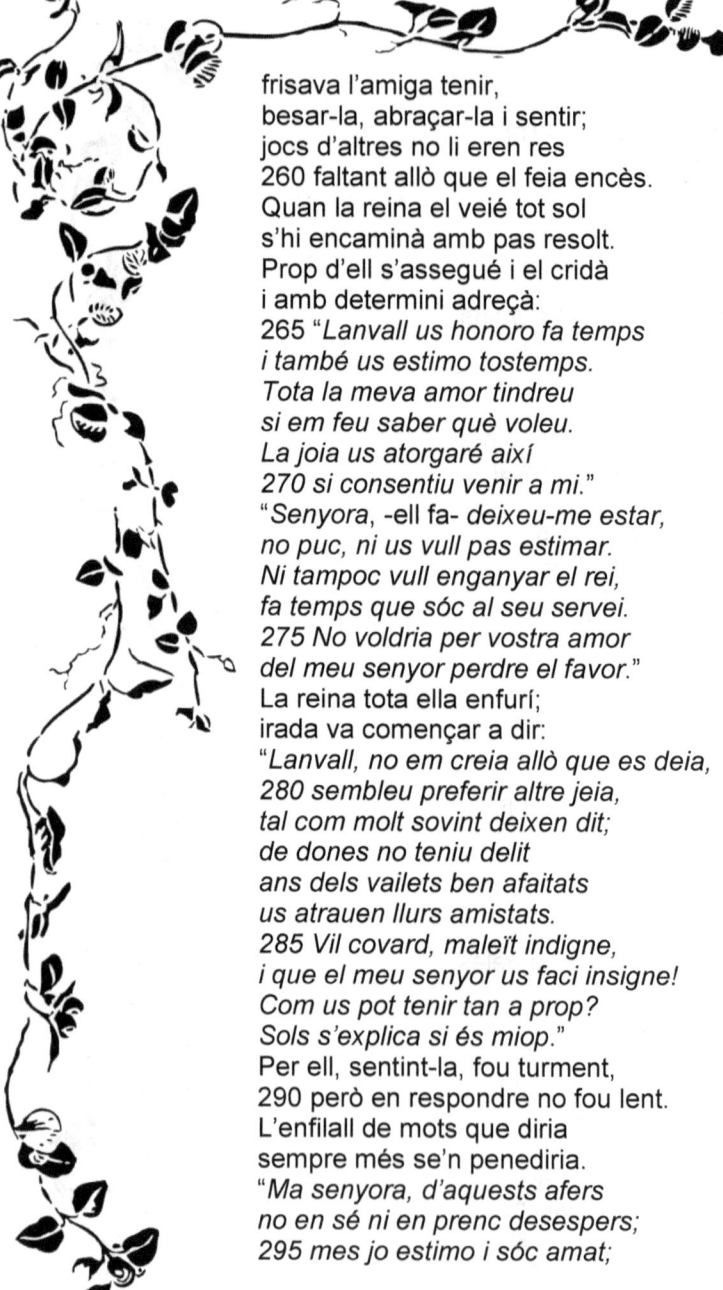

frisava l'amiga tenir,
besar-la, abraçar-la i sentir;
jocs d'altres no li eren res
260 faltant allò que el feia encès.
Quan la reina el veié tot sol
s'hi encaminà amb pas resolt.
Prop d'ell s'assegué i el cridà
i amb determini adreçà:
265 "Lanvall us honoro fa temps
i també us estimo tostemps.
Tota la meva amor tindreu
si em feu saber què voleu.
La joia us atorgaré així
270 si consentiu venir a mi."
"Senyora, -ell fa- deixeu-me estar,
no puc, ni us vull pas estimar.
Ni tampoc vull enganyar el rei,
fa temps que sóc al seu servei.
275 No voldria per vostra amor
del meu senyor perdre el favor."
La reina tota ella enfurí;
irada va començar a dir:
"Lanvall, no em creia allò que es deia,
280 sembleu preferir altre jeia,
tal com molt sovint deixen dit;
de dones no teniu delit
ans dels vailets ben afaitats
us atrauen llurs amistats.
285 Vil covard, maleït indigne,
i que el meu senyor us faci insigne!
Com us pot tenir tan a prop?
Sols s'explica si és miop."
Per ell, sentint-la, fou turment,
290 però en respondre no fou lent.
L'enfilall de mots que diria
sempre més se'n penediria.
"Ma senyora, d'aquests afers
no en sé ni en prenc desespers;
295 mes jo estimo i sóc amat;

que s'amie puisse tenir,
baisier, acoler e sentir ;
l'altrui joie prise petit,
se il nen a le suen delit.
Quant la reïne sul le veit,
al chevalier en va tut dreit.
Lez lui s'asist, si l'apela,
tut sun curage li mustra.
'Lanval, mult vus ai honuré
e mult cheri e mult amé.
Tute m'amur poëz aveir :
kar me dites vostre voleir !
Ma druërie vus otrei ;
mult devez estre liez de mei !'
'Dame', fet il, 'laissiez m'ester !
Jeo n'ai cure de vus amer.
Lungement ai servi le rei,
ne li vueil pas mentir ma fei.
Ja pur vus ne pur vostre amur
ne mesferai a mun seignur !'
La reïne se curuça,
iriee fu, si mesparla.
'Lanval', fet ele, 'bien le quit,
vus n'amez guaires tel deduit.
Asez le m'a hum, dit sovent,
que de femme n'avez talent.
Vaslez amez bien afaitiez,
ensemble od els vus deduiez.
Vileins cuarz, malvais failliz,
mult est mis sire mal bailliz,
ki pres de lui vus a sufert,
mien esciënt que deu en pert !'
Quant il l'oï, mult fu dolenz.
Del respundre ne fu pas lenz ;
tel chose dist par maltalent,
dunt il se repenti sovent.
'Dame', dist il, 'de cel mestier
ne me sai jeo niënt aidier.
Mes jo aim e si sui amis

*i excel·leix la que jo he triat
per damunt de les que conec.
I sols diré, i sense ennuec,
i potser us sigui meravella
300 si prenem qualsevol donzella,
la més pobra que hi fa feina
val més que vós, senyora reina
pel cor, pel rostre o la bellesa
supera en bondat vostra altesa."*
305 La reina va marxar a l'instant
es tancà a la cambra plorant.
Estava dolguda i sentida
pel que havia dit d'embranzida;
però allò que havia sentit...
310 Mai s'aixecaria del llit!
Llevat que el rei hi fes justícia
i aturés aquella immundícia.

Del bosc el rei tornava ja,
i complagut, era ben clar.
315 Entrà a la cambra de la reina
qui, en veure'l, anà per feina
es llençà als seus peus tot plorant:
que Lanvall era ésser nefand,
que l'havia volgut forçar
320 i per'xò era amagada allà;
i en refusar-lo, d'un plegat
d'amiga s'havia vantat
que era molt més noble i sincera
que ella; que la titllà de cambrera
325 com la més pobre al seu servei
i que no era digna del rei.
El rei quasi tingué un cobriment,
però es refé, i féu jurament
que en cort retractar-se el faria,
330 o al foc o pel coll penjaria.
El rei eixí del lloc encès;

cele ki deit aveir le pris
sur tutes celes que jeo sai.
E une chose vus dirai :
bien le saciez a descovert,
qu'une de celes ki la sert,
tute la plus povre meschine,
valt mielz de vus, dame reïne,
de cors, de vis e de bealté,
d'enseignement e de bunté.'
La reïne s'en part a tant ;
en sa chambre s'en vait plurant.
Mult fu dolente e curuciee
de ceo qu'il l'out si avilliee.
En sun lit malade culcha ;
ja mes, ceo dit, n'en levera,
se li reis ne li faiseit dreit
de ceo dunt ele se pleindreit.

Li reis fu de bois repairiez,
mult out esté le jur haitiez.
Es chambres la reine entra.
Quant el le vit, si se clama,
as piez li chiet, merci li crie
e dit que Lanval l'a hunie :
de druërie la requist ;
pur ceo qu'ele l'en escundist,
mult la laidi e avilla :
de tel amie se vanta,
ki tant ert ; cuinte, noble e fiere
que mielz valeit sa chamberiere,
la plus povre ki la serveit,
que la reïne ne faiseit.
Li reis s'en curuça forment ;
juré en a sun sairement :
s'il ne s'en puet en curt defendre,
il le fera ardeir u pendre.
Fors de la chambre eissi li reis ;

dels seus prohoms en cridà tres
i els envià a buscar Lanvall
que estava moix, al capdavall.
335 Ja tornat en sa cambra i sol
sabia del cert, sens consol
que havia ben perdut l'amiga,
dient-ne el secret i fent figa;
per boca moll; ara apartat
340 estava pensant, angoixat,
cridant a l'amiga sovint.
L'avís seu s'estava complint;
això el feia plànyer tostemps
i adés esvanir-se entretemps.
345 Tant demanà cent cops mercè
o que renyís l'amic a pler
com la boca i el cor malaia;
quasi es matà al cap del dia.
I vinga cridar i maleir,
350 de res serví un posat nerví,
per la pietat d'ella atreure
o ni fer que la pogués veure.
Res no ho podria canviar?

Aquells tres que el rei va enviar,
355 en trobar-lo li varen dir
que els seguís vers la cort mansi:
el rei ho havia manat
la reina l'havia acusat;
venien resolts a lluir-se,
360 mata'l, en cas de resistir-se.
Davant del rei, com convingut,
va estar cap cot, esquerp i mut.
Gran dolor mostrava en la cara
el rei digué amb veu forta i clara:
365 "Vassall, vós m'heu molt decebut!
Heu començat un plet ben brut.
M'heu volgut tacar i envilir
en insultar la reina ahir.

de ses baruns apela treis,
il les enveie pur Lanval,
ki asez a dolur e mal.
A sun ostel fu revenuz ;
ja s'esteit bien aparceüz
qu'il aveit perdue s'amie :
descoverte ot la druërie.
En une chambre fu tuz sous,
pensis esteit e anguissous.
S'amie apele mult sovent,
mes ceo ne li valut nïent.
Il se pleigneit e suspirot,
d'ures en altres se pasmot ;
puis li crie cent feiz merci,
qu'ele parolt a sun ami.
Sun quer e sa buche maldit ;
c'est merveille qu'il ne s'ocit.
Il ne set tant criër ne braire
ne debatre ne sei detraire,
qu'ele en vueille merci aveir
sul tant qu'il la puisse veeir.
A las, cument se cuntendra !

   Cil que li reis i enveia
i sunt venu, si li unt dit
qu'a la curt vienge senz respit ;
li reis l'aveit par els mandé,
la reïne l'a encusé.
Lanval i vet od sun grant doel,
il l'eüssent ocis sun voel.
Il est devant le rei venuz.
Mult fu pensis, taisanz e muz ;
de grant dolur mustre semblant.
Li reis li dist par maltalant :
'Vassal, vus m'avez mult mesfait !
Trop començastes vilein plait
de mei hunir e avillier
e la reïne laidengier.

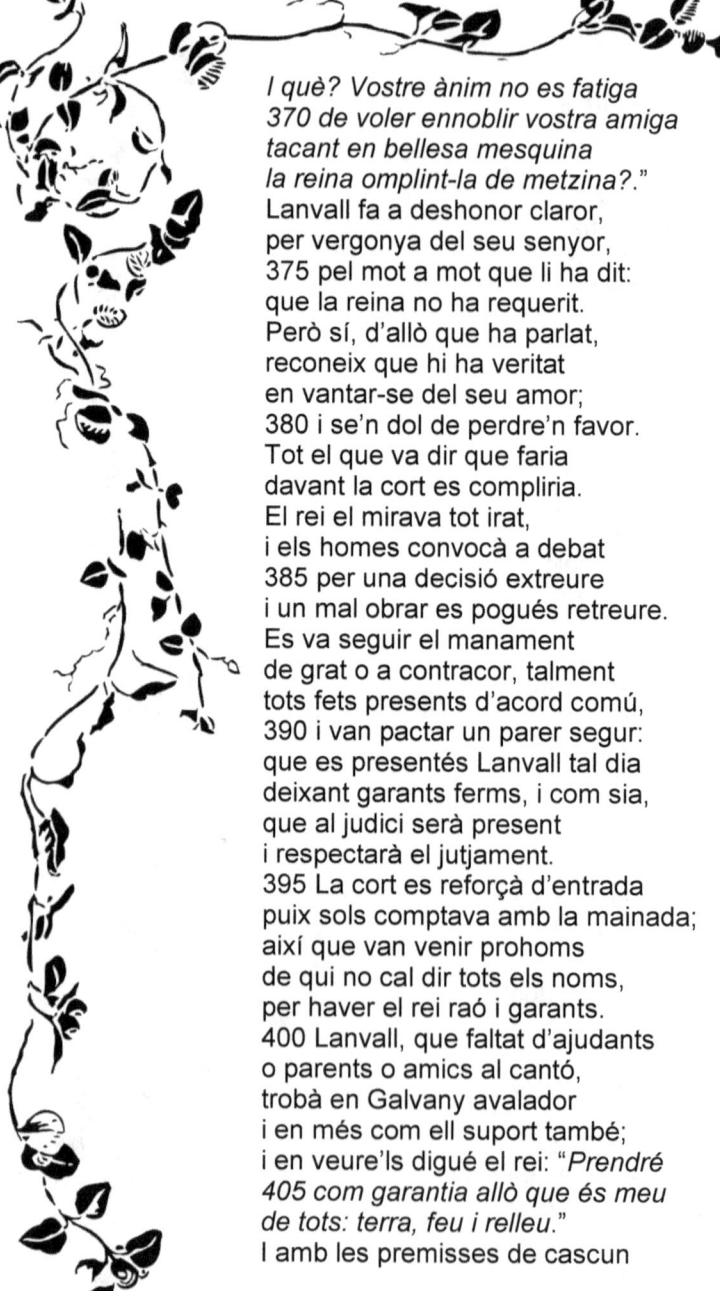

I què? Vostre ànim no es fatiga
370 *de voler ennoblir vostra amiga*
tacant en bellesa mesquina
la reina omplint-la de metzina?."
Lanvall fa a deshonor claror,
per vergonya del seu senyor,
375 pel mot a mot que li ha dit:
que la reina no ha requerit.
Però sí, d'allò que ha parlat,
reconeix que hi ha veritat
en vantar-se del seu amor;
380 i se'n dol de perdre'n favor.
Tot el que va dir que faria
davant la cort es compliria.
El rei el mirava tot irat,
i els homes convocà a debat
385 per una decisió extreure
i un mal obrar es pogués retreure.
Es va seguir el manament
de grat o a contracor, talment
tots fets presents d'acord comú,
390 i van pactar un parer segur:
que es presentés Lanvall tal dia
deixant garants ferms, i com sia,
que al judici serà present
i respectarà el jutjament.
395 La cort es reforçà d'entrada
puix sols comptava amb la mainada;
així que van venir prohoms
de qui no cal dir tots els noms,
per haver el rei raó i garants.
400 Lanvall, que faltat d'ajudants
o parents o amics al cantó,
trobà en Galvany avalador
i en més com ell suport també;
i en veure'ls digué el rei: *"Prendré*
405 *com garantia allò que és meu*
de tots: terra, feu i relleu."
I amb les premisses de cascun

Vantez vus estes de folie !
Trop par est noble vostre amie,
quant plus est bele sa meschine
e plus vaillanz que la reïne.'
Lanval defent la deshonur
e la hunte de sun seignur
de mot en mot si cum il dist,
que la reïne ne requist ;
mes de ceo dunt il ot parlé
reconut il la verité,
de l'amur dunt il se vanta ;
dolenz en est, perdue l'a.
De ceo lur dit que il fera
quan que la curz esguardera.
Li reis fu mult vers lui iriez.
Tuz ses humes a enveiez,
pur dire dreit qu'il en deit faire,
qu'um ne li puisse a mal retraire.
Cil unt sun comandement fait :
u els seit bel, u els seit lait,
comunement i sunt alé,
si unt jugié e esguardé
que Lanval deit aveir un jur,
mes pleges truisse a sun seignur
qu'il atendra sun jugement
e revendra en sun present ;
si sera la curz enforciee,
kar dunc n'i ot fors sa maisniee.
Al rei revienent li barun,
si li mustrerent la raisun.
Li reis a pleges demandez.
Lanval fu suls e esguarez,
n'i aveit parent ne ami.
Walwains i vait, ki l'a plevi,
e tuit si cumpaignun aprés.
Li reis lur dit : 'E jol vus les
sur quan que vus tenez de mei,
terres e fieus, chescuns par sei.'
Quant pleviz fu, dunc n'i ot el :

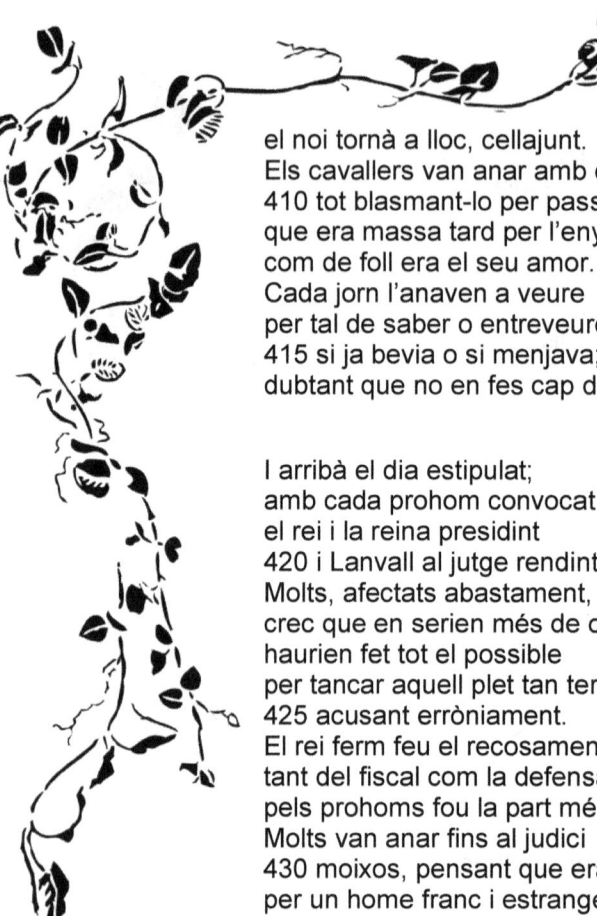

el noi tornà a lloc, cellajunt.
Els cavallers van anar amb ell,
410 tot blasmant-lo per passerell,
que era massa tard per l'enyor,
com de foll era el seu amor.
Cada jorn l'anaven a veure
per tal de saber o entreveure
415 si ja bevia o si menjava;
dubtant que no en fes cap de brava.

I arribà el dia estipulat;
amb cada prohom convocat
el rei i la reina presidint
420 i Lanvall al jutge rendint.
Molts, afectats abastament,
crec que en serien més de cent,
haurien fet tot el possible
per tancar aquell plet tan terrible,
425 acusant erròniament.
El rei ferm feu el recosament
tant del fiscal com la defensa
pels prohoms fou la part més tensa.
Molts van anar fins al judici
430 moixos, pensant que era un suplici
per un home franc i estranger,
que entre ells s'havia fet malbé.
D'altres el volien vençut,
pel dol al rei i l'acritud,
435 com el comte de Cornualla:
"*Tots els fidels darem la talla,
no es pot permetre un fet semblant;
el dret sempre està per davant.
El rei denuncia un vassall,
440 he sentit que en dieu Lanvall,
de fellonia l'ha acusat,
que amb mentides l'ha difamat
i en vantar-se d'amors, embeina
grans perjuris contra la reina.
445 Fora el rei ningú més l'acusa,

alez s'en est a sun ostel.
Li chevalier l'unt conveié ;
mult l'unt blasmé e chastié
qu'il ne face si grant dolur,
e maldiënt si fole amur.
Chescun jur l'aloënt veeir,
pur ceo qu'il voleient saveir
u il beüst, u il manjast ;
mult dotouent qu'il s'afolast.

Al jur que cil orent numé,
li barun furent asemblé.
Li reis e la reïne i fu.
e li plege unt Lanval rendu.
Mult furent tuit pur lui dolent ;
jeo quid qu'il en i ot tels cent
ki feïssent tut lur poeir
pur lui senz plait delivre aveir ;
il ert retez a mult grant tort.
Li reis demande le recort
sulunc le cleim e le respuns :
ore est trestut sur les baruns !
Il sunt al jugement alé ;
mult sunt pensif e esguaré
del franc hume d'altre païs,
ki entre els ert si entrepris.
Encumbrer le vuelent plusur
pur la volenté lur seignur.
Ceo dist li dus de Cornuaille :
'Ja endreit nus n'i avra faille ;
kar ki qu'en plurt ne ki qu'en chant,
le dreit estuet aler avant !
Li reis parla vers sun vassal,
que jo vus oi numer Lanval ;
de felunie le reta
e d'un mesdit l'achaisuna,
d'une amur dunt il se vanta,
e madame s'en curuça.
Nuls ne l'apele fors le rei :

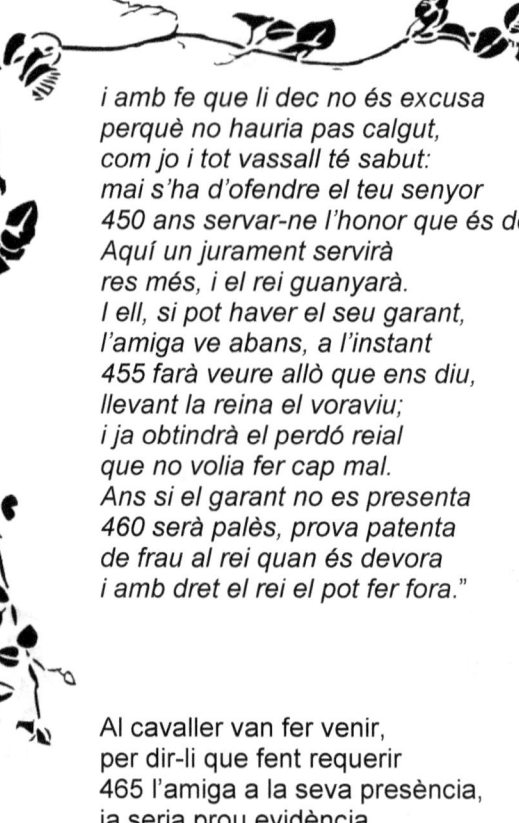

i amb fe que li dec no és excusa
perquè no hauria pas calgut,
com jo i tot vassall té sabut:
mai s'ha d'ofendre el teu senyor
450 ans servar-ne l'honor que és do.
Aquí un jurament servirà
res més, i el rei guanyarà.
I ell, si pot haver el seu garant,
l'amiga ve abans, a l'instant
455 farà veure allò que ens diu,
llevant la reina el voraviu;
i ja obtindrà el perdó reial
que no volia fer cap mal.
Ans si el garant no es presenta
460 serà palès, prova patenta
de frau al rei quan és devora
i amb dret el rei el pot fer fora."

Al cavaller van fer venir,
per dir-li que fent requerir
465 l'amiga a la seva presència,
ja seria prou evidència.
I ell féu que no podia pas
Servir-se del socors pel cas.
Les noves van dur els troters
470 que cap socors s'esperés més,
i el rei forçà als jutges jutjar,
que la reina esperava allà.
I quan ja es redactava així,
dues grans noies van venir
475 damunt d'uns palafrens amblant
El seu aire era radiant,
sendal porpra per vestidures
ben nues, segons les juntures;
i els que n'admiraven l'adreç.
480 Galvany i aquells tres cavallers
li van dir a Lanvall, i prompte

par cele fei que jeo vus dei,
ki bien en vuelt dire le veir,
ja n'i deüst respuns aveir,
se pur ceo nun qu'a sun seignur
deit um par tut porter honur.
Un sairement l'en guagera,
e li reis le nus pardurra.
E s'il puet aveir sun guarant
e s'amie venist avant
e ceo fust veirs que il en dist,
dunt la reïne se marrist,
de ceo avra il bien merci,
quant pur vilté nel dist de li.
E s'il ne puet guarant aveir,
ceo li devum faire saveir :
tut sun servise pert del rei,
e sil deit cungeer de sei.'

Al chevalier unt enveié,
e si li unt dit e nuncié
que s'amie face venir
pur lui tenser e guarentir.
Il lur a dit qu'il ne porreit :
ja par li sucurs nen avreit.
Cil s'en revunt as jugeürs,
qu'il n'i atendent nul sucurs.
Li reis les hastot durement
pur la reïne kis atent.
Quant il deveient departir,
dous puceles virent venir
sur dous beals palefreiz amblanz.
Mult par esteient avenanz ;
de cendal purpre sunt vestues
tut senglement a lur chars nues.
Cil les esguardent volentiers.
Walwains, od lui treis chevaliers,
vait a Lanval, si li cunta ;

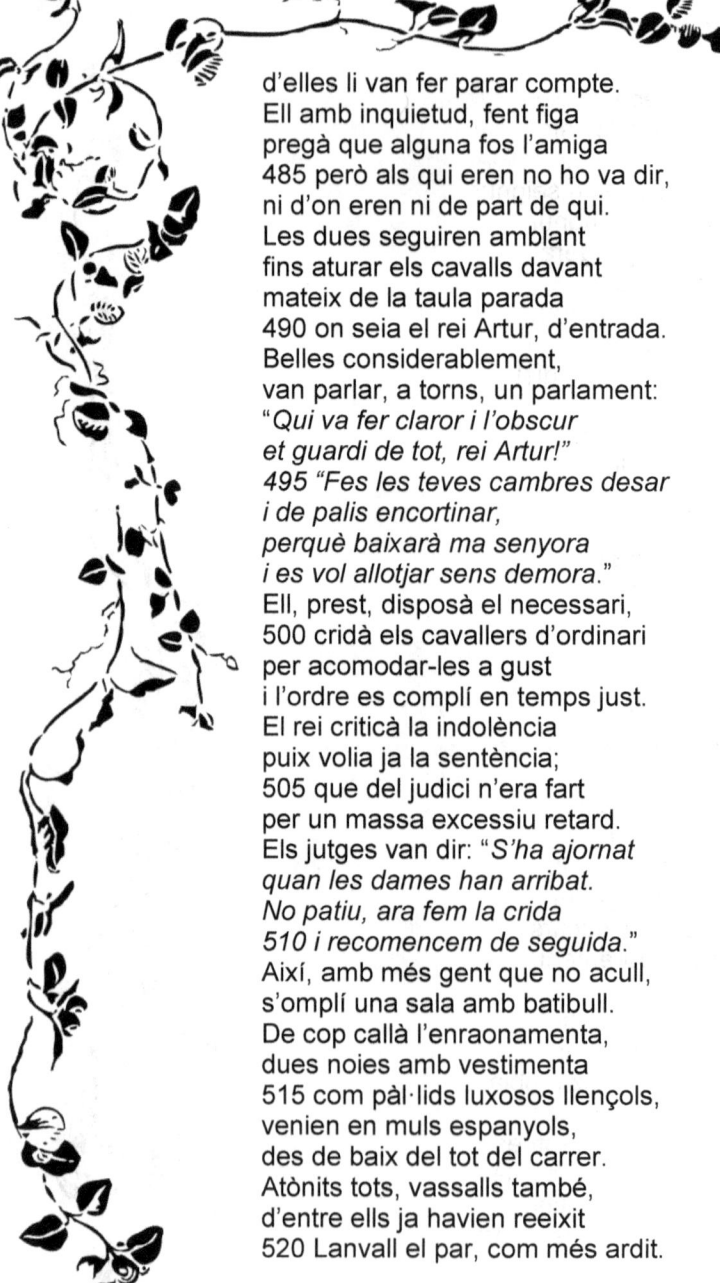

d'elles li van fer parar compte.
Ell amb inquietud, fent figa
pregà que alguna fos l'amiga
485 però als qui eren no ho va dir,
ni d'on eren ni de part de qui.
Les dues seguiren amblant
fins aturar els cavalls davant
mateix de la taula parada
490 on seia el rei Artur, d'entrada.
Belles considerablement,
van parlar, a torns, un parlament:
"*Qui va fer claror i l'obscur
et guardi de tot, rei Artur!*"
495 "*Fes les teves cambres desar
i de palis encortinar,
perquè baixarà ma senyora
i es vol allotjar sens demora.*"
Ell, prest, disposà el necessari,
500 cridà els cavallers d'ordinari
per acomodar-les a gust
i l'ordre es complí en temps just.
El rei criticà la indolència
puix volia ja la sentència;
505 que del judici n'era fart
per un massa excessiu retard.
Els jutges van dir: "*S'ha ajornat
quan les dames han arribat.
No patiu, ara fem la crida
510 i recomencem de seguida.*"
Així, amb més gent que no acull,
s'omplí una sala amb batibull.
De cop callà l'enraonamenta,
dues noies amb vestimenta
515 com pàl·lids luxosos llençols,
venien en muls espanyols,
des de baix del tot del carrer.
Atònits tots, vassalls també,
d'entre ells ja havien reeixit
520 Lanvall el par, com més ardit.

les dous puceles li mustra.
Mult fu haitiez, forment li prie
qu'il li deïst se c'ert s'amie,
Il li a dit : 'Ne sai ki sunt
ne dunt vienent n'u eles vunt'
Celes sunt alees avant
tut a cheval ; par tel semblant
descendirent devant le deis,
la u seeit Artur li reis.
Eles furent de grant belté,
si unt curteisement parlé.
'Cil deus ki fet cler e oscur,
il salt e guart le rei Artur !
Reis, faites chambres delivrer
e de pailes encurtiner,
u madame puisse descendre :
ensemble od vus vuelt ostel prendre.'
Il lur otreie volentiers,
si apela dous chevaliers ;
as chambres les menerent sus.
A cele feiz ne distrent plus.
Li reis demande a ses baruns
le jugement e le respuns,
e dit que mult l'unt curucié
de ceo que tant l'unt delaié.
'Sire', funt il, 'nus departimes.
Pur les dames que nus veïmes
nen i avum nul esguart fait.
Or recumencerum le plait.'
Dunc assemblerent tuit pensif ;
asez i ot noise e estrif.
Quant il erent en cel esfrei,
dous puceles de gent cunrei
— vestues de dous pailes freis,
chevalchent dous muls Espaigneis —
virent venir la rue a val,
Grant joie en ourent li vassal ;
entre els diënt qu'ore est guariz
Lanval, li pruz e li hardiz.

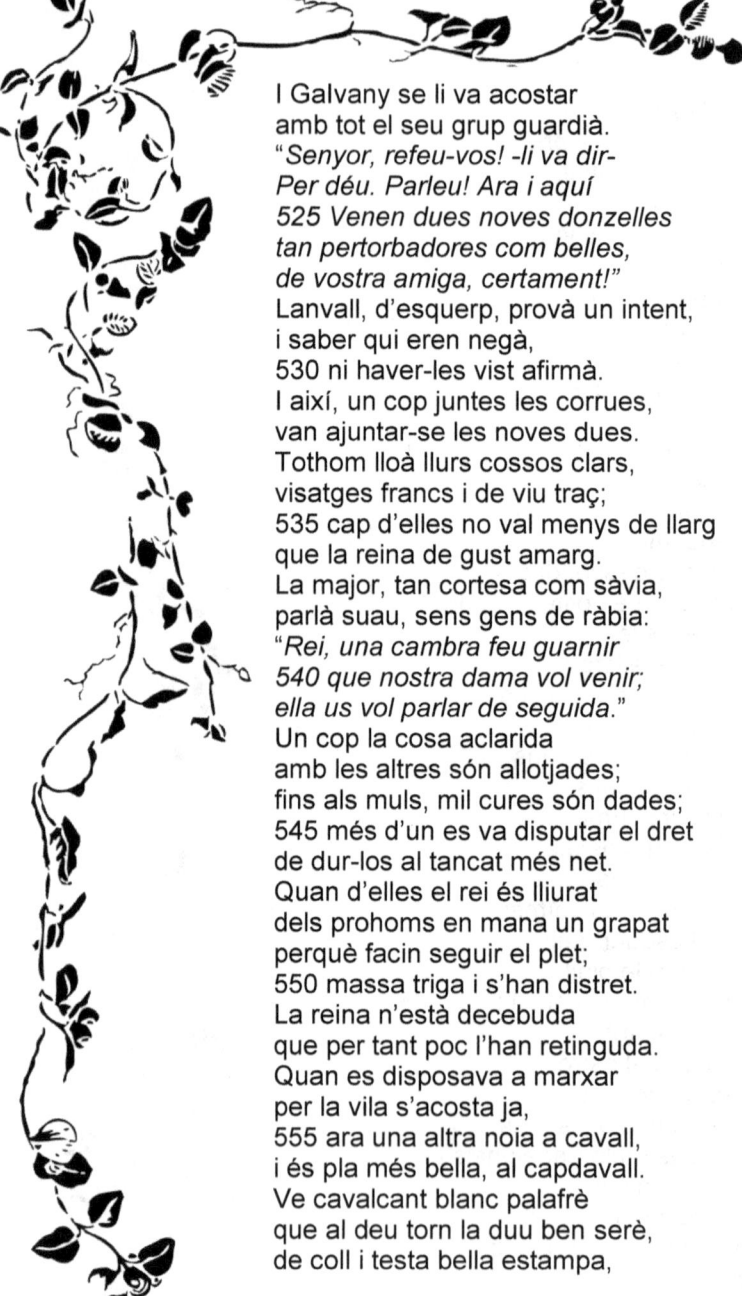

I Galvany se li va acostar
amb tot el seu grup guardià.
"Senyor, refeu-vos! -li va dir-
Per déu. Parleu! Ara i aquí
525 Venen dues noves donzelles
tan pertorbadores com belles,
de vostra amiga, certament!"
Lanvall, d'esquerp, provà un intent,
i saber qui eren negà,
530 ni haver-les vist afirmà.
I així, un cop juntes les corrues,
van ajuntar-se les noves dues.
Tothom lloà llurs cossos clars,
visatges francs i de viu traç;
535 cap d'elles no val menys de llarg
que la reina de gust amarg.
La major, tan cortesa com sàvia,
parlà suau, sens gens de ràbia:
"Rei, una cambra feu guarnir
540 que nostra dama vol venir;
ella us vol parlar de seguida."
Un cop la cosa aclarida
amb les altres són allotjades;
fins als muls, mil cures són dades;
545 més d'un es va disputar el dret
de dur-los al tancat més net.
Quan d'elles el rei és lliurat
dels prohoms en mana un grapat
perquè facin seguir el plet;
550 massa triga i s'han distret.
La reina n'està decebuda
que per tant poc l'han retinguda.
Quan es disposava a marxar
per la vila s'acosta ja,
555 ara una altra noia a cavall,
i és pla més bella, al capdavall.
Ve cavalcant blanc palafrè
que al deu torn la duu ben serè,
de coll i testa bella estampa,

Walwains en est a lui alez,
ses cumpaignuns i a menez.
'Sire', fet il, 'rehaitiez vus !
Pur amur deu, parlez a nus !
Ici vienent dous dameiseles
mult acesmees e mult beles.
C'est vostre amie veirement ! '
Lanval respunt hastivement
e dit qu'il pas nes avuot
n'il nes cunut n'il nes amot.
A tant furent celes venues ;
devant le rei sunt descendues.
Mult les loërent li plusur
de cors, de vis e de colur ;
n'i ot cele mielz ne valsist
qu'unkes la reïne ne fist.
L'ainznee fu curteise e sage,
avenantment dist sun message.
'Reis, kar nus fai chambres baillier
a oés madame herbergier ;
ele vient ci a vus parler.'
Il les cumanda a mener
od les altres ki anceis vindrent.
Unkes des muls nul plait ne tindrent :
il fu assez ki guarde en prist
e ki es estables les mist.
Quant il fu d'eles delivrez,
puis a tuz ses baruns mandez,
que li jugemenz seit renduz ;
trop a le jur esté tenuz ;
la reine s'en curuçot,
que trop lungement jeünot.
Ja departissent a itant,
quant par la vile vint errant
tut a cheval une pucele ;
en tut le siecle n'ot si bele.
Un blanc palefrei chevalchot,
ki bien e suëf la portot ;
mult ot bien fet e col e teste :

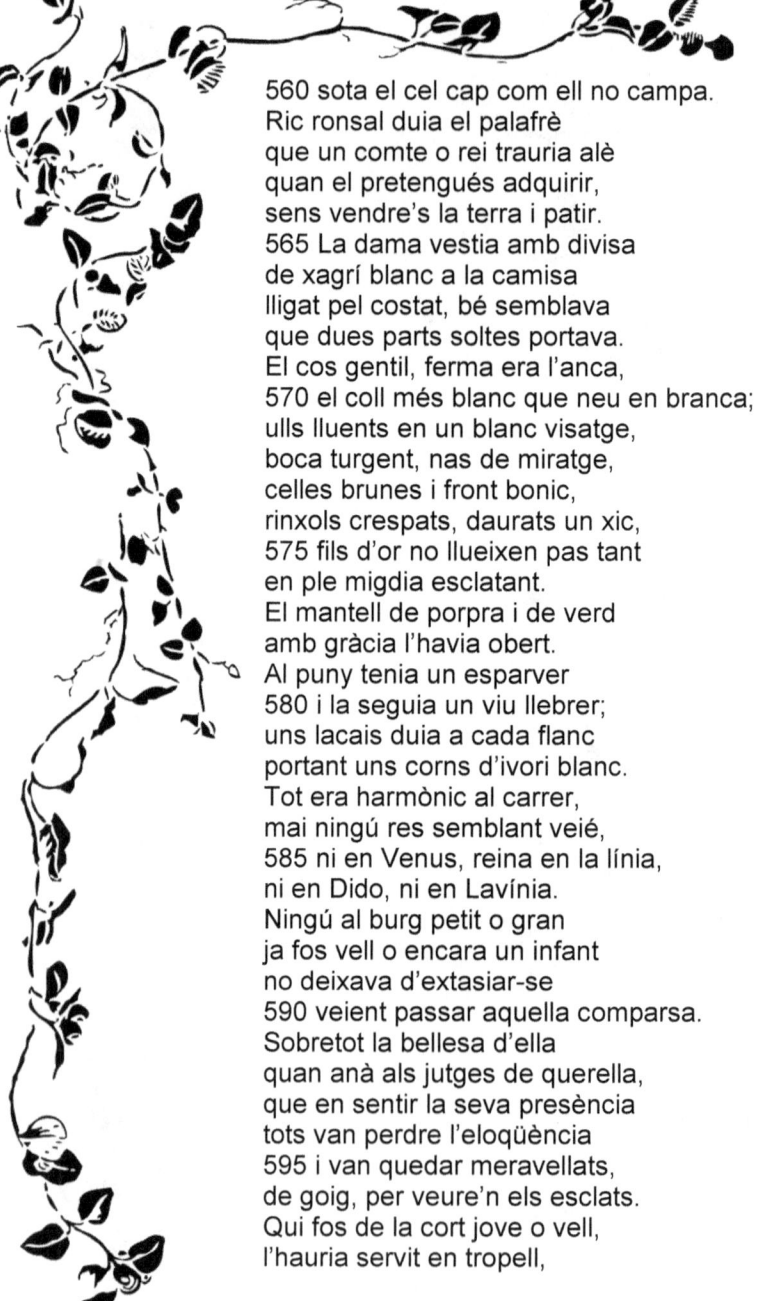

560 sota el cel cap com ell no campa.
Ric ronsal duia el palafrè
que un comte o rei trauria alè
quan el pretengués adquirir,
sens vendre's la terra i patir.
565 La dama vestia amb divisa
de xagrí blanc a la camisa
lligat pel costat, bé semblava
que dues parts soltes portava.
El cos gentil, ferma era l'anca,
570 el coll més blanc que neu en branca;
ulls lluents en un blanc visatge,
boca turgent, nas de miratge,
celles brunes i front bonic,
rinxols crespats, daurats un xic,
575 fils d'or no lleuixen pas tant
en ple migdia esclatant.
El mantell de porpra i de verd
amb gràcia l'havia obert.
Al puny tenia un esparver
580 i la seguia un viu llebrer;
uns lacais duia a cada flanc
portant uns corns d'ivori blanc.
Tot era harmònic al carrer,
mai ningú res semblant veié,
585 ni en Venus, reina en la línia,
ni en Dido, ni en Lavínia.
Ningú al burg petit o gran
ja fos vell o encara un infant
no deixava d'extasiar-se
590 veient passar aquella comparsa.
Sobretot la bellesa d'ella
quan anà als jutges de querella,
que en sentir la seva presència
tots van perdre l'eloqüència
595 i van quedar meravellats,
de goig, per veure'n els esclats.
Qui fos de la cort jove o vell,
l'hauria servit en tropell,

suz ciel nen ot plus gente beste.
Riche atur ot el palefrei :
suz ciel nen a cunte ne rei
ki tut le peüst eslegier
senz terre vendre u enguagier.
Ele ert vestue en itel guise
de chainse blanc e de chemise,
que tuit li costé li pareient,
ki de dous parz lacié esteient.
Le cors ot gent, basse la hanche,
le col plus blanc que neif sur branche ;
les uiz ot vairs e blanc le vis,
bele buche, nes bien asis,
les surcilz bruns e bel le frunt
e le chief cresp e alkes blunt ;
fils d'or ne gete tel luur
cum si chevel cuntre le jur.
Sis mantels fu de purpre bis,
les pans en ot en tur li mis.
Un espervier sur sun poin tint,
e uns levriers aprés li vint.
Uns genz dameisels l'adestrout,
un cor d'ivoire od lui portout,
Mult vindrent bel par mi la rue.
Tant granz bealtez ne fu veüe
en Venus, ki esteit reïne,
ne en Dido ne en Lavine.
Il n'ot el burc petit ne grant,
ne li veillard ne li enfant,
ki ne l'alassent esguarder,
si cum il la virent errer.
De sa bealté n'est mie gas.
Ele veneit meins que le pas.
Li jugeür, ki la veeient,
a grant merveille le teneient ;
n'i ot un sul ki l'esguardast,
de dreite joie n'eschalfast.
N'i ot tant vieil hume en la curt,
ki volentiers sun ueil n'i turt

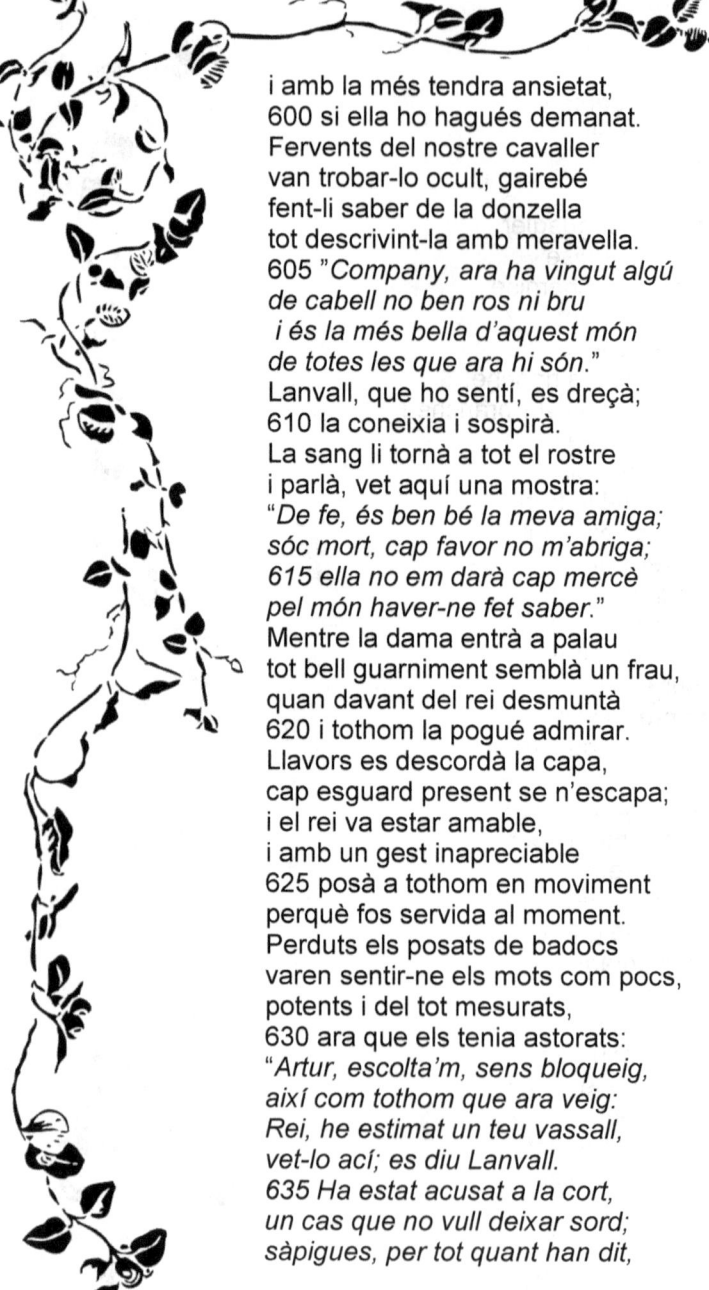

i amb la més tendra ansietat,
600 si ella ho hagués demanat.
Fervents del nostre cavaller
van trobar-lo ocult, gairebé
fent-li saber de la donzella
tot descrivint-la amb meravella.
605 "Company, ara ha vingut algú
de cabell no ben ros ni bru
i és la més bella d'aquest món
de totes les que ara hi són."
Lanvall, que ho sentí, es dreçà;
610 la coneixia i sospirà.
La sang li tornà a tot el rostre
i parlà, vet aquí una mostra:
"De fe, és ben bé la meva amiga;
sóc mort, cap favor no m'abriga;
615 ella no em darà cap mercè
pel món haver-ne fet saber."
Mentre la dama entrà a palau
tot bell guarniment semblà un frau,
quan davant del rei desmuntà
620 i tothom la pogué admirar.
Llavors es descordà la capa,
cap esguard present se n'escapa;
i el rei va estar amable,
i amb un gest inapreciable
625 posà a tothom en moviment
perquè fos servida al moment.
Perduts els posats de badocs
varen sentir-ne els mots com pocs,
potents i del tot mesurats,
630 ara que els tenia astorats:
"Artur, escolta'm, sens bloqueig,
així com tothom que ara veig:
Rei, he estimat un teu vassall,
vet-lo ací; es diu Lanvall.
635 Ha estat acusat a la cort,
un cas que no vull deixar sord;
sàpigues, per tot quant han dit,

e volentiers ne la servist,
pur ceo que sufrir le volsist.
Cil ki le chevalier amoënt,
a lui vienent, si li cuntouent
de la pucele ki veneit,
se deu plest, kil deliverreit.
'Sire cumpain, ci en vient une,
mes el n'est pas falve ne brune ;
ceo 'st la plus bele de cest mund,
de tutes celes ki i sunt.'
Lanval l'oï, sun chief dresça ;
bien la cunut, si suspira.
Li sans li est muntez el vis ;
de parler fu alkes hastis.
'Par fei', fet il, 'ceo est m'amie !
Or ne m'est guaires ki m'ocie,
s'ele nen a merci de mei :
kar guariz sui, quant jeo la vei.'
La pucele entra el palais ;
unkes si bele n'i vint mais.
Devant le rei est descendue,
si que de tuz fu bien veüe.
Sun mantel a laissié chaeir,
que mielz la peüssent veeir.
Li reis, ki mult fu enseigniez,
s'est tost encuntre li dresciez,
e tuit li altre l'enurerent,
de li servir mult se penerent.
Quant il l'orent bien esguardee
e sa bealté assez loëe,
ele parla en tel mesure,
kar de demurer nen ot cure.
'Artur', fet ele, 'entent a mei,
e cist barun que jeo ci vei !
Jeo ai amé un tuen vassal.
Veez le ci ! Ceo est Lanval !
Achaisunez fu en ta curt,
ne vueil mie qu'a mal li turt,
de ceo qu'il dist. Ceo saces tu

que és la reina qui ha mentit;
ell no l'ha pretès en sa vida,
640 sols és vanitós fora mida
de mi, i ho ha pagat prou ja;
vós no l'heu pas d'empresonar!"

D'aquells que el jutjaven per dret
prengué el rei judici complet:
645 cap d'ells no el trobà gens culpable
i allò dit per Lanvall viable,
cosa que el lliurava del tot.

La noia marxà sens cap mot;
no pogué el rei fer-la quedar
650 ni molts que ho van suplicar.
Dreçat al patí un escambell
feia d'escaló a tot donzell
de cacera armat quan muntava
sortint amb el rei a la brava.
655 Lanvall hi estava dret, crec,
quan, marxant ella hi passà a frec,
al llom del palafrè d'un bot
Lanvall s'hi afegí del tot.
Plegats marxaren a Avalon;
660 bretons que així ho fan pregon,
diuen que és una illa molt bella.
Allí regnava la donzella.
No se'n sentí parlar mai més;
i un Lai he fet que us ho contés.

que la reïne a tort eü :
unkes nul jur ne la requist,
De la vantance que il fist,
se par mei puet estre aquitez,
par voz baruns seit delivrez ! '

Ceo qu'il en jugerunt par dreit,
li reis otreie que si seit.
N'i a un sul ki n'ait jugié
que Lanval a tut desraisnié.
Delivrez est par lur esguart,

e la pucele s'en depart.
Ne la pot li reis retenir ;
asez ot gent a li servir.
Fors de la sale aveit um mis
un grant perrun de marbre bis,
u li pesant hume muntoënt,
ki de la curt le rei aloënt.
Lanval esteit muntez desus.
Quant la pucele ist fors de l'us,
sur le palefrei detriers li
de plein eslais Lanval sailli.
Od li s'en vait en Avalun,
ceo nus recuntent li Bretun,
en un isle qui mult est beals ;
la fu raviz li dameiseals.
Nuls n'en oï puis plus parler,
ne jeo n'en sai avant cunter.

VI— ELS DOS AMANTS

A Normandia esdevingué
una aventura que jo sé
de dos infants enamorats,
que per amor foren finats.
5 Un Lai van teixir els bretons
dels dos amants parlant-ne a fons.

La veritat és que a Neustria,
que aquí en diem Normandia,
damunt d'un cim majestuós
10 hi jeuen soterrats tots dos.
Ben a prop d'aquesta muntanya,
seguint consell que no ens estranya,
alçava una ciutat un rei
de nom Pistreus, cap de la llei,
15 de tots els Pistressencs d'allà
que Pistressa l'anomenà.
De llavors el nom ha durat
té encara cases la ciutat.
Coneixem prou bé la contrada:
20 Vall de Pistra és anomenada.
Aquell rei tingué una pubilla;
molt cortesa era aquella filla,
i com n'era l'únic infant
l'amà amb gran cura cada instant;
25 rics homes la varen pretendre
però cap d'ells no la va prendre
perquè el rei no la volgué dar
car sempre la volia a mà,
i era ella tot el seu consol
30 i del rei l'únic agombol;

VI. **Les Dous Amanz.**

Jadis avint en Normendie
une aventure mult oïe
de dous enfanz ki s'entramerent,
par amur ambedui finerent.
Un lai en firent li Bretun :
des Dous Amanz reçut le nun.

Veritez est qu'en Neüstrie,
que nus apelum Normendie,
a un halt munt merveilles grant :
la sus gisent li dui enfant.
Pres de cel munt a une part
par grant cunseil e par esguart
une cité fist faire uns reis
ki esteit sire des Pistreis,
e des Pistreis la fist numer
e Pistre la fist apeler.
Tuz jurs a puis duré li nuns ;
uncore i a vile e maisuns.
Nus savum bien de la cuntree
que li vals de Pistre est nomee.
Li reis ot une fille, bele
e mult curteise dameisele.
Fiz ne fille fors li n'aveit ;
forment ramout e cherisseit.
De riches humes fu requise,
ki volentiers l'eüssent prise ;
mes li reis ne la volt doner,
car ne s'en poeit consirer.
Li reis n'aveit altre retur :

ella omplia la solitud
des que la reina hagué perdut.
Molts ho trobaven malament
fins els seus propers igualment.
35 Quan les enraonies sentí,
se'n dolgué i ho entengué per fi,
però va començar a idear
com es podia alliberar
d'aquell gran munt de pretendents
40 I arreu féu córrer els mots següents:
que la filla sols podrà haver
qui compleixi l'esforç sencer
de carrussar-la d'un braçat
portant-la, des de la ciutat
45 fins dalt del cim susdit amunt,
sens repòs; això era rotund!
Quan la nova fou coneguda
per la contrada, déu i ajuda,
tots van voler provar aquell repte
50 topant amb el dur del concepte;
per molt que s'hi esforçaven tots
cap abastà del cim els brots;
els més proclius, a mig vessant,
perdien l'aire esbufegant
55 i així defallí la requesta
fins que ningú provà la gesta.

Del mig del país un donzell,
fill de comte, gentil i bell,
àvid de reptes més que cap
60 delia provar-ne fer arrap.
I a la cort del rei convergí,
com d'altres cops que passà allí,
puix de fet la filla estimava.
Al llarg d'una habitual taba
65 requerí l'amor li atorgués
i fos l'amant dels seus delers.
Veient-lo cortès, franc, sens trava
i que el rei molt l'apreciava

pres de li esteit nuit e jur ;
cunfortez fu par la meschine,
puis que perdue ot la reïne.
Plusur a mal li aturnerent ;
li suen meïsme l'en blasmerent.
Quant il oï qu'um en parla,
mult fu dolenz, mult l'en pesa.
Cumença sei a purpenser
cument s'en purra delivrer
que nuls sa fille ne quesist.
E luinz e pres manda e dist :
ki sa fille voldreit aveir,
une chose seüst de veir :
sorti esteit e destiné,
desur le munt fors la cité
entre ses braz la portereit,
si que ne s'i reposereit.
Quant la nuvele en est seüe
e par la cuntree espandue,
asez plusur s'i asaierent,
ki nule rien n'i espleitierent.
Tels i ot ki tant s'esforçouent
que en mi le munt la portoënt,
ne poeient avant aler :
iloec l'estut laissier ester.
Lung tens remest cele a doner,
que nuls ne la volt demander.

 El païs ot un damisel,
fiz a un cunte, gent e bel.
De bien faire pur aveir pris
sur tuz altres s'est entremis.
En la curt le rei conversot,
asez suvent i surjurnot ;
la fille le rei aama,
e meinte feiz l'araisuna
qu'ele s'amur li otriast
e par druërie l'amast.
Pur ceo que pruz fu e curteis
e que mult le preisot li reis,

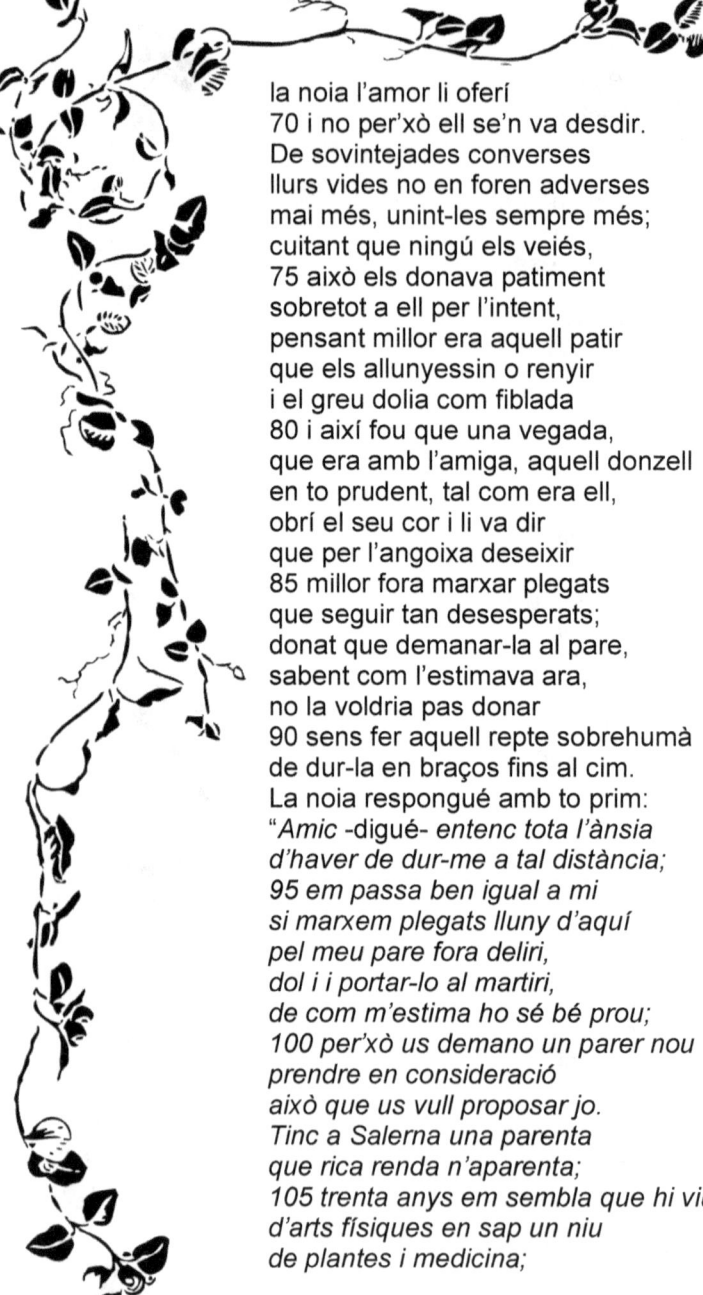

la noia l'amor li oferí
70 i no per'xò ell se'n va desdir.
De sovintejades converses
llurs vides no en foren adverses
mai més, unint-les sempre més;
cuitant que ningú els veiés,
75 això els donava patiment
sobretot a ell per l'intent,
pensant millor era aquell patir
que els allunyessin o renyir
i el greu dolia com fiblada
80 i així fou que una vegada,
que era amb l'amiga, aquell donzell
en to prudent, tal com era ell,
obrí el seu cor i li va dir
que per l'angoixa deseixir
85 millor fora marxar plegats
que seguir tan desesperats;
donat que demanar-la al pare,
sabent com l'estimava ara,
no la voldria pas donar
90 sens fer aquell repte sobrehumà
de dur-la en braços fins al cim.
La noia respongué amb to prim:
"*Amic -digué- entenc tota l'ànsia
d'haver de dur-me a tal distància;
95 em passa ben igual a mi
si marxem plegats lluny d'aquí
pel meu pare fora deliri,
dol i i portar-lo al martiri,
de com m'estima ho sé bé prou;
100 per'xò us demano un parer nou
prendre en consideració
això que us vull proposar jo.
Tinc a Salerna una parenta
que rica renda n'aparenta;
105 trenta anys em sembla que hi viu,
d'arts físiques en sap un niu
de plantes i medicina;*

li otria sa druërie,
e cil humblement l'en mercie.
Ensemble parlerent sovent
e s'entramerent leialment,
e celerent a lur poeir
qu'um nes peüst aparceveir.
La sufrance mult lur greva ;
mes li vaslez se purpensa,
que mielz en volt les mals sufrir
que trop haster e dunc faillir.
Mult fu pur li amer destreiz.
Puis avint si qu'a une feiz
qu'a s'amie vint li danzels,
ki tant esteit e pruz e bels,
sa pleinte li mustra e dist.
Anguissusement li requist
que s'en alast ensemble od lui,
ne poeit mes sufrir l'enui.
S'a sun pere la demandot,
il saveit bien que tant l'amot
que pas ne li voldreit doner,
se il ne la peüst porter
entre ses braz en sum le munt.
La damisele li respunt :
'Amis', fait ele, 'jeo sai bien,
ne m'i porteriëz pur rien ;
n'estes mie si vertuus.
Se jo m'en vois ensemble od vus,
mis pere avreit e doel e ire,
ne vivreit mie senz martire.
Certes tant l'eim e si l'ai chier,
jeo nel voldreie curucier.
Altre cunseil vus estuet prendre,
kar cest ne vueil jeo pas entendre.
En Salerne ai une parente,
riche femme est, mult a grant rente.
Plus de trente anz i a esté ;
l'art de phisike a tant usé
que mult est saive de mescines.

sap poders d'arrels i resina
i si vós hi voleu anar
110 m'hi portareu lletres en mà
on li diré nostra aventura;
ella en traurà una bona cura;
amb un dels seus estranys remeis
mesclarà un beuratge d'herbeis
115 que us reviscolarà el coratge
i enfortirà abans del tiratge.
Quan torneu ja al nostre país
al pare em requeriu sumís
que us prendrà com rebec infant,
120 i us recordarà el ferm ban
de no ser donada a cap home
que no m'hagi dut a la coma,
d'aquell encimat puig llunyà,
en braços i sens reposar.
125 Llavors us oferiu talment
per provar també el vostre intent."
Un cop clara pel noi la meta
obeí a la joveneta;
i sense cap bri de fatiga
130 s'acomiadà de l'amiga
i tornà a la seva contrada.

S'abillà digne d'ambaixada
amb riques robes i maneres;
guarní palafrens i someres,
135 trià dels seus els més afins
donzells fidels, gens tastavins,
i enfilà a Salern sens fatiga
fins ca la tia de l'amiga.
Havent-li dat el seu escrit,
140 llegit, el mirà fit a fit
i el va tractar amb grans miraments,
tot volent més rensenyaments.
Un cop sabuts féu medicina,
encabint en una terrina
145 el fruit del seu treball;

Tant cunuist herbes e racines,
se vus a li volez aler
e mes letres od vus porter
e mustrer li vostre aventure,
ele en prendra cunseil e cure,
Tels letuaires vus durra
e tels beivres vus baillera,
que tut vus recunforterunt
e bone vertu vus durrunt.
Quant en cest païs revendrez,
a mun pere me requerrez.
Il vus en tendra pur enfant,
si vus dira le cuvenant
qu'a nul hume ne me durra,
ja nule peine n'i metra,
s'al munt ne me peüst porter
entre ses braz senz reposer ;
si li otriëz bonement,
que il ne puet estre altrement.'
Li vaslez oï la novele
e le cunseil a la pucele ;
mult en fu liez, si l'en mercie.
Cungié demandë a s'amie.
En sa cuntree en est alez.

Hastivement s'est aturnez
de riches dras e de deniers,
de palefreiz e de sumiers,
De ses humes les plus privez
a li danzels od sei menez.
A Salerne vait surjurner
a l'ante s'amie parler.
De sa part li duna un brief.
Quant el l'ot lit de chief en chief,
ensemble od li l'a retenu
tant que tut sun estre a seü.
Par mescines l'a enforcié.
Un tel beivre li a baillié,
ja ne sera tant travailliez

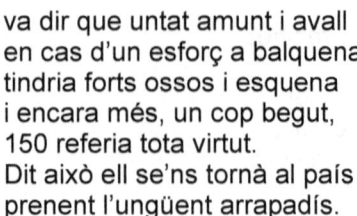

va dir que untat amunt i avall
en cas d'un esforç a balquena
tindria forts ossos i esquena
i encara més, un cop begut,
150 referia tota virtut.
Dit això ell se'ns tornà al país
prenent l'ungüent arrapadís.

El jove, cofoi i segur,
prest trobà el moment oportú
155 per tornar a l'estimada terra
i encarar-se al rei amb mà esquerra,
per prendre en braços l'estimada
i dur-la a la cota elevada.
El rei no se n'amagà pas
160 el feia boig i un bordegàs,
segur efecte de l'edat;
tants ja ho havien provat,
prohoms assenyats sens sospita,
i quedaren lluny de la fita!
165 Amb tot donà hora pels fatics.
I ell, feliç, convocà els amics
i aquells a qui dava importància;
tots varen acudir plens d'ànsia,
tant per la noia com per ell,
170 pel trasbals proper a gran nivell
que era dur-la fins aquell cim,
per'xò acudien com plugim.
La noia atenta, com comparsa,
dejunà molt per preparar-se;
175 menjà poc posant molts empenys
per tal que a l'amic pesés menys.
I ben prompte arribà aquell dia,
i el noi fou el primer com sia,
sens oblidar pas el beuratge.

180 Ribes del Sena era el paratge
on tota la gent s'aplegà.

ne si ateinz ne si chargiez,
ne li refreschisse le cors,
neïs les vaines ne les os,
e qu'il nen ait tute vertu,
si tost cum il l'avra beü.
Puis le remeine en sun païs ;
le beivre a en un vessel mis.

Li damisels joius e liez,
quant ariere fu repairiez,
ne surjurna pas en sa terre.
Al rei ala sa fille querre,
qu'il li donast : il la prendreit,
en sum le munt la portereit.
Li reis ne l'en escundist mie ;
mes mult le tint a grant folie,
pur ceo qu'il ert de juefne eage ;
tant produme vaillant e sage
unt asaié icel afaire,
ki n'en porent a nul chief traire.
Terme li a numé e mis.
Ses humes mande e ses amis
e tuz cels qu'il poeit aveir ;
n'en i laissa nul remaneir.
Pur sa fille e pur le vaslet,
ki en aventure se met
de li porter en sum le munt,
de tutes parz venu i sunt.
La dameisele s'aturna ;
[Bl. 160d] mult se destreinst, mult jeüna
en sun mangier pur alegier,
qu'a sun ami voleit aidier.
Al jur quant tuit furent venu,
li damisels primiers i fu ;
sun beivre n'i ublia mie.

Devers Seigne en la praerie
en la grant gent tute asemblee

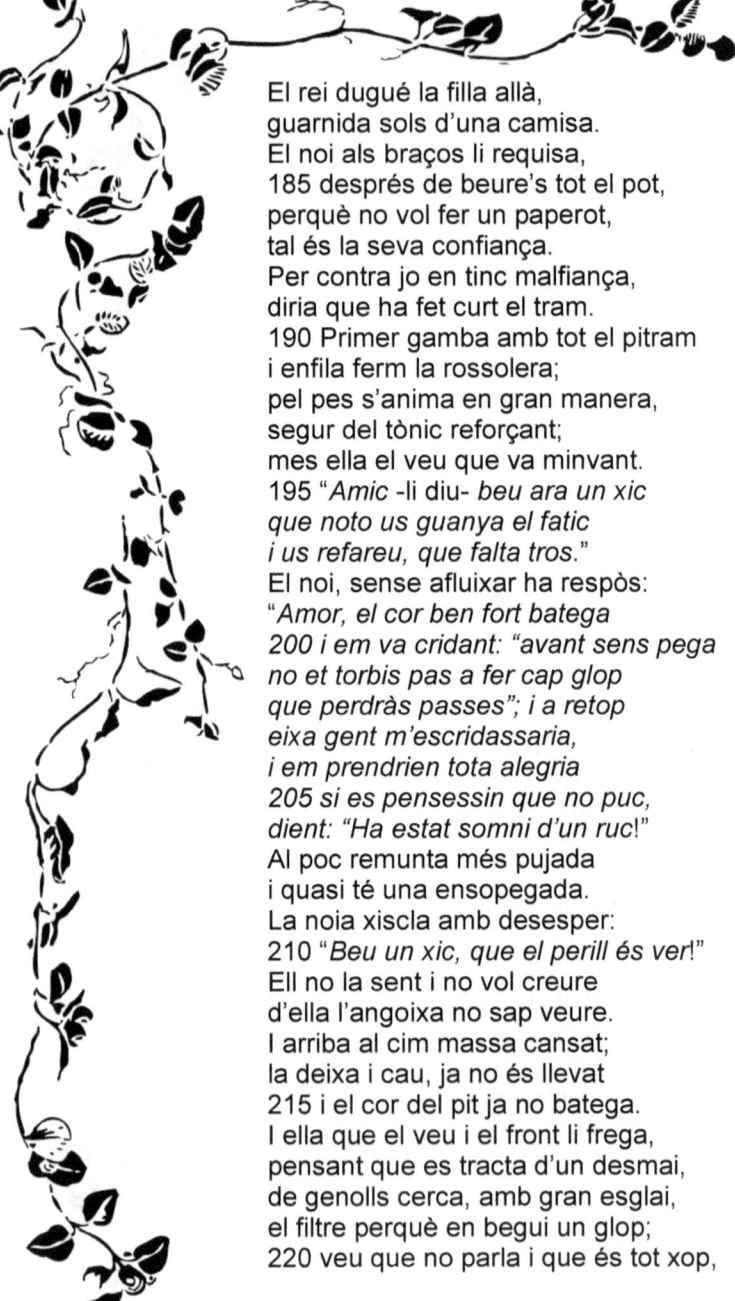

El rei dugué la filla allà,
guarnida sols d'una camisa.
El noi als braços li requisa,
185 després de beure's tot el pot,
perquè no vol fer un paperot,
tal és la seva confiança.
Per contra jo en tinc malfiança,
diria que ha fet curt el tram.
190 Primer gamba amb tot el pitram
i enfila ferm la rossolera;
pel pes s'anima en gran manera,
segur del tònic reforçant;
mes ella el veu que va minvant.
195 "Amic -li diu- beu ara un xic
que noto us guanya el fatic
i us refareu, que falta tros."
El noi, sense afluixar ha respòs:
"Amor, el cor ben fort batega
200 i em va cridant: "avant sens pega
no et torbis pas a fer cap glop
que perdràs passes"; i a retop
eixa gent m'escridassaria,
i em prendrien tota alegria
205 si es pensessin que no puc,
dient: "Ha estat somni d'un ruc!"
Al poc remunta més pujada
i quasi té una ensopegada.
La noia xiscla amb desesper:
210 "Beu un xic, que el perill és ver!"
Ell no la sent i no vol creure
d'ella l'angoixa no sap veure.
I arriba al cim massa cansat;
la deixa i cau, ja no és llevat
215 i el cor del pit ja no batega.
I ella que el veu i el front li frega,
pensant que es tracta d'un desmai,
de genolls cerca, amb gran esglai,
el filtre perquè en begui un glop;
220 veu que no parla i que és tot xop,

li reis a sa fille menee.
N'ot drap vestu fors la chemise.
Entre ses braz l'aveit cil prise.
La fiolete od tut sun beivre
(bien set qu'el nel volt pas deceivre)
en sa mein a porter li baille ;
mes jo criem que poi ne li vaille,
kar n'ot en lui point de mesure.
Od li s'en vait grant aleüre ;
le munt munta des i qu'en mi.
Pur la joie qu'il ot de li,
de sun beivre ne li membra ;
ele senti qu'il alassa.
'Amis', fet ele, 'kar bevez !
Jeo sai bien que vus alassez.
Si recuvrez vostre vertu ! '
Li damisels a respundu :
'Bele, jo sent tut fort mun quer !
Ne m'arestereie a nul fuer
si lungement que jeo beüsse,
pur quei treis pas aler peüsse.
Ceste genz nus escriëreient,
de lur noise m'esturdireient ;
tost me purreient desturber.
Jo ne vueil pas ci arester.'
Quant les dous parz fu muntez sus,
pur un petit qu'il ne chiet jus.
[Bl. 161a] Sovent li prie la meschine :
'Amis, bevez vostre mescine ! '
Ja ne la volt oïr ne creire,
A grant anguisse od tut li eire.
Sur le munt vint, tant se greva,
iluec cheï, puis ne leva :
li quers del ventre s'en parti.
La pucele vit sun ami,
quida qu'il fust en pasmeisuns.
Lez lui se met en genuilluns,
Sun beivre li voleit doner ;
mes il ne pout a li parler.

i entengué que era mort. I us dic
que cridà i plorà més que un dic
i que llençà el cul del beuratge,
i el pot va fer el mateix viatge.

225 Aquell cim en quedà regat,
tot l'entorn en quedà amarat;
fins molt país i la contrada
d'herbei moll n'hi ha a cada prada,
puix del filtre en tacà l'arrel.
230 I ara amb la noia en diré el zel;
després de perdre amic tan noble
emmalaltí, ben lluny del poble
i arran d'ell tota s'estirà,
s'hi abraçà i prengué la mà;
235 li feia petons a la boca
i com el dol al cor s'ajoca
així morí la joveneta:
d'amor, no fou cap gavineta!
El rei i els que esperaven, tots
240 van pujar al cim, fins veure els brots
i els van trobar junts, abraçant-se,
i el rei llanguí en concordança;
quan va tornar a parlar, al seu dol
forasters tingué a l'envolt.
245 Tres jorns els van tenir a terra,
després, tomba amb marbre de serra.
Els dos infants colgats no més enllà,
pel ferm designi sobirà,
van ser deixats a la muntanya;
250 i van marxar, després de plànyer
la fatal gesta dels infants;
ara es diu el Cim dels Amants.
Jo ho vaig sentir, no sens esglai,
perquè els Bretons en van fer un Lai.

Issi murut cum jeo vus di.
Ele le pleint a mult halt cri.
Puis a geté e espandu
le vessel u li beivre fu.

Li munz en fu bien arusez ;
mult en a esté amendez
tuz li païs e la cuntree :
meinte bone herbe i unt trovee,
ki del beivre aveient racine.
Or vus dirai de la meschine !
Puis que sun ami ot perdu,
unkes si dolente ne fu.
De lez lui se culche e estent,
entre ses braz l'estreint e prent,
suvent li baise e uiz e buche.
Li duels de lui al quer la tuche.
Ilec murut la dameisele,
ki tant ert pruz e sage e bele.
Li reis e cil kis atendeient,
quant unt veü qu'il ne veneient,
vunt aprés els, sis unt trovez.
Li reis chiet a terre pasmez ;
quant pot parler, grant duel demeine ;
issi firent la genz foreine.
Treis jurs les unt tenuz sur terre.
Sarcu de marbre firent querre.
les dous enfanz unt mis dedenz.
Par le cunseil de celes genz
desur le munt les enfuïrent,
e puis a tant se departirent.
Pur l'aventure des enfanz
a nun li munz des Dous Amanz.
Issi avint cum dit vus ai ;
li Bretun en firent un lai.

VII - IONEC

Amb els Lais sense coses vanes,
seguiré el treball amb més ganes;
i el plec d'aventures que en sé
de forma plaent rimaré,
5 per mostrar com Ionec l'afable
complí un seu destí inexorable.

Abans com sa mare el tingué,
rebent el seu pare primer.
Engendrà Ionec una dama
10 de nom Mulmarec; i es proclama,
quan visqué a Bretanya un senyor,
ric home, xaruc, o pitjor;
de Ca'ls Corwent, noble família,
potent, fets en recent vigília;
15 a la riba del Duelàs
tenia el casal i solaç;
mes de vell, marcat el visatge,
per tal de seguir l'heretatge
prengué dona per haver fills;
20 i perquè fossin grans pubills
en trià una de gran noblesa,
a més bella, llesta i cortesa;
i ella un cop al ric es lliurà
provà d'estimar-lo ençà.
25 I què? D'això en puc dir més cosa?
Tal com ella, no hi hagué esposa
de Lincoln a Irlanda, segur
que hagués rebut tracte més dur
N'obtingué, per gentil i bella,
30 tant zel que, amb una sentinella
la tancà en una torre estant:

VII. **Yonec.**

Puis que des lais ai comencié,
ja n'iert pur nul travail laissié ;
les aventures que jeo sai,
tut par rime les cunterai.
En pensé ai e en talant
que d'Yonec vus die avant

dunt il fu nez, e de sun pere
cum il vint primes a sa mere.
Cil ki engendra Yonec
aveit a nun Muldumarec.
 En Bretaigne maneit jadis
uns riches huem, vielz e antis.
De Caruënt fu avuëz
e del païs sire clamez.
La citez siet sur Duëlas ;
jadis i ot de nes trespas.
Mult fu trespassez en eage.
Pur ceo qu'il ot bon heritage,
femme prist pur enfanz aveir,
ki aprés lui fussent si heir.
De halte gent fu la pucele,
sage e curteise e forment bele,
ki al riche hume fu donee ;
pur sa bealté l'a mult amee,
Purqu'en fereie autre parole ,
Ne n'ot sun per desc' à Incole;
Ne très-que Yllande de là,
Grant péchié fist qui li duna,
[Bl. 161c] Pur ceo que ele ert bele e gente,
en li guarder mist mult s'entente.
Dedenz sa tur l'a enserree

amb la seva germana gran,
una vídua, soltera i jaia;
i servint-les, a la talaia,
35 en allò que fos menester,
sols entraven dames de bé;
tenien prohibida conversa,
tret dir-ho la vella perversa.
Així la va tenir set anys,
40 aïllada de tothom i danys,
segons ell deia, amb moltes cures,,
i no van tenir criatures
i ella no sortí d'allí mai,
de vida igual mateix espai.
45 Quan aquell senyor ja dormia
ni uixer ni camarlenc volia
gosar anar a la cambra, sens ell,
o encendre ciri obrint pestell.
I així la dama en gran tristesa,
50 sense parents o amics, per presa
perdé l'atractiu amb el temps,
com la que no es té cura ensems.
Tan sols un desig la prenia
que arribés de la mort el dia.

55 I arribà ja l'abril entrant,
que els ocells fan d'acompanyant;
que el vell senyor es llevà ben d'hora
i anà a un bosc que era a la vora.
Abans la vella del llit treu
60 per tancar les portes rere seu;
la vella compleix i les colla
i ell surt a cavall amb la colla.
La germana amb salteri orant
resava i amb l'altre ull vigilant.
65 La dama jove, en despertar-se,
ben sola, amb el sol de comparsa,
va veure la vella sortir
i s'esperà un nou llarg matí.
Molt es planyia i sospirava,

en une grant chambre pavee.
Il ot une sue serur,
vieille ert e vedve, senz seignur ;
ensemble od la dame l'a mise
pur li tenir plus en justise.
Altres femmes i ot, ceo crei,
en une altre chambre par sei ;
mes ja la dame n'i parlast,
se la vieille nel comandast.
Issi la tint plus de set anz
(unques entre els n'oureut enfanz),
ne fors de cele tur n'eissi
ne pur parent ne pur ami.
Quant li sire s'alot culchier,
n'i ot chamberlenc ne huissier,
ki en la chambre osast entrer
ne devant lui cirge alumer.
Mult ert la dame en grant tristur.
Od lermes, od suspir e plur
sa belté pert en tel mesure
cume cele ki n'en a cure.
De sei meïsme mielz volsist
que morz hastive la presist.

Ceo fu el meis d'avril entrant,
quant cil oisel meinent lur chant.
Li sire fu matin levez ;
d'aler en bois s'est aturnez.
La vieille a faite lever sus
e aprés lui fermer les hus.
Cele a sun comandement fet.
En une altre chambre s'en vet ;
en sa main portot sun psaltier,
[Bl. 161d] u ele voleit verseillier.
La dame en plur e en esveil
choisi la clarté del soleil.
De la vieille est aparceüe
que de la chambre esteit eissue.
Mult se pleigneit e suspirot

70 que hauria dat per curta taba!
*"Ai, lassa –es deia- mal moment
néixer per tenir tal turment;
m'és presó una torre sens porta
d'on no en sortiré sinó morta.
75 De què té por aquest vell gelós,
que en fa presó d'un alt redós?
És ben foll de desconfiança,
veu traïments sense esperança
i no em deixa anar al monestir,
80 per l'ofici de déu sentir.
Si pogués parlar amb gent alguna
no li faria mala lluna,
encara que no em vingués bé,
puix em fóra bo el parauler.
85 Maleïda tinc parentela,
i amb qui comptava per tutela,
que em varen donar aquest gelós
i casar-m'hi aduladors.
A quina pena he estat lligada.
90 Si es morís d'una vegada!
En mala hora del seu bateig
l'haguessin negat al safareig!
Té nervis durs, dures les venes,
de sang podrida van plenes.
95 Des de petita he sentit dir,
en contalles de vell ahir,
que els éssers purs d'aquesta terra
aidaven la gent en desferra.
Dames en dol a cavallers
100 trobaven per fer-ne redreç.
Que ells estimaven les donzelles;
i eren bonics i dats a elles,
Talment que no deixaven pas
que ningú els causés mal pas,
105 no els veia ningú, tan sols elles.
Si això no són faules velles,
si això ha esdevingut a algú,
que a mi déu m'ho faci segur."*

e en plurant se dementot.'
'Lasse', fait ele, 'mar fui nee !
Mult est dure ma destinee !
En ceste tur sui en prisun,
ja n'en istrai se par mort nun.
Cist vielz gelus de quei se crient,
ki en si grant prisun me tient ?
Mult par est fols e esbaïz,
il crient estre tuz jurs traïz.
Jeo ne puis al mustier venir
ne le servise deu oïr.
Se jo peüsse a gent parler
e en deduit od lui aler,
jo li mustrasse bel semblant,
ja n'en eüsse jeo talant.
Maleeit seient mi parent
e li altre comunalment,
ki a cest gelus me donerent
e de sun cors me mariërent !
A forte corde trai e tir !
Il ne purra ja mes murir ;
quant il dut estre baptiziez,
si fu el flum d'enfern plungiez ;
dur sunt li nerf, dures les veines,
ki de vif sanc sunt tutes pleines.
Mult ai oï sovent cunter
que l'em suleit jadis trover
aventures en cest païs,
ki rachatouent les pensis.
[Bl. 162d] Chevalier trovoënt puceles
a lur talent, gentes e beles,
e dames truvoënt amanz
beals e curteis, pruz e vaillanz,
si que blasmees n'en esteient
ne nul fors eles nes veeient
Se ceo puet estre ne ceo fu,
se unc a nul est avenu,
deus, ki de tut a poësté,
il en face ma volenté !'

Finit el pensament eteri
110 veié entrar un gran ocell aeri,
per la finestra voleiant,
i es quedà astorada a l'instant.
Fent un vol aterrà a la cambra;
fermalls duia als peus, color d'ambre.
115 De mudes entre cinc i sis,
parat davant la dama al pis
s'estarrufà sense trava;
i així, mentre ella se'l mirava
es transformà en un cavaller;
120 la dama envermellí, de primer,
després s'estremí amb temença,
tapant-se la cara ben tensa.
Però el cavaller era cortès
i cortesament digué encès:
125 *"No heu pas de tenir por, senyora,
l'astor és au noble que honora
a qui l'acull, si em guardeu
com secret, us puc ser trofeu
i haureu un amic perdurable.
130 Per'xò sóc aquí. És notable
el temps que fa que us he estimat
i mai cap altra he desitjat
sinó vós. Ni cap m'enamora,
ni altra he tingut a la vora.
135 Fa temps que volia venir,
que vós em cridéssiu d'aquí.
Si ho haguéssiu fet de fa dies
ja us hagués dat mil energies."*
Llavors la dona es va calmar
140 es destapà el rostre ben clar
i amb el cavaller hagué conversa
que el farà amant sense perversa
intenció, si creu en déu;
sols tindrà el seu amor si creu.
145 També li reconeix bellesa,
millor no n'ha vist mai compresa
i tan bon veure en un cavaller;

Quant ele ot fait sa pleinte issi,
l'umbre d'un grant oisel choisi
par mi une estreite fenestre.
Ele ne set que ceo puet estre.
En la chambre volant entra.
Giez ot es piez, ostur sembla ;
de cinc mues fu u de sis.
Il s'est devant la dame asis.
Quant il i ot un poi esté
e ele l'ot bien esguardé,
chevaliers bels e genz devint.
La dame a merveille le tint ;
li sans li remue e fremi,
grant poür ot, sun chief covri.
Mult fu curteis li chevaliers,
il l'en araisuna primiers.
'Dame', fet il, 'n'aiez poür,
gentil oisel a en ostur,
se li segrei vus sunt oscur,
Guardez que seiez a seür,
si faites de mei vostre ami !
Pur ceo', fet il, 'vinc jeo ici.
Jeo vus ai lungement amee
e en mun quer mult desiree ;
unkes femme fors vus n'amai
[Bl. 162b] ne ja mes altre n'amerai.
Mes ne poeie a vus venir
ne fors de mun païs eissir,
se vus ne m'eüssiez requis.
Or puis bien estre vostre amis ! '
La dame se raseüra ;
sun chief descovri, si parla.
Le chevalier a respundu
e dit qu'ele en fera sun dru,
s'en deu creïst e issi fust
que lur amurs estre peüst.
Kar mult esteit de grant bealté ;
unkes nul jur de sen eé
si bel chevalier n'esguarda

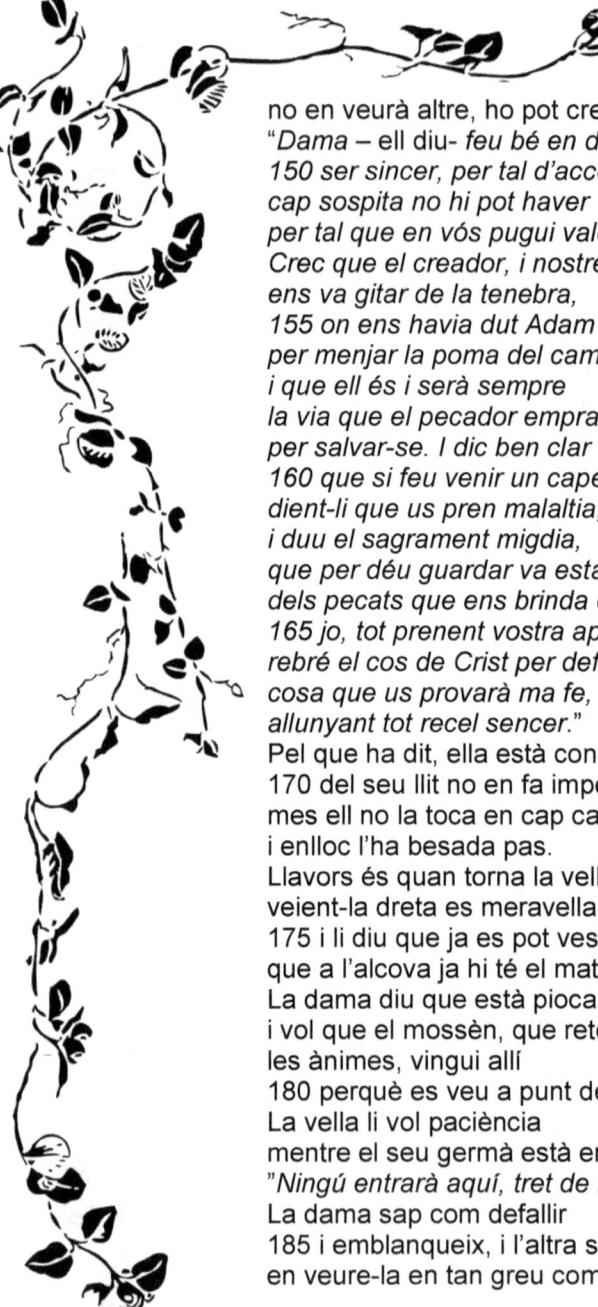

no en veurà altre, ho pot creure bé.
"Dama – ell diu- feu bé en demanar-me
150 ser sincer, per tal d'acceptar-me;
cap sospita no hi pot haver
per tal que en vós pugui valer.
Crec que el creador, i nostre orfebre,
ens va gitar de la tenebra,
155 on ens havia dut Adam
per menjar la poma del camp,
i que ell és i serà sempre
la via que el pecador empra
per salvar-se. I dic ben clar
160 que si feu venir un capellà,
dient-li que us pren malaltia,
i duu el sagrament migdia,
que per déu guardar va establir,
dels pecats que ens brinda el camí,
165 jo, tot prenent vostra aparença,
rebré el cos de Crist per defensa,
cosa que us provarà ma fe,
allunyant tot recel sencer."
Pel que ha dit, ella està contenta,
170 del seu llit no en fa impedimenta;
mes ell no la toca en cap cas,
i enlloc l'ha besada pas.
Llavors és quan torna la vella,
veient-la dreta es meravella,
175 i li diu que ja es pot vestir,
que a l'alcova ja hi té el matí!
La dama diu que està pioca
i vol que el mossèn, que retoca
les ànimes, vingui allí
180 perquè es veu a punt de morir.
La vella li vol paciència
mentre el seu germà està en absència.
"Ningú entrarà aquí, tret de mi"
La dama sap com defallir
185 i emblanqueix, i l'altra s'espanta,
en veure-la en tan greu complanta,

ne ja mes si bel ne verra.
'Dame', fet il, 'vus dites bien !
Ne voldreie pur nule rien
que de mei i ait achaisun,
mescreance ne suspesçun.
Jeo crei mult bien al creatur,
ki nus geta de la tristur
u Adam nus mist, nostre pere,
par le mors de la pume amere ;
il est e iert e fu tuz jurs
vie e lumiere as pecheürs.
Se vus de ceo ne me creez,
vostre chapelain demandez !
Dites que mals vus a suzprise,
si volez aveir le servise
que deus a el mund establi,
dunt li pecheür sunt guari.
La semblance de vus prendrai :
le cors dame deu recevrai,
ma creance vus dirai tute.
Ja ne serez de ceo en dute !'
[Bl. 162c] El li respunt que bien a dit.
De lez li s'est culchiez el lit ;
mes il ne volt a li tuchier
ne d'acoler ne de baisier.
A tant la vieille est repairiee.
La dame trova esveilliee,
dist li que tens est de lever,
ses dras li voleit aporter.
La dame dist qu'ele est malade ;
del chapelain se prenge guarde,
Sil face tost a li venir,
kar grant poür a de murir.
La vieille dist : 'Or suferrez !
Mis sire en est el bois alez ;
nuls n'enterra ça enz fors mei.'
Mult fu la dame en grant esfrei ;
semblant fist qu'ele se pasma.
Cele le vit, mult s'esmaia.

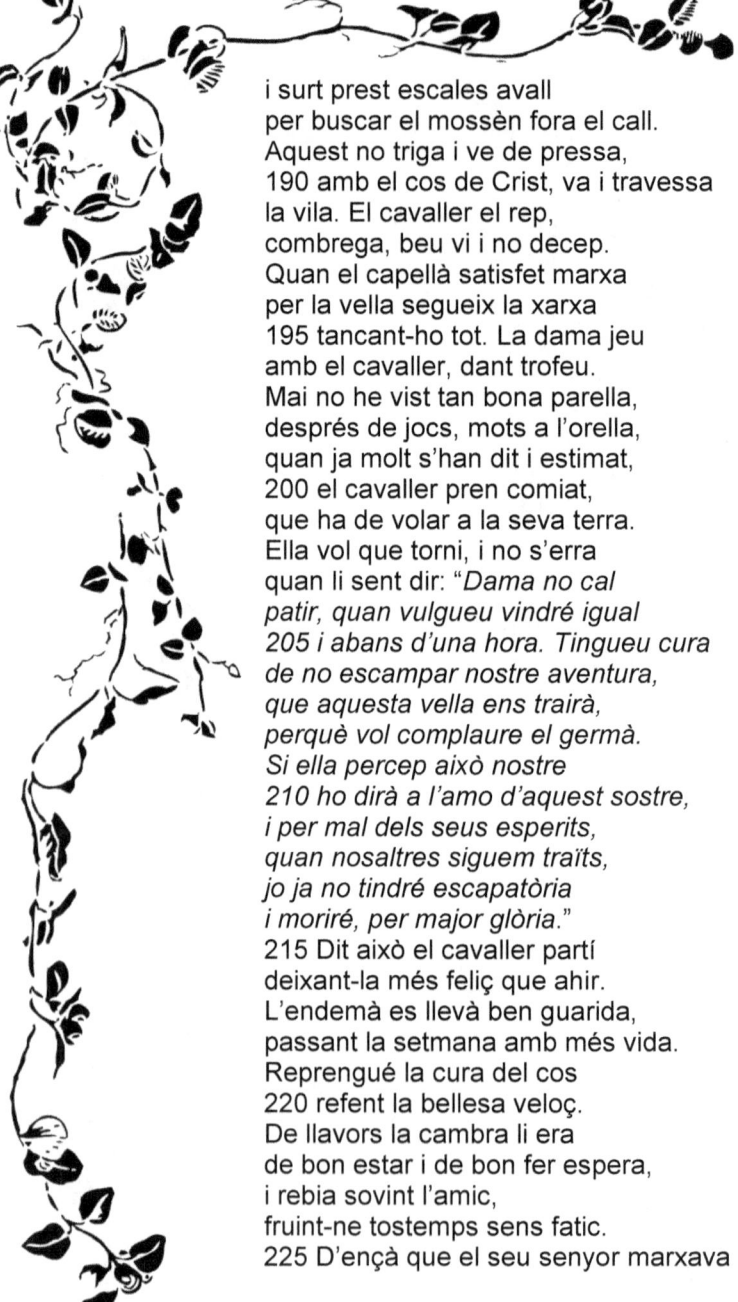

i surt prest escales avall
per buscar el mossèn fora el call.
Aquest no triga i ve de pressa,
190 amb el cos de Crist, va i travessa
la vila. El cavaller el rep,
combrega, beu vi i no decep.
Quan el capellà satisfet marxa
per la vella segueix la xarxa
195 tancant-ho tot. La dama jeu
amb el cavaller, dant trofeu.
Mai no he vist tan bona parella,
després de jocs, mots a l'orella,
quan ja molt s'han dit i estimat,
200 el cavaller pren comiat,
que ha de volar a la seva terra.
Ella vol que torni, i no s'erra
quan li sent dir: "*Dama no cal
patir, quan vulgueu vindré igual
205 i abans d'una hora. Tingueu cura
de no escampar nostre aventura,
que aquesta vella ens trairà,
perquè vol complaure el germà.
Si ella percep això nostre
210 ho dirà a l'amo d'aquest sostre,
i per mal dels seus esperits,
quan nosaltres siguem traïts,
jo ja no tindré escapatòria
i moriré, per major glòria.*"
215 Dit això el cavaller partí
deixant-la més feliç que ahir.
L'endemà es llevà ben guarida,
passant la setmana amb més vida.
Reprengué la cura del cos
220 refent la bellesa veloç.
De llavors la cambra li era
de bon estar i de bon fer espera,
i rebia sovint l'amic,
fruint-ne tostemps sens fatic.
225 D'ençà que el seu senyor marxava

L'us de la chambre a desfermé,
si a le prestre demandé ;
e cil i vint cum plus tost pot,
corpus domini aportot.
Li chevaliers l'a receü,
le vin del chalice a beü.
Li chapeleins s'en est alez,
e la vieille a les us fermez.
La dame gist lez sun ami :
unkes si bel cuple ne vi.
Quant unt asez ris e jué
e de lur priveté parlé,
li chevaliers a cungié pris ;
raler s'en vuelt en sun païs.
Ele le prie dulcement
quo il la reveie sovent.
'Dame', fet il, 'quant vus plaira,
[Bl. 162d] ja l'ure ne trespassera.
Mes tel mesure en esguardez,
que nus ne seium encumbrez.
Ceste vieille nus traïra
e nuit e jur nus guaitera.
Ele parcevra nostre amur,
sil cuntera a sun seignur.
S'issi avient cum jeo vus di
e nus sumes issi traï,
ne m'en puis mie departir
que mei n'en estuece murir.'
Li chevaliers a tant s'en vait ;
a grant joie s'amie lait.
El demain lieve tute seine ;
mult fu haitiee la semeine.
Sun cors teneit en grant chierté :
tute recuevre sa bealté.
Or li plest plus a surjurner
qu'en nul altre deduit aler.
Sun ami vuelt suvent veeir
e sa joie de lui aveir ;
des que sis sire s'en depart,

el tenia a prop i sens trava.
Sigui dia, tard o matí,
déu faci que el pugui tenir!
De la gran joia que tenia,
230 de veure l'amant cada dia,
tot el seu rostre s'endolcí
i el seu home, en veure-la així,
amb un posat més amigable,
quan feia poc era intractable,
235 de la germana sospità
i fortament l'escridassà.
Veia estrany que la noia sola
volgués lluir cabell i estola
i per la germana en pretén
240 posar llum; la vella fuent
respon que res sap i que ho ignora,
puix ningú ha estat a la vora,
ni parent o amic, sols ha vist,
com ell, que és feliç d'imprevist,
245 i estant sola, cosa palesa.
I el vell senyor fa amb cara encesa:
"Sí. A fe meva us crec ben bé,
mes feu això que us manaré:
Pel matí, quan marxi de casa
250 i ho tanqueu tot, des d'una rasa
per amagatall, vós torneu
per mirar què passa a aquest feu,
i així esbrinarem, tal volta,
què duu a aquesta poca-solta
255 la joia que l'ha transformat,
traient-ne d'això l'entrellat."
I es van migpartir a l'espera.
Que és fàcil, si es té manera,
parar un parany a qui es vol
260 trair i espiar amb un envolt!

Tres dies després, sé que es conta,
ell fingeix que una marxa afronta,
lluny d'allí, i a la dona ho diu,

e nuit e jur e tost e tart
ele l'a tut a sun plaisir.
Or l'en duinst deus lunges joïr !
Pur la grant joie u ele fu,
que sovent puet veeir sun dru,
esteit tuz sis semblanz changiez.
Sis sire esteit mult veziëz ;
en sun curage s'aparceit
qu'altrement ert qu'il ne suleit,
Mescreance a vers sa serur.
Il la met a raisun un jur
e dit que mult a grant merveille
que la dame si s'apareille ;
[Bl. 163a] demanda li que ceo deveit.
La vieille dist qu'el ne saveit
(kar nuls ne pot parler a li
ne ele n'ot dru ne ami)
fors tant que sule remaneit
plus volentiers qu'el ne suleit ;
de ceo s'esteit aparceüe.
Dunc l'a li sire respundue.
'Par fei', fet il, 'ceo quit jeo bien.
Or vus estuet faire une rien !
Al matin quant jeo ierc levez
e vus avrez les hus fermez,
faites semblant de fors eissir,
si la laissiez sule gisir,
En un segrei liu vus estez
e si veez e esguardez,
que ceo puet estre e dunt ceo vient
ki en si grant joie la tient.'
De cel cunseil sunt departi.
A las ! cum ierent mal bailli
cil que l'um vuelt si aguaitier
pur els traïr e engignier !

Tierz jur aprés, ceo oi cunter,
fet li sire semblant d'errer.
A sa femme a dit e cunté

i a més que llur rei li ho prescriu.
Al·legant una llarga absència
265 deixà la cambra amb evidència.
La vella féu com si sortís
i s'amagà rere un tapís.
D'allà en podrà sentir bé i veure
270 tot allò que li cal extreure.
La dama jeu, no dorm ni un xic
perquè frisa pel seu amic
el qual arriba sens demora
ni un minut més, d'ençà d'una hora.
275 Junts en gran manera han fruït,
i tot rient, molts mots s'han dit;
tants com moment és de llevar-se,
car ell ha de marxar i no és farsa.
La vella amb silent actitud
280 l'ha vist marxar com ha vingut.
D'aquell noi la més gran temença,
ha estat fent-se astor d'aparença.
Tant bon punt torna el seu germà
que explica allò que ha vist allà
285 sense deixar-ne res per banda,
i del cavaller fil per randa.
El vell pensa, per sobre danys,
com elaborar mil paranys,
per matar el cavaller de pressa.
290 Punxes de ferro que travessa
va fer forjar d'esmolat tall,
que punxen i fan d'enforcall.
I així que les té ben forjades
les mana posar a les entrades
295 com a les finestres i ampits,
fiblons que esperen ben polits
el pas del cavaller en volada,
a veure la dama d'entrada.
Déu, res sap de traïció,
300 que té preparada el felló!
Aquest, llevat de matinada,
diu anar a caçar, per més dada,

que li reis l'a par brief mandé,
mes hastivement revendra.
De la chambre ist e l'us ferma.
Dunc s'esteit la vieille levee,
triers une cortine est alee ;
bien purra oïr e veeir
ceo qu'ele cuveite a saveir.
La dame jut, pas ne dormi,
kar mult desire sun ami.
Venuz i est, pas ne demure,
[Bl. 163b] ne trespasse terme ne hure.
Ensemble funt joie mult grant
e par parole e par semblant,
des i que tens fu de lever,
kar dunc l'en estuveit aler.
Cele le vit, si l'esguarda,
coment il vint e il ala.
De ceo ot ele grant poür
qu'ume le vit e puis ostur,
Quant li sire fu repairiez,
ki n'esteit guaires esluigniez,
cele li a dit e mustré
del chevalier la verité,
e il en est forment pensis.
Des engins faire fu hastis
a ocire le chevalier.
Broches de fer fist granz furgier
e acerer les chiés devant :
suz ciel n'a rasur plus trenchant.
Quant il les ot apareilliees
e de tutes parz enfurchiees,
sur la fenestre les a mises,
bien serrees e bien asises,
par unt li chevaliers passot,
quant a la dame repairot.
Deus, qu'il ne set la traïsun
que apareillent li felun !
El demain a la matinee
li sire lieve a l'ajurnee

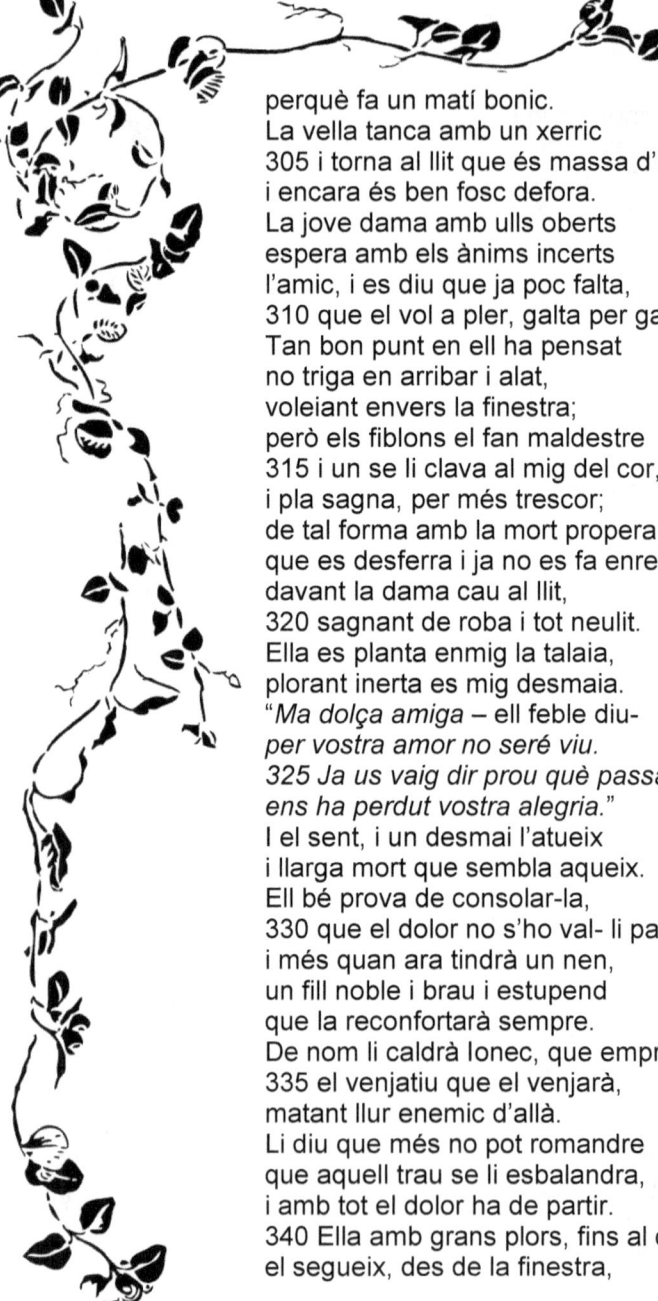

perquè fa un matí bonic.
La vella tanca amb un xerric
305 i torna al llit que és massa d'hora
i encara és ben fosc defora.
La jove dama amb ulls oberts
espera amb els ànims incerts
l'amic, i es diu que ja poc falta,
310 que el vol a pler, galta per galta.
Tan bon punt en ell ha pensat
no triga en arribar i alat,
voleiant envers la finestra;
però els fiblons el fan maldestre
315 i un se li clava al mig del cor,
i pla sagna, per més trescor;
de tal forma amb la mort propera,
que es desferra i ja no es fa enrere;
davant la dama cau al llit,
320 sagnant de roba i tot neulit.
Ella es planta enmig la talaia,
plorant inerta es mig desmaia.
"*Ma dolça amiga* – ell feble diu–
per vostra amor no seré viu.
325 Ja us vaig dir prou què passaria;
ens ha perdut vostra alegria."
I el sent, i un desmai l'atueix
i llarga mort que sembla aqueix.
Ell bé prova de consolar-la,
330 que el dolor no s'ho val– li parla–
i més quan ara tindrà un nen,
un fill noble i brau i estupend
que la reconfortarà sempre.
De nom li caldrà Ionec, que empra
335 el venjatiu que el venjarà,
matant llur enemic d'allà.
Li diu que més no pot romandre
que aquell trau se li esbalandra,
i amb tot el dolor ha de partir.
340 Ella amb grans plors, fins al confí,
el segueix, des de la finestra,

e dit qu'il vuelt aler chacier.
La vieille le vait cunveier ;
puis se reculche pur dormir,
kar ne poeit le jur choisir.
La dame veille, si atent
celui qu'ele eime leialment,
[Bl. 163c] e dit qu'or purreit bien venir
e estre od li tut a leisir.
Si tost cum el l'ot demandé,
n'i a puis guaires demuré.
En la fenestre vint volant ;
mes les broches furent devant.
L'une le fiert par mi le cors,
li sans vermeilz en sailli fors.
Quant il se sent a mort nafrez,
desferre sei, enz est entrez.
Devant la dame el lit descent,
que tuit li drap furent sanglent.
Ele veit le sanc e la plaie,
mult anguissusement s'esmaie.
Il li a dit : 'Ma dulce amie,
pur vostre amur pert jeo la vie !
Bien le vus dis qu'en avendreit,
vostre semblanz nus ocireit'
Quant el l'oï, dunc chiet pasmee ;
tute fu morte une loëe.
Il la cunforte dulcement
e dit que duels n'i valt nïent.
De lui est enceinte d'enfant,
un fiz avra pruz e vaillant.
Icil la recunfortera ;
Yonec numer le fera.
Il vengera e lui e li,
il oscira sun enemi.
Il n'i puet dunc demurer mes,
kar sa plaie seignot adés.
A grant dolur s'en est partiz,
Ele le siut a mult halz criz.
Par une fenestre s'en ist ;

des d'on cau, de cop, per maldestre;
i no en morí, essent vint peus
l'alçada; amb sort, diuen les veus.
345 Quedà nua, sols amb camisa;
seguint la sang com a balisa
dels regantells del cavaller,
deixats pel camí en vaivé.
Seguí un sender vers la carena
350 i allà en un cau on la mullena
de sang es concentrava en tolls,
va entrar, seguint tots els grumolls;
de fosc no veia res i anava
rere el rastre, amb la passa brava,
355 de l'amic que havia deixat
ferit, plena d'ansietat.
A dins, sense claror i tot recte,
esperant el camí correcte,
a les palpentes i endavant
360 fins que surt a un prat esclatant,
i també amb sang l'herba tacada,
cosa que molt l'ha trasbalsada.
I amb tot aquest rastre segueix
fins que una ciutat apareix
365 al seu davant emmurallada;
cap casa o torre allí alçada
era gens mancada d'argent
o de riquesa resplendent.
Un pantà al raval perllongava
370 i un bosc i una devesa brava;
a la torrassa en feia joc,
un riu ample, evitant-ne el toc,
per on corrien naus lleugeres;
tres-centes en comptà de veres.
375 Porta oberta i pont abaixat
la van fer entrar amb el pas pausat,
i tot seguint més sang novella
del born passà al castell, i és que ella
ningú no trobà amb qui parlar,
380 ni home ni dona trobà.

c'est merveille qu'el ne s'ocist,
kar bien aveit vint piez de halt
[Bl. 163d] iloec u ele prist le salt
Ele esteit nue en sa chemise.
A la trace del sanc s'est mise,
ki del chevalier decureit
sur le chemin u ele esteit.
Icel sentier erra e tint,
des i qu'a une hoge vint.
En cele hoge ot une entree,
de cel sanc fu tute arusee ;
ne pot nïent avant veeir.
Dunc quidot ele bien saveir
que sis amis entrez i seit.
Dedenz se met a grant espleit.
El n'i trova nule clarté.
Tant a le dreit chemin erré,
que fors de la hoge est eissue
e en un mult bel pre venue.
Del sanc trova l'erbe moilliee,
dunc s'est ele mult esmaiee.
La trace en siut par mi le pre.
Asez pres vit une cité.
De mur fu close tut en tur.
N'i ot maisun, sale ne tur
ki ne parust tute d'argent.
Mult sunt riche li mandement.
Devers le burc sunt li mareis
e les forez e li defeis.
De l'altre part vers le dunjun
curt une ewe tut envirun ;
iloec arivoënt les nes,
plus i aveit de treis cenz tres.
La porte a val fu desfermee ;
la dame est en la vile entree
tuz jurs aprés le sanc novel
par mi le burc desqu'al chastel.
Unkes nuls a li ne parla,
n'ume ne femme n'i trova.

També a aquell palau veié el terra
xop del regantell que no erra;
la portà a una cambra la sang
amb un cavaller en un llit blanc,
385 sens conèixe'l passà a altra cambra,
més gran, i en un llit potes d'ambre,
hi va veure un nou cavaller
jaient, la depassà també,
i ja entrant en una tercera
390 el seu amic allí sí hi era;
segons reflexos fets al mur
veia el llit i el capçal d'or pur
no us sé dir el preu de la roba...
canelobres de cera tova,
395 de dia i nit hi feien llum,
son preu, una vila el consum.
Tot fou u, tant bon punt s'adona
de l'amic, se li abraona
i arran d'espona defalleix,
400 caient tota damunt d'aqueix;
ell, amb espasme greu, l'abraça
lamentant-se d'allò que els passa;
però l'anima en llur dissort
amb mots dictats amb bleix ben fort:
405 *"Per déu, si et plau, bella amiga,*
marxa d'aquí, fuig sens fatiga.
M'he de morir avui mateix
aquí hi haurà dol amb escreix
i si us hi troben, tal vegada,
410 us en titllaran d'acusada
puix diran haver-me perdut
i que amb l'amor m'heu corromput;
i no hi seré per com caldria
defensar-vos." "Amic, voldria
415 morir-me amb vós abans patir
amb el meu home un sol matí,
perquè em matarà." – respon ella.
Ell la calma amb força novella
i el cavaller, que es treu l'anell,

[Bl. 164a] El palais vient al paviment,
de sanc le trueve tut sanglent.
En une bele chambre entra ;
un chevalier dormant trova.
Nel cunut pas, si vet avant
en une altre chambre plus grant.
Un lit i trueve e nïent plus,
un chevalier dormant desus ;
ele s'en est ultre passee.
En la tierce chambre est entree ;
le lit sun ami a trové.
Li pecol sunt d'or esmeré ;
ne sai mie les dras preisier ;
li cirgë e li chandelier,
ki nuit e jur sunt alumé,
valent tut l'or d'une cité.
Si tost cum ele l'a veü,
le chevalier a cuneü.
Avant ala tute esfreee ;
par desus lui cheï pasmee.
Cil la receit ki forment l'aime,
maleürus sovent se claime.
Quant del pasmer fu respassee,
il l'a dulcement cunfortee.
'Bele amie, pur deu vus pri,
alez vus en ! Fuiez de ci !
Sempres murrai en mi le jur ;
ça enz avra si grant dolur,
se vus i esteiez trovee,
mult en seriëz turmentee ;
bien iert entre ma gent seü
qu'il m'unt pur vostre amur perdu.
Pur vus sui dolenz e pensis ! '
La dame li a dit : 'Amis,
mielz vueil ensemble od vus murir
[Bl. 164b] qu'od mun seignur peine sufrir !
S'a lui revois, il m'ocira.'
Li chevaliers l'aseüra.
Un anelet li a baillié,

420 posant-li al dit diu que el vell,
mentre ella el durà, en cap manera
no recordarà res enrere
de llur amor, ni li darà
maltractes ni regany malsà.
425 Li lliura i comanda l'espasa,
fent-li lliurament, sempre en base
que no la toqui home mai,
servant-la pel seu fill que rai,
quan haurà crescut, i ja home,
430 fet cavaller i gran gentilhome,
el durà a unes festivitats,
junt amb el seu home plegats;
celebrades en una abadia,
tots tres, en una tomba al migdia
435 ella els revelarà sa mort
i descobrirà llur dissort.
Serà el moment de dar l'espasa
a llur fill, i explicar de base
els fets de com fou engendrat,
440 i allí es desfarà l'entrellat.
Un cop cada cosa exposada
li fa posar-se ben cordada
una lliurea de vestir,
fent-la marxar i seguir camí.
445 Ella obeeix i amb l'anell marxa
i amb l'espasa penjada en xarxa
surt finalment de la ciutat;
ni mitja llegua s'ha allunyat
quan sent tanys de dol de campana,
450 i enrenou, que al castell s'esplana,
pregonant la mort de l'amic;
de la pena que n'obté, un xic
es mig desmaia quatre voltes,
i es refà amb tres bocades soltes
455 i ja en ser al cau d'on ha vingut
aquell brogit queda perdut;
a dins, marxant llarga durada,
arribà a frec de la contrada

si li a dit e enseignié,
ja, tant cum el le guardera,
a sun seignur n'en memberra
de nule rien ki faite seit,
ne ne l'en tendra en destreit.
S'espee li cumande e rent ;
puis la cunjure e li defent
que ja nuls huem n'en seit saisiz,
mes bien la guart a oés sun fiz.
Quant il sera creüz e granz
e chevaliers pruz e vaillanz,
a une feste u ele irra
sun seignur e lui amerra.
En une abeïe vendrunt ;
par une tumbe qu'il verrunt
orrunt renoveler sa mort
e cum il fu ocis a tort.
Iluec li baillera l'espee.
L'aventure li seit cuntee
cum il fu nez, ki l'engendra ;
asez verrunt qu'il en fera.
Quant tut li a dit e mustré,
un chier blialt li a doné ;
si li cumanda a vestir.
Puis l'a faite de lui partir.
Ele s'en vet : l'anel en porte
e l'espee ki la cunforte,
A l'eissue de la cité
n'ot pas demie liwe alé,
quant ele oï les seins suner
e le doel el chastel lever
pur lur seignur ki se moreit.
Ele set bien que morz esteit ;
[Bl. 164c] de la dolur que ele en a
quatre fïees se pasma.
E quant de pasmeisuns revint
vers la hoge sa veie tint.
Dedenz entra, ultre est passee,
si s'en revait en sa cuntree.

del seu país, i es trobà l'home,
460 que mudà el tracte a gentilhome,
i sempre més la respectà;
sens preguntes ni tracte insà.
Amb temps nasqué el fill de demble
noble i fort que al pare se sembla,
465 i li posà Ionec de nom.
En tot el regne i per tothom
algú tant noble i bell no havia,
per'xò, abans de l'edat que es tria,
va ser adobat com cavaller.
470 Just en aquell moment també,
escolteu què us diré, va ocórrer,
s'anuncià, fins a la torre
la festa major d'Aaron,
que hom celebrava a Karlion,
475 a més d'altres ciutats veïnes.
El vell hi fou cridat per fines
amistats, seguint vells costums;
i féu preparatius comuns
per anar-hi amb fill i dona,
480 i ufans per ell, de bona trona.
Així que es van posar en camí,
ignorant trets del seu destí.
Un viu vailet els féu de guia
que el ramal més curt seguia,
485 fins que van arribar a un castell;
al món no n'hi ha cap tan bell,
que a dins tenia una abadia
de gent devota amb vigoria;
el xicot els albergà atent
490 joiós de dur-los amb tal gent;
l'abat cedeix la seva cambra
i sopen en plats negres d'ambre.
L'endemà, amb l'ofici sentit,
volen tornar al camí susdit,
495 però l'abat vol fer conversa
sentint, dient i viceversa;
i els ensenya el claustre, el rebost,

Ensemblement od sun seignur
demura meint di e meint jur,
ki de cel fet ne la reta
ne ne mesdist ne ne gaba.
Sis fiz fu nez e bien nurriz
e bien guardez e bien cheriz.
Yonec le firent numer.
El regne ne pot um trover
si bel, si pru ne si vaillant,
si large ne si despendant.
Quant il fu venuz en eé,
a chevalier l'unt adubé.
En l'an meïsmes que ceo fu,
oëz cument est avenu !
 A la feste seint Aaron,
qu'on celebrot a Karlion
e en plusurs altres citez,
li sire aveit esté mandez,
qu'il i alast od ses amis
a la custume del païs ;
sa femme e sun fiz i menast
e richement s'apareillast.
Issi avint, alé i sunt.
Mes il ne sevent u il vunt ;
ensemble od els ot un meschin,
kis a menez le dreit chemin,
tant qu'il vindrent a un chastel ;
en tut le siecle n'ot plus bel.
Une abeïe aveit dedenz
[Bl. 164d] de mult religiüses genz.
Li vaslez les i herberja,
ki a la feste les mena.
En la chambre ki fu l'abé
bien sunt servi e honuré.
El demain vunt la messe oïr ;
puis s'en voleient departir.
Li abes vet a els parler ;
mult les prie de surjurner,
si lur musterra sun dortur,

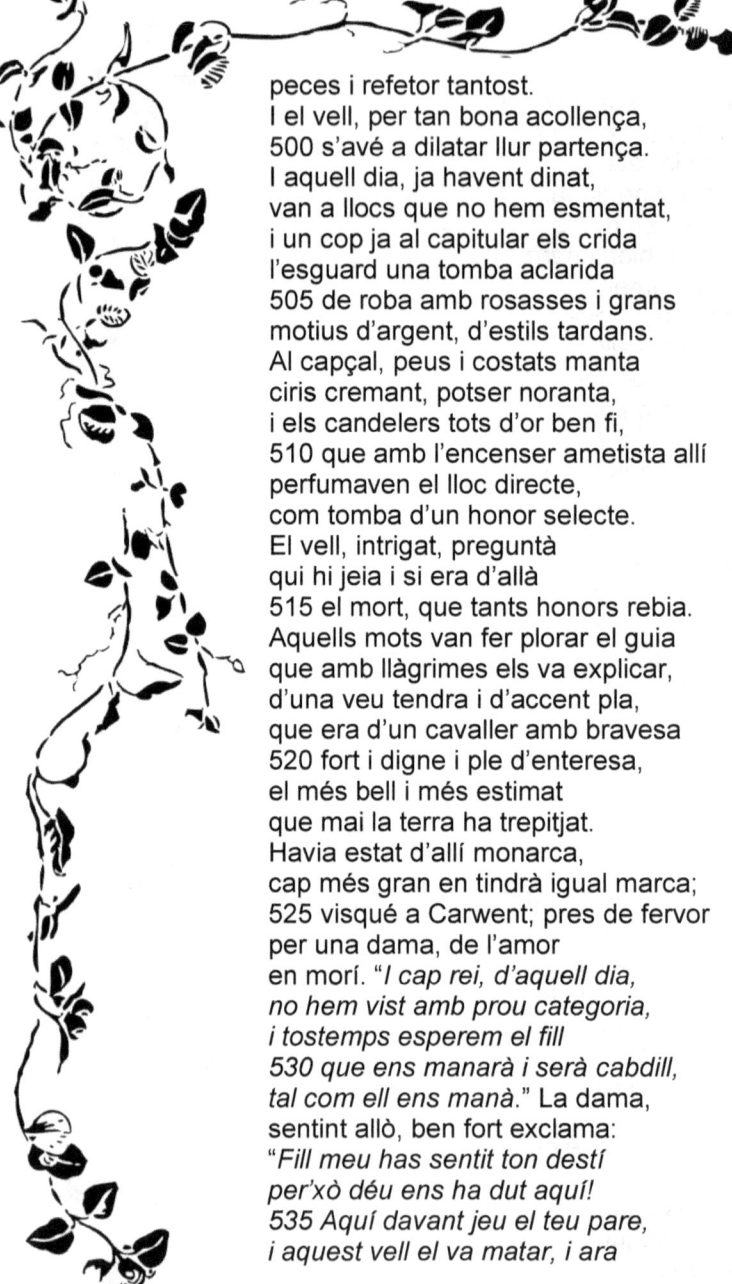

peces i refetor tantost.
I el vell, per tan bona acollença,
500 s'avé a dilatar llur partença.
I aquell dia, ja havent dinat,
van a llocs que no hem esmentat,
i un cop ja al capitular els crida
l'esguard una tomba aclarida
505 de roba amb rosasses i grans
motius d'argent, d'estils tardans.
Al capçal, peus i costats manta
ciris cremant, potser noranta,
i els candelers tots d'or ben fi,
510 que amb l'encenser ametista allí
perfumaven el lloc directe,
com tomba d'un honor selecte.
El vell, intrigat, preguntà
qui hi jeia i si era d'allà
515 el mort, que tants honors rebia.
Aquells mots van fer plorar el guia
que amb llàgrimes els va explicar,
d'una veu tendra i d'accent pla,
que era d'un cavaller amb bravesa
520 fort i digne i ple d'enteresa,
el més bell i més estimat
que mai la terra ha trepitjat.
Havia estat d'allí monarca,
cap més gran en tindrà igual marca;
525 visqué a Carwent; pres de fervor
per una dama, de l'amor
en morí. "I cap rei, d'aquell dia,
no hem vist amb prou categoria,
i tostemps esperem el fill
530 que ens manarà i serà cabdill,
tal com ell ens manà." La dama,
sentint allò, ben fort exclama:
"*Fill meu has sentit ton destí
per'xò déu ens ha dut aquí!
535 Aquí davant jeu el teu pare,
i aquest vell el va matar, i ara*

sun chapitre e sun refeitur ;
e cum il sunt bien herbergié,
li sire lur a otrié.
 Le jur quant il orent digné,
as officines sunt alé.
El chapitre vindrent avant.
Une tumbe troverent grant,
coverte d'un paile roé,
d'un chier or freis par mi bendé.
Al chief, as piez e as costez
aveit vint cirges alumez.
D'or fin erent li chandelier,
d'ametiste li encensier,
dunt il encensouent le jur
cele tumbe par grant honur.
Il unt demandé e enquis
a cels ki erent del païs
de la tumbe qui ele esteit,
e quels huem fu ki la giseit.
Cil comencierent a plurer
e en plurant a recunter,
que c'ert li mieldre chevaliers
e li plus forz e li plus fiers,
li plus beals e li plus amez
ki ja mes seit el siecle nez.
[Bl. 165a] 'De ceste terre ot esté reis ;
unques ne fu nuls si curteis.
A Caruënt fu entrepris,
pur l'amur d'une dame ocis.
Unques puis n'eümes seignur,
ainz avum atendu meint jur
un fiz qu'en la dame engendra,
si cum il dist e cumanda,'
Quant la dame oï la novele,
a halte voiz sun fiz apele.
'Beals fiz', fet ele, 'avez oï
cum deus nus a amenez ci !
C'est vostre pere ki ci gist,
que cist villarz a tort ocist.

*et puc lliurar l'espasa que ell
em donà per d'aquest flagell
venjar-nos."* Davant tots explica
540 com ell nasqué, per la bonica
gesta del seu pare anant alat,
i com el vell els traí irat;
així que hagué dit la contesa
d'ells dos, la dama caigué estesa,
545 morta al carner del cavaller,
deixant un silenci balder.
El seu fill en veure el desastre
escapçà el cap del seu padrastre,
amb l'espasa del pare mort,
550 com digué a la mare, en acord.
La nova prengué la comarca
i ell fou reconegut monarca;
prenent la dama del carner
la hi van colgar amb el cavaller,
555 aplegant l'amic amb l'amiga
déu beneeix allò que els lliga.
La gent va fer Ionec senyor
aprofitant l'ocasió;
i encara d'aquella aventura
560 en van fer un Lai sense pressura,
pensant que van tenir-se amor
la dama i el cavaller astor.

Or vus comant e rent s'espee ;
jeo l'ai asez lung tens guardee.'
Oianz tuz li a coneü
qu'il l'engendra e sis fiz fu,
cum il suleit venir a li,
e cum sis sire le traï ;
l'aventure li a cuntee.
Sur la tumbe cheï pasmee ;
en la pasmeisun devia :
unc puis a hume ne parla.
Quant sis fiz veit que morte fu,
sun parastre a le chief tolu.
De l'espee ki fu sun pere
a dunc vengié lui e sa mere.
Puis que si fu dunc avenu
e par la cité fu seü,
a grant honur la dame unt prise
e el sarcu posee e mise
Delez le cors de sun ami;
Deus lur face bone merci!
Lur seignur firent d'Yonec,
ainz que il partissent d'ilec.
Cil ki ceste aventure oïrent
[Bl. 165b] lunc tens aprés un lai en firent,
de la peine e de la dolur
que cil sufrirent pur amur.

VIII - ROSSINYOL

I ara una aventura com mai,
que els bretons en varen fer un Lai;
l'Aüstic, que per nom tenia
o així pel seu país corria,
5 fóra Rossinyol, en francès,
i Nightale en corrent anglès.

Hi hagué a Sant Maló contrada
una vila d'anomenada
on vivien dos cavallers,
10 de sengles casals fronterers;
per la bondat de llur solera
es mantenia la frontera.
L'un muller havia maridat
llesta, atenta i bella amb esclat,
15 que era per tots estimada
pels fets provats i sense errada.
L'altre doncs, era un jovenet
conegut al seu cercle estret
per imprudent i temerari,
20 màniga ample amb el seu erari
amant de tornejos, després
a qualsevol preu i interès,
que s'antullà de la veïna
i l'assetjà amb tal disciplina,
25 desplegant qualitats tan bé
que tot l'amor d'ella obtingué,
tant pel seu esforç com constància
dels envits encenent-li l'ànsia.
S'estimaren essent prudents,
30 curant de fer-se notar gens
i mirant de no alçar sospites,

VIII. **Laüstic.**

Une aventure vus dirai,
dunt li Bretun firent un lai.
Laüstic a nun, ceo m'est vis,
si l'apelent en lur païs ;
ceo est russignol en Franceis
e *nihtegale* en dreit Engleis.

En Seint Malo en la cuntree
ot une vile renumee.
Dui chevalier ilec maneient
e dous fortes maisuns aveient.
Pur la bunté des dous baruns
fu de la vile bons li nuns.
Li uns aveit femme espusee,
sage, curteise e acesmee ;
a merveille se teneit chiere
sulunc l'usage e la maniere.
Li altre fu uns bachelers,
bien coneüz entre ses pers
de pruësce, de grant valur,
e volentiers faiseit honur.
Mult turneiot e despendeit
e bien donot ceo qu'il aveit.
La femme sun veisin ama.
Tant la requist, tant la preia
e tant par ot en lui grant bien
qu'ele l'ama sur tute rien,
tant pur le bien qu'ele en oï,
tant pur ceo qu'il ert pres de li.
Sagement e bien s'entramerent.
Mult se covrirent e guarderent
qu'il ne fussent aparceü

trobaven estones petites;
no eren intricats els camins
puix que de fet eren veïns;
35 sengles llars eren a la vora,
sales amb mateix defora;
sense termener ni relleix,
tret d'un mur alt de pedra i teix.
De la cambra on la dama frisa,
40 de les finestres i cornisa,
podia parlar amb el seu amic,
que era a quatre passes i un xic;
i bescanvien penyores
tirant-se-les a llurs defores.
45 No els podia desplaure res,
i més quan tot els feia el pes,
llevat poder-se veure sempre,
tot el sovint que el desig empra,
puix ella, guardada al moment,
50 rebia el zel estretament
del seu marit rondant la hisenda;
però ells treien dia o nit senda
per veure's i poder parlar;
ningú els privava un ençà
55 per garlar des de la finestra,
en això el seu cor era destre.
Llargament es van estimar
fins que l'estiu ja fou allà,
quan reverdeixen brots i prades
60 fent-se d'herbes encatifades
que ocellets hi bolquen damunt
cants alegres a contrapunt.
I encès l'amor es meravella
i amb tants prodigis s'esparpella.
65 Del cavaller, us diré ben cert
que en tingué més el cor obert,
pels mots provinents de la dama,
mots i esguards, cremant-lo en flama.
La nit, quan la lluna esclareix,
70 i al llit el marit s'arrauleix,

ne desturbé ne mescreü.
[Bl. 165c] E il le poeient bien faire,
kar pres esteient lur repaire,
preceines furent lur maisuns
e lur sales e lur dunjuns ;
n'i aveit barre ne devise
fors un halt mur de piere bise.
Des chambres u la dame jut,
quant a la fenestre s'estut,
poeit parler a sun ami,
e il de l'altre part a li,
e lur aveirs entrechangier
e par geter e par lancier.
N'unt guaires rien ki lur desplaise.
Mult esteient amdui a aise,
fors tant qu'il ne poeent venir
del tut ensemble a lur plaisir ;
kar la dame ert estreit guardee.
quant cil esteit en la cuntree.
Mes de tant aveient retur,
u fust par nuit, u fust par jur,
qu'ensemble poeient parler ;
nuls nes poeit de ceo guarder
qu'a la fenestre ne venissent
e iloec ne s'entreveïssent.
Lungement se sunt entramé,
tant que ceo vint a un esté,
que bruil e pre sunt reverdi
e li vergier erent fluri.
Cil oiselet par grant dulçur
mainent lur joie en sum la flur.
Ki amur a a sun talent,
n'est merveille s'il i entent.
Del chevalier vus dirai veir :
il i entent a sun poeir
e la dame de l'altre part
[Bl. 165d] e de parler e de reguart.
Les nuiz quant la lune luiseit
e sis sire culchiez esteit,

la dona tot sovint es lleva
i amb mantell a l'espatlla seva
se'n puja al finestral més alt
per veure l'amic usual
75 que feia igual, el mateix que ella.
I amb vetlla a la llum d'una estrella
sense dir-se res, sols mirant
una a l'altre anaven passant.
Tantes vetlles i vegades
80 l'home hi veié males passades,
i al final demanà el motiu
de tant de passeig efusiu.
"Senyor –va respondre la dama–
no hi ha joia al món com la fama
85 sentir del rossinyol cantar,
per'xò em veieu en aquest replà.
De nits se'l sent amb veu tant dolça,
sabent-lo al rec, a frec de molsa,
tota jo m'omplo de delit
90 que em trenca el cor sovint de nit."
Quan el seu home va sentir-la
s'omplí d'ira i, lluny d'encabir-la
dins seu, un pla va barrinar,
per caçar aquell ocell. Manà
95 a tots els seus criats de casa
fer llaços, brells, xarxes de gasa
i parar-los al seu jardí;
no quedà àlber, om, cedre o pi
sense vesc, llaç, trampa en espera;
100 fins que en caigué un per manera.
De seguida, en tenbir-lo ran,
al senyor li van dur davant.
Content de veure'l viu, l'infame
el portà corrent a la dama.
105 "Senyora –li diu– va, veniu
us he dut un desaprensiu;
aquest pillard de l'ala oberta
que us ha tingut les nits desperta
i ara podreu dormir en pau,

de juste lui sovent levot
e de sun mantel s'afublot.
A la fenestre ester veneit
pur sun ami qu'el i saveit,
ki altel vie demenot
e le plus de la nuit veillot.
Delit aveient al veeir,
quant plus ne poeient aveir.
Tant i estut, tant i leva
que sis sire s'en curuça
e meinte feiz li demanda
pur quei levot e u ala.
'Sire', la dame li respunt,
'il nen a joie en icest mund,
ki n'ot le laüstic chanter ;
pur ceo me vois ici ester.
Tant dulcement l'i oi la nuit
que mult me semble grant deduit ;
tant m'en delit e tant le vueil
que jeo ne puis dormir de l'ueil'
Quant li sire ot que ele dist,
d'ire e de maltalent en rist.
D'une chose se purpensa :
le laüstic engignera.
U n'ot vaslet en sa maisun
ne face engin, reiz u laçun ;
puis les metent par le vergier.
N'i ot coldre ne chastaignier
u il ne metent laz u glu,
tant que pris l'unt e retenu.
Quant le laüstic orent pris,
al seignur fu renduz tuz vis.
[Bl. 166a] Mult en fu liez, quant il le tint.
As chambres a la dame vint.
'Dame', fet il, 'u estes vus ?
Venez avant ! Parlez a nus !
J'ai le laüstic engignié,
pur quei vus avez tant veillié.
Des or poëz gisir en pais ;

110 tenint-lo prop, tancat amb clau."
Ella s'entristí i consternada
pregà alliberar-lo d'entrada;
però ell dolgut el matà: foll,
amb els seus dits, li trencà el coll;
115 i no satisfet, amb vilesa,
li llençà el cos mort de la presa,
tacant-li de sang el vestit,
amb un esquitx damunt del pit;
i eixí de la cambra amb ira.
120 La dama que el recull, i es mira
aquell rossinyol tan petit;
i com plorà, havent maleït
tots aquells que van parar xarxes,
trampes, que aturen tendres marxes
125 dels pobres ocells innocents.
"Ai jo –deia- de joia gens!
M'han llevat el plaer, des d'ara,
de veure de nits el confrare,
de la meva finestra estant.
130 Ai, li he de parlar a l'instant
o es pensarà que ja no compta
al meu cor. Cal que sigui prompte.
El rossinyol li trametré,
explicant què ha passat, també."
135 L'amortallà en fulard de seda
on brodà escrit tot, com reseda
simulant, amb fil d'or, els fets.
Amb un criat, dels més discrets,
amb gran secret, ho ha trametre
140 al seu amic, sens comprometre.
Un cop davant del cavaller
parlà aquell per la dama, i bé,
lliurant fil per randa el missatge
i el rossinyol mort del boscatge.
145 Quan aquell sentí i rebé tot,
i havent-ho llegit mot a mot,
se'n va doldre molt, mes no era
mandrós ni indecís, sense espera

il ne vus esveillera mais ! '
Quant la dame l'a entendu,
dolente e cureçuse fu.
A sun seignur l'a demandé,
e il l'ocist par engresté.
Le col li runt a ses dous meins :
de ceo fist il que trop vileins.
Sur la dame le cors geta,
si que sun chainse ensanglenta
un poi desur le piz devant.
De la chambre s'en ist a tant.
La dame prent le cors petit.
Durement plure e si maldit
cels ki le laüstic traïrent
e les engins e les laz firent,
kar mult li unt toleit grant hait.
'Lasse', fet ele, 'mal m'estait !
Ne purrai mes la nuit lever
n'aler a la fenestre ester,
u jeo sueil mun ami veeir.
Une chose sai jeo de veir,
il quidera que jeo me feigne.
De ceo m'estuet que cunseil preigne :
le laüstic li trametrai,
l'aventure li manderai ! '
En une piece de samit,
a or brusdé e tut escrit,
a l'oiselet envolupé.
[Bl. 166b] Un suen vaslet a apelé.
Sun message li a chargié,
a sun ami l'a enveié.
Cil est al chevalier venuz.
De part sa dame dist saluz,
tut sun message li cunta,
le laüstic li presenta.
Quant tut li a dit e mustré
e il l'aveit bien esculté,
de l'aventure esteit dolenz ;
mes ne fu pas vileins ne lenz.

va fer forjar un cofre petit,
150 no pas d'acer o ferro humit,
ans d'or lluent i, a ambdues cares,
posà perles fines i cares
i per tapa un ferm giravolt;
a dins hi posà el rossinyol,
155 segellant la balda que s'empra,
i tancat el portà amb ell sempre.

Aquest relat fou descobert
i no es pogué amagar, això és cert,
i els bretons en van fer un Lai digne
160 que de El Rossinyol es consigna.

Un vaisselet a fet forgier.
Unkes n'i ot fer ne acier :
tuz fu d'or fin od bones pieres,
malt preciüses e mult chieres ;
covercle i ot tresbien asis.
Le laüstic a dedenz mis.
Puis fist la chasse enseeler,
tuz jurs l'a faite od lui porter.

Cele aventure fu cuntee,
ne pot estre lunges celee.
Un lai en firent li Bretun,
le Laüstic l'apelë hum.

IX - MILÓ

Qui tracta amb diversos contes,
a part de fer-ne bons recomptes,
els ha de dir versemblantment
i entenedors per a la gent.
5 Doncs en Miló és d'aquestes mostres;
i en faré clar i sense sostres
com i per què fou el camí
que se'n féu un Lai dit així.

Miló nasqué al país de Gal·les
10 i us en diré molt si l'instal·les
al cor; des que fou adobat
com cavaller en fou admirat
per desarçonar-lo impossible,
tot i per molts veure-ho possible.
15 A Irlanda ardit, famós, triomfant
com a Noruega i Gotland,
ben igual a Longres i Albània,
amb mescla d'enveja instantània.
Estimat per la heroïcitat,
20 pels prínceps idealitzat.
Però un prohom de sa comarca,
que el nom ara el record no avarca,
tenia una filla més gran,
més bella, cortesa, elegant
25 que sentí de Miló la fama
i se n'enamorà la dama.
Trameté un missatge secret
que amant-la fóra satisfet,
i a Miló li plagué la nova,
30 li ho agraí i es posà a prova.
Hi bolcaria el seu amor

IX. Milun.

Ki divers cuntes vuelt traitier,
diversement deit comencier
e parler si raisnablement
que il seit plaisible a la gent.
Ici comencerai Milun
e musterrai par brief sermun
pur quei e coment fu trovez
li lais ki issi est numez.

    Milun fu de Suhtwales nez.
Puis le jur qu'il fu adubez
ne trova un sul chevalier
ki l'abatist de sun destrier.
[Bl. 166c] Mult par esteit bons chevaliers,
frans e hardiz, curteis e fiers.
Mult fu coneüz en Irlande
e en Norweie e en Guhtlande ;
en Loengres e en Albanie
ourent plusur de lui envie.
Pur sa pruesce ert mult amez
e de mulz princes honurez.
En sa cuntree ot un barun,
mes jeo ne sai numer sun nun.
Il aveit une fille, bele
e mult curteise dameisele.
Ele ot oï Milun nomer ;
mult le cumença a amer.
Par sun message li manda
que, se li plaist, el l'amera.
Milun fu liez de la novele,
s'en mercia la dameisele ;
volentiers otria l'amur,

sense recança i amb vigor.
Resultà plaent la resposta,
paga el troter i el fa el seu hoste
35 i en fa acollença d'amistat.
"*Amic, –li diu – fes aviat*
que pugui parlar amb ta senyora
del nostre afer; per si millora
el meu anell d'or li duràs
40 *fent-li saber, estimat sequaç,*
que quan ella voldrà, i sens carta,
ens veurem i he d'acompanyar-te."
El troter prengué comiat
i amb la dama, en donà acabat;
45 li diu, mentre l'anell li lliura,
que llur amor té via lliure.
La dama en tingué el cor content
per l'entesa amb el pretendent.
Tocant de cambra en un jardí
50 sortia a passejar al matí
i s'hi trobaven fent conversa:
ella i Miló, amb la sort adversa.
Miló, de tant anar i venir
la deixà en cinta, a mig camí.
55 Davant certesa ella a l'alcova
cridà Miló per dir la nova
i al·legà que amb l'esdevingut
s'havia enfosquit la virtut,
i més, que arribant-se a conèixer,
60 quan la llei la fes comparèixer
o el cap perdria o esclavitud
hauria en altra latitud.
Això segons la llei antiga
que era vigent i encara obliga.
65 Miló la calma i diu que al punt
farà el que mani, i és rotund.
"*En néixer el nen –ella demana–*
cal que el porteu a ma germana
casada a Northúmbria hi viu.
70 *Ho sabrà tot, que aquí s'escriu,*

n'en partira ja mes nul jur.
Asez li fait curteis respuns.
Al message dona granz duns
e grant amistié li premet.
'Amis', fet il, 'or t'entremet
qu'a m'amie puisse parler,
e de nostre cunseil celer !
Mun anel d'or li porterez
e de meie part li direz :
quant li plaira, si vien pur mei,
e jeo irai ensemble od tei.'
Cil prent cungié, a tant le lait.
A sa dameisele revait.
L'anel li dune, si li dist
que bien a fet ceo que li quist.
Mult fu la dameisele liee
[Bl. 166d] de l'amur issi otriëe.
De lez sa chambre en un vergier
u ele alout esbaneier,
la justouent lur parlement
Milun e ele bien suvent.
Tant i vint Milun, tant l'ama
que la dameisele enceinta.
Quant aparçut qu'ele est enceinte,
Milun manda, si fist sa pleinte.
Dist li cument est avenu,
s'onur e sun bien a perdu,
quant de tel fet s'est entremise ;
de li iert faite granz justise :
a glaive sera turmentee
u vendue en altre cuntree.
Ceo fu custume as anciëns,
e s'i teneient en cel tens.
Milun respunt que il fera
quan que ele cunseillera.
'Quant li enfes', fait ele, 'iert nez,
a ma serur l'en porterez,
ki en Norhumbre est mariëe,
riche dame, pruz e senee,

i amb vostres mots, a sobretaula,
llavors creurà vostra paraula:
que és fill de sa germana el nen
i tot el mal que de ser-ne, en pren.
75 Li dic que amb instrucció plena
el pugi, sigui nen o nena.
I li penjaré al coll l'anell
vostre, i també un escrit novell,
on llegirà el nom del seu pare,
80 en ser gran, i el meu, de sa mare.
I quan prou haurà crescut,
a l'edat de la inquietud
i ve la raó amb la noiesa,
llavors tindrà via permesa
85 a ambdós penjolls per dur-lo fins
el seu pare, salvant tragins."
Tots dos s'avenen a la idea;
i temps després de l'assemblea
vingué el moment que ella infantà.
90 Amb cura d'una jaia allà
van rebre agombols, fill i mare,
i guardà el secret la comare
que res es va saber del tot,
ni s'albirà per gest ni mot.
95 I va ser un nen la criatura,
i l'anell rebé amb vestidura,
i entre un llençol sedós l'escrit
que no es pogués trobar pel llit,
i dins d'una canastra amb tanca
100 tapat amb una manta blanca
el nen, amb el caparronet
al coixí i un petit barret
que li tapava les orelles,
fet de llana d'ovelles.
105 La jaia el va lliurar a Miló
que era al jardí, en discret racó,
i aquest a gent de confiança
vers el seu destí sens tardança.
Pels llocs on anaven passant,

si li manderez par escrit
e par paroles e par dit
que c'est li enfes sa serur,
s'en a sufert meinte dolur.
Or guart que il seit bien nurriz,
 quels que ço seit, u fille u fiz !
Vostre anel al col li pendrai
e un brief li enveierai ;
escriz i iert li nuns sun pere
e l'aventure de sa mere.
Quant il sera granz e creüz
e en tel eage venuz
[Bl. 167a] que il sace raisun entendre,
le brief e l'anel li deit rendre,
si li cumant tant a guarder
que sun pere puisse trover.'
 A cel cunseil se sunt tenuz,
tant que li termes est venuz
que la dameisele enfanta.
Une vieille ki la guarda,
a qui tut sun estre geï,
tant la cela, tant la covri,
unques n'en fu aparcevance
en parole ne en semblance,
La meschine ot un fiz mult bel.
Al col li pendirent l'anel
e une almosniere de seie
avuec le brief que nuls nel veie.
Puis le culchent en un berçuel,
envolupé d'un blanc linçuel.
De desuz la teste a l'enfant
mistrent un oreillier vaillant
e desus lui un covertur,
urlé de martre tut en tur.
La vieille l'a Milun baillié,
ki l'a atendue el vergier.
Il le comanda a tel gent
ki l'en porterent leialment.
Par les viles u il errouent

110 tot reposant un breu instant,
feien mamar la criatura,
canviar els bolquers, i amb gran cura
banyar-la. Amb la germana ja
de la mare del nen van dar
115 criatura, anell i la carta.
Abraça el nen, llegeix i aparta
la resta. En saber qui és ell
l'estima com pròpia pell.
Els portants, veient com l'aferra,
120 gais van tornar a la seva terra.

Miló era fora del país,
com mercenari corredís.
La seva amiga va restar-hi
i el seu pare a un baró d'erari
125 considerable la oferí,
esperant-ne un mos i un bocí.
En saber què li esperava
el rostre d'ella a terra es clava,
d'enyor sospirant per Miló
130 puix tem menyspreu o bé presó,
quan l'home sabrà que ha estat mare
i la tindrà per alimara.
"Ai, lassa – es diu- I què puc fer?
Quin home em voldrà? I en tindré?
135 Sabran que ja no sóc donzella
i sempre tindré mala estrella.
Jo no m'ho imaginava així,
em veia amb l'amic fent camí;
que entre els dos duríem l'assumpte
140 i ara sóc única i presumpta.
Em seria millor morir
però sóc menys lliure que ahir,
tinc més guàrdies cada dia,
camarlencs joves, vells, com sia,
145 però aliens al ver amor;
frisant per romandre en tristor,
que semblen gaudir si pateixo

set feiz le jur se reposoënt ;
l'enfant faiseient alaitier,
culchier de nuvel e baignier.
Tant unt le dreit chemin erré
qu'a la dame l'unt comandé.
El le receut, si l'en fu bel.
[Bl. 167b] Le brief reçut e le seel ;
quant ele sot ki il esteit,
a merveille le cherisseit.
Cil ki l'enfant orent porté
en lur païs sunt returné.

Milun eissi fors de sa terre
en soldees pur sun pris querre.
S'amie remest a maisun.
Sis pere li duna barun,
un mult riche hume del païs,
mult esforcible e de grant pris.
Quant ele sot cele aventure,
mult est dolente a desmesure
e suvent regrete Milun.
Car mult dute la mesprisun
de ceo qu'ele ot eü enfant ;
il le savra demeintenant.
'Lasse', fet ele, 'que ferai ?
Avrai seignur ! Cum le prendrai ?
Ja ne sui jeo mie pucele ;
a tuz jurs mes serai ancele !
Jeo ne soi pas que fust issi,
ainz quidoue aveir mun ami ;
entre nus celissum l'afaire,
ja ne l'oïsse aillurs retraire.
Mielz me vendreit murir que vivre ;
mes jeo ne sui mie a delivre,
ainz ai asez sur mei guardeins
vielz e juefnes, mes chamberleins,
ki tuz jurs heent bone amur
e se delitent en tristur.
Or m'estuvra issi sufrir,

i, millor, si matar-me els deixo."
Havent ja fet el casament
150 el seu home l'allunyà urgent.

Al poc tornà Miló a la terra
trist, neulit, fet una desferra;
però el reconforta saber
que no és molt lluny, sols un re,
155 aquella que va estimar un dia.
Això l'esperona i el guia
i Miló enèrgic sense alè
rumia com fer-li saber,
sense posar-la en evidència,
160 que ha tornat i el té en presència.
Va fer un bon escrit, segellat,
i anà a buscar un cigne estimat
des de petit, i entre el plomatge
del coll li amagà el missatge.
165 Després cridà un troter fidel
i encomanant-li tot l'anhel,
digué: "*Au, canvia't de roba,
i allà on la meva amiga es troba
li duus el meu cigne estimat,
170 però cal que, per caritat,
sols per algú de confiança,
serventa o criat de lloança,
rebi el cigne, amb ningú més.*"
I així començà aquell procés:
175 el jove va arribar amb el cigne
al castell per camí benigne;
la vila passà tot normal,
i un cop ja davant del portal,
afalagà el porter amb gran cura:
180 "*Amic, la sort t'atura,
que veus el caçador d'ocells
més bregat en mester dels vells,
puix no tinc igual en mestria.
Mira, avui, en despuntar el dia,
185 he pres aquest cigne amb el llaç*

lasse, quant jeo ne puis murir.'
Al terme qu'ele fu donee,
sis sire l'en a amenee.

[Bl. 167c] Milun revint en sun païs.
Mult fu dolenz, mult fu pensis,
grant doel fist, grant doel demena ;
mes de ceo se recunforta
que pres esteit de sa cuntree
cele qu'il tant aveit amee.
Milun se prist a purpenser
coment il li purra mander,
si qu'il ne seit aparceüz,
qu'il est el païs revenuz.
Ses letres fist, sis seela.
Un cisne aveit qu'il mult ama ;
le brief li a al col lié
e dedenz la plume muscié.
Un suen esquiër apela,
sun message li encharja.
'Va tost', fet il, 'change tes dras !
Al chastel m'amie en irras.
Mun cisne porteras od tei.
Guarde que en prenges cunrei,
u par servant u par meschine,
que presentez li seit li cisne.'
Cil a fet sun comandement.
A tant s'en vet ; le cigne prent.
Tut le dreit chemin que il sot
al chastel vint, si cum il pot.
Par mi la vile est trespassez,
a la mestre porte est alez.
Le portier apela a sei.
'Amis', fet il, 'entent a mei !
Jeo sui uns huem de tel mestier,
d'oisels prendre me sai aidier.
En un pre desuz Karliün
un cisne pris od mun laçun.
Pur force e pur meintenement

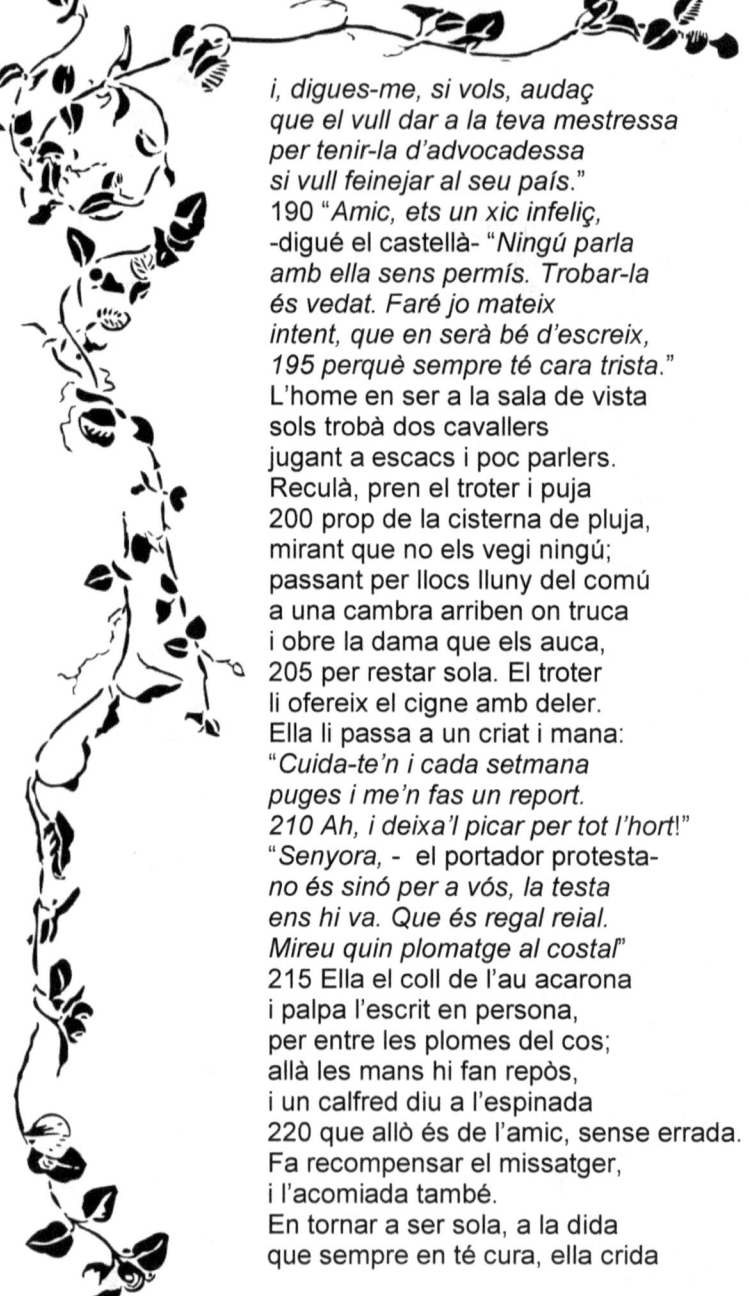

i, digues-me, si vols, audaç
que el vull dar a la teva mestressa
per tenir-la d'advocadessa
si vull feinejar al seu país."
190 "Amic, ets un xic infeliç,
-digué el castellà- "Ningú parla
amb ella sens permís. Trobar-la
és vedat. Faré jo mateix
intent, que en serà bé d'escreix,
195 perquè sempre té cara trista."
L'home en ser a la sala de vista
sols trobà dos cavallers
jugant a escacs i poc parlers.
Reculà, pren el troter i puja
200 prop de la cisterna de pluja,
mirant que no els vegi ningú;
passant per llocs lluny del comú
a una cambra arriben on truca
i obre la dama que els auca,
205 per restar sola. El troter
li ofereix el cigne amb deler.
Ella li passa a un criat i mana:
"Cuida-te'n i cada setmana
puges i me'n fas un report.
210 Ah, i deixa'l picar per tot l'hort!"
"Senyora, - el portador protesta-
no és sinó per a vós, la testa
ens hi va. Que és regal reial.
Mireu quin plomatge al costal"
215 Ella el coll de l'au acarona
i palpa l'escrit en persona,
per entre les plomes del cos;
allà les mans hi fan repòs,
i un calfred diu a l'espinada
220 que allò és de l'amic, sense errada.
Fa recompensar el missatger,
i l'acomiada també.
En tornar a ser sola, a la dida
que sempre en té cura, ella crida

la dame en vueil faire present,
que jeo ne seie desturbez
en cest païs n'achaisunez.'
Li bachelers li respundi :
'Amis, nuls ne parole a li ;
mes nepurec j'irai saveir.
Se jeo poeie liu veeir
que jeo t'i peüsse mener,
jeo te fereie a li parler.'
En la sale vint li portiers,
n'i trova fors dous chevaliers ;
sur une grant table seeient,
od uns eschés se deduieient.
Hastivement returne ariere.
Celui ameine en tel maniere
que de nului ne fu seüz,
desturbez ne aparceüz.
A la chambre vient, si apele ;
l'us lur ovri une pucele.
Cil sunt devant la dame alé,
si unt le cigne presenté.
Ele apela un suen vaslet.
Puis si li dit : 'Or t'entremet
que mis cignes seit bien guardez
e que il ait viande asez ! '
 'Dame', fet cil ki l'aporta,
'ja nuls fors vus nel recevra.
E ja est ceo presenz reials ;
veez cum il est bons e beals ! '
Entre ses mains li baille e rent.
El le receit mult bonement.
Le col li manie e le chief,
desuz la plume sent le brief.
Li sans li remue e fremi :
bien sot qu'il vint de sun ami.
[Bl. 168a] Celui a fet del suen doner,
si l'en cumanda a aler.
 Quant la chambre fu delivree,
une meschine a apelee.

225 i juntes es fan amb l'escrit;
tret el segell ofega un crit:
al primer rengle Miló hi posa.
I en sap de l'amic tota cosa;
que omple de plors el document
230 i amb petons el llegeix i atén.
Havent acabat s'assabenta
dels neguits d'ell, i els seus augmenta,
comparteixen pena i dolor,
i ella sols veu els de Miló.
235 D'alleugerir-lo es capfica,
que ara no mori pas, suplica
i cerca com aconseguir
poder parlar-li un xic per fi.
Quedar per carta és mala cosa;
240 serà pel cigne, estant reclosa!
Primer de tot el cal guardar
i després fer-lo dejunar
tres dies llargs, i entre el plomatge
mentrestant amagar el missatge,
245 i així, un cop lliure, volarà
fins d'on ve i bon tracte van dar.
Rellegí l'escrit ben atenta,
se l'aprengué, amb lectura lenta,
i donà al cigne un tracte atent;
250 li dava beure i bon forment;
amagat a la cambra amb ella.
Passà un breu temps i, oh meravella!
Amb astúcia aconseguí
tinta, una ploma i pergamí
255 i va escriure com li va plaure
plegat i segellat per traure.
Tingué al cigne un temps dejunant
i al coll l'escrit ocult penjant.
Quan l'au famèlica frisava
260 per quelcom, ni que fos un rave,
en un no res sortí volant,
fins d'on venia, i a l'instant
planava ja damunt la vila

Le brief aveient deslié ;
ele en a le seel bruisié.
Al primier chief trova 'Milun'.
De sun ami cunut le nun ;
cent feiz le baisë en plurant,
ainz qu'ele puisse dire avant.
Al chief de piece veit l'escrit,
ceo qu'il ot cumandé e dit,
les granz peines e la dolur
que Milun suefre nuit e jur.
Ore est del tut en sun plaisir
de lui ocire u del guarir.
S'ele seüst engin trover
cum il peüst a li parler,
par ses letres li remandast
e lo cisne li renveiast.
Primes le face bien guarder,
puis si le laist tant jeüner
treis jurs que il ne seit peüz ;
li briés li seit al col penduz ;
laist l'en aler : il volera
la u il primes conversa.
Quant ele ot tut l'escrit veü
e ceo qu'ele i ot entendu,
le cigne fet bien surjurner
e forment pestre e abevrer.
Dedenz sa chambre un meis le tint.
Mes ore oëz cum l'en avint !
Tant quist par art e par engin
que ele ot enke e parchemin.
Un brief escrist tel cum li plot,
[Bl. 168b] od un anel l'enseelot.
Le cigne ot laissié jeüner ;
al col li pent, sil lait aler.
Li oisels esteit fameillus
e de viande coveitus ;
hastivement est revenuz
la dunt il primes fu meüz.
En la vile e en la maisun

i als peus de Miló s'arraulia.
265 en veure'l aquest s'alegrà,
l'hagué per les ales i allà
va fer que el peixessin primer;
ja engolint l'acaronà bé
i al coll hi trobà el que buscava.
270 De l'escrit en tragué la saba,
sobretot amb les directrius
i els compliments, que eren ben vius.
"... I sense mi no pot estar-se,
i em demana seguir la farsa
275 enviant el cigne altre cop. "
Així ho farà i a tot estrop.

Vint anys fent d'aquesta manera
Miló i la seva amiga vera,
amb el cigne de missatger.
280 Cap millor en seria i sincer.
Sí que li feien passar gana
quan no, menja tant com demana;
l'au quedava tipa per temps;
llavors ells es veien tostemps
285 i junts van passar alguna estona.
No es priva sempre una persona
de veure'n altra, vigilant
molt, si molt més n'estan frisant.

Aquella que llur fill nodria
290 en tingué cura nit i dia
tant que, en fer-se un bell jovençà,
l'adobà en cavaller preclar;
no n'hi havia cap com ell.
Llavors li donà escrit i anell,
295 després li parlà de sa mare,
així com també del seu pare,
de com era un bon cavaller,
preuat, ardit, capdavanter
i el millor de tota la terra,
300 pel seu valor en pau o guerra.

descent devant les piez Milun.
Quant il le vit, mult en fu liez ;
par les eles le prent haitiez.
Il apela sun despensier,
si li fet doner a mangier.
Del col li a le brief osté.
De chief en chief a esguardé
les enseignes qu'il i trova,
e des saluz se rehaita :
'ne puet senz lui nul bien aveir ;
or li remant tut sun voleir
par le cigne sifaitement ! '
Si fera il hastivement.

Vint anz menerent cele vie
Milun entre lui e s'amie.
Del cigne firent messagier,
n'i aveient altre enparlier,
e sil faiseient jeüner
ainz qu'il le laissassent voler ;
cil a qui li oisels veneit,
ceo saciez, que il le paisseit.
Ensemble vindrent plusurs feiz.
Nuls ne puet estre si destreiz
ne si tenuz estreitement
que il ne truisse liu sovent.

La dame ki lur fiz nurri,
(tant ot esté ensemble od li
[Bl. 168c] qu'il esteit venuz en eé),
a chevalier l'a adubé.
Mult i aveit gent dameisel.
Le brief li rendi e l'anel.
Puis li a dit ki est sa mere,
e l'aventure de sun pere,
e cum il est bons chevaliers,
tant pruz, tant hardiz e tant fiers,
n'ot en la terre nul meillur
de sun pris ne de sa valur.

La seva tia li mostrà
els fets i ell s'hi sentí allà
orgullós, l'orella parada,
frisant a cada nova dada.
305 I amb tot es deia a si mateix:
"*Per poc esperit i poc bleix*
se'm tindrà, engendrat per tal home,
sinó em faig gran com gentilhome,
en provar també el meu valor,
310 o aquí o bé a l'exterior."
I havent tot allò que calia
la marxa no demorà un dia
més, i ja s'acomiadà
de la tia, just l'endemà.
315 En va rebre consells perfectes
i l'acaronà amb mil afectes.

Va ser a Southamton en un jorn
i es féu a la mar per migjorn;
al poc a Barbaflor arribava
320 i d'allà a Bretanya ja es clava.
S'instal·là i en tornejos durs
malversà amb més rics i madurs;
i amb tot en cap combat estava
que no en fos el millor a la brava.
325 Cobria pobres cavallers,
i als guanys dels rics, sempre sobrers,
els els dava i se'n desprenia;
i en això hi posava energia.
Allà on es va moure amb vigor
330 era rebut amb tot l'honor,
perquè escampava valentia,
però també companyonia.
L'honor, bondat, van córrer avís
arreu, i més al seu país.
335 S'hi deia que un jove vernacle,
per fama, passà el mar d'obstacle
i va destacar al continent,
per bondat, llarguesa i valent,

Quant la dame li ot mustré
e il l'aveit bien esculté,
del bien sun pere s'esjoï ;
liez fu de ceo qu'il ot oï.
A sei meïsmes pense e dit :
'Mult se deit huem preisier petit,
quant il issi fu engendrez
e sis pere est si alosez,
s'il ne se met en greignur pris
fors de la terre e del païs.'
Asez aveit sun estuveir.
Il ne demure fors le seir ;
el demain aveit pris cungié.
La dame l'a mult chastié
e de bien faire amonesté ;
asez li a aveir doné.

 A Suhthamptune vait passer ;
cum il ainz pot, se mist en mer.
A Barbefluet est arivez ;
dreit en Bretaigne en est alez.
La despendi e turneia ;
as riches humes s'acuinta.
Unques ne vint en nul estur
que l'en nel tenist al meillur.
Les povres chevaliers amot ;
[Bl. 168d] ceo que des riches guaaignot
lur donout e sis reteneit,
e mult largement despendeit.
Unques sun voel ne surjurna.
De tutes les terres de la
porta le pris e la valur ;
mult fu curteis, mult sot d'onur.
De sa bunté e de sun pris
vait la novele en sun païs
que uns damisels de la terre,
ki passa mer pur sun pris querre,
puis a tant fet par sa pruësce,
par sa bunté, par sa largesce,

i aquell que el seu nom no sabia
340 en deia Sens Par, per fer tria.
I Miló els informes sentí
i va arronsar el nas un bocí;
li dolien prou d'avantatge
que li pengessin tal coratge
345 puix, mentre ell pogués prendre part
a tornejos amb l'estendard,
i fets d'armes, cap forà hauria
que li fes ombra ni un sol dia.
I es va capficar en un antull:
350 junyir amb el cavaller, amb barbull
o sense, enllà del mar o en terra,
vexant-lo com una desferra.
I pres d'ira pensà també,
si pot desarçonar-lo bé,
355 quedarà ple de vergonya.
Potser havent vençut tal carronya
serà el moment de cercar el fill
que, un cop vencedor, és més senzill;
llevat no estar en terra llunyana,
360 i on era no era cosa vana.
Pensà a l'amiga consultar,
enviant-li un escrit ben clar,
a través del cigne que amava,
i a més, sols comptar amb una octava,
365 no era fàcil! Ella entengué
el seu voler, agraí un deler
natural de cercar com a pare;
tot saber-los lluny, era mare!
I allò, com li era plaent,
370 no volgué ser un destorb tement.
Miló agraí molt la resposta
i per embarcar prest aposta.
Passada Normandia ja
va guanyar Bretanya deçà.
375 Conegué molta gent diversa
en borns, fent molta lluita adversa,
de prohoms era amfitrió

que cil ki nel sevent numer
l'apelouent partut Senz Per.
Milun oï celui loër
e les biens de lui recunter.
Mult ert dolenz, mult se pleigneit
del chevalier ki tant valeit,
que, tant cum il peüst errer
ne turneier n'armes porter,
ne deüst nuls del païs nez
estre preisiez ne alosez.
D'une chose se purpensa.
Hastivement mer passera,
si justera al chevalier
per lui laidir e empeirier.
Par ire se voldra cumbatre ;
s'il le puet del cheval abatre,
dunc sera il en fin honiz.
Aprés irra querre sun fiz
ki fors del païs est eissuz,
mes ne saveit qu'ert devenuz.
A s'amie le fet saveir,
cungié voleit de li aveir.
[Bl. 169a] Tut sun curage li manda,
brief e seel li enveia
par le cigne mun esciënt :
or li remandast sun talent !
Quant ele oï sa volenté,
mercie l'en, si li sot gre,
quant pur lur fiz trover e querre
voleit eissir fors de la terre
e pur le bien de lui mustrer ;
nel voleit mie desturber.
Milun oï le mandement.
Il s'apareille richement.
En Normendie en est passez ;
puis est desqu'en Bretaigne alez.
Mult s'aquointa a plusurs genz,
mult cercha les turneiemenz ;
riches osteis teneit sovent

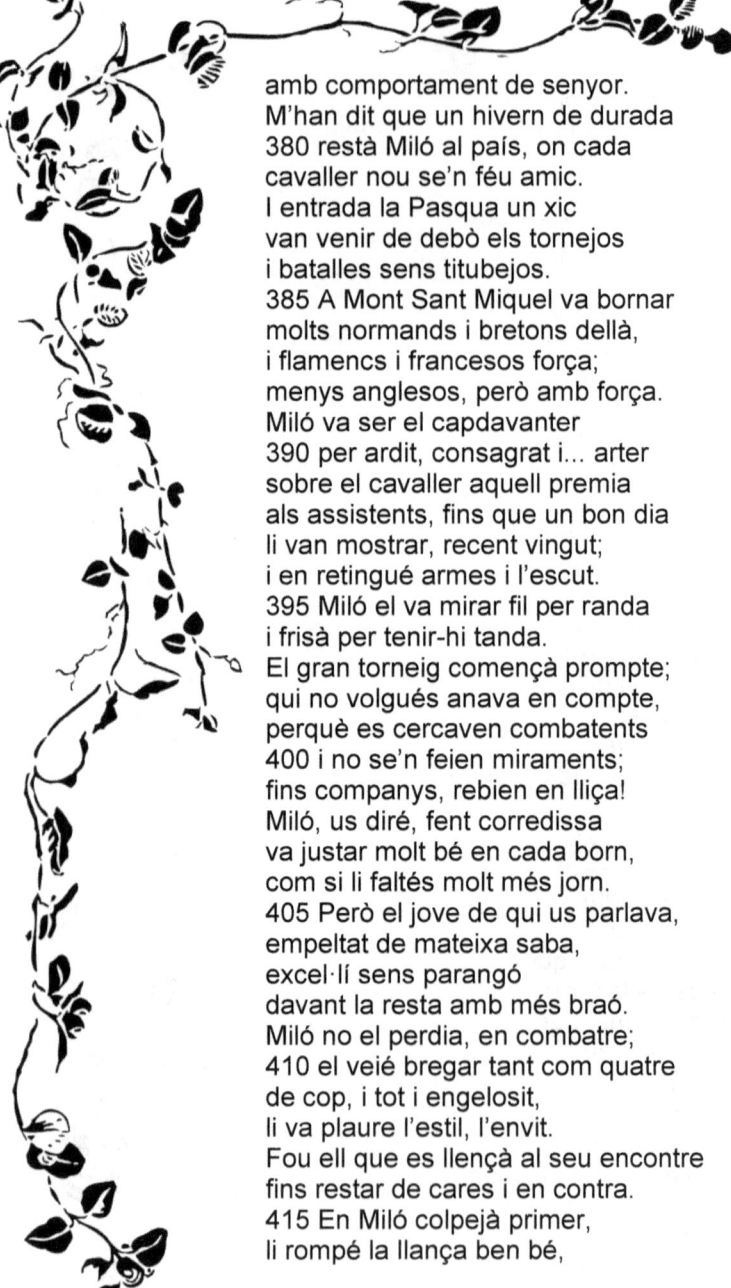

amb comportament de senyor.
M'han dit que un hivern de durada
380 restà Miló al país, on cada
cavaller nou se'n féu amic.
I entrada la Pasqua un xic
van venir de debò els tornejos
i batalles sens titubejos.
385 A Mont Sant Miquel va bornar
molts normands i bretons dellà,
i flamencs i francesos força;
menys anglesos, però amb força.
Miló va ser el capdavanter
390 per ardit, consagrat i... arter
sobre el cavaller aquell premia
als assistents, fins que un bon dia
li van mostrar, recent vingut;
i en retingué armes i l'escut.
395 Miló el va mirar fil per randa
i frisà per tenir-hi tanda.
El gran torneig començà prompte;
qui no volgués anava en compte,
perquè es cercaven combatents
400 i no se'n feien miraments;
fins companys, rebien en lliça!
Miló, us diré, fent corredissa
va justar molt bé en cada born,
com si li faltés molt més jorn.
405 Però el jove de qui us parlava,
empeltat de mateixa saba,
excel·lí sens parangó
davant la resta amb més braó.
Miló no el perdia, en combatre;
410 el veié bregar tant com quatre
de cop, i tot i engelosit,
li va plaure l'estil, l'envit.
Fou ell que es llençà al seu encontre
fins restar de cares i en contra.
415 En Miló colpejà primer,
li rompé la llança ben bé,

e si dunot curteisement.
Tut un yver, ceo m'est a vis,
conversa Milun el païs.
Plusurs bons chevaliers retint,
des i qu'aprés la paske vint,
qu'il recumencent les turneiz
e les guerres e les desreiz.
El Munt Seint Michiel s'asemblerent ;
Norman e Bretun i alerent
e li Flamenc e li Franceis ;
mes n'i ot guaires des Engleis.
Milun i est alez primiers,
ki mult esteit hardiz e fiers.
Le bon chevalier demanda,
Asez i ot ki li mustra
de quel part il esteit venuz
e ses armes e ses escuz.
Tuit l'orent a Milun mustré,
[Bl. 169b] e il l'aveit bien esguardé.
Li turneiemenz s'asembla.
Ki juste quist, tost la trova ;
ki alkes volt les rens cerchier,
tost i pout perdre u guaaignier
en encuntrer un cumpaignun.
Tant vus vueil dire de Milun :
mult le fist bien en cel estur
e mult i fu preisiez le jur.
Mes li vaslez dunt jeo vus di
sur tuz les altres ot le cri,
ne s'i pot nuls acumparer
de turneier ne de juster.
Milun le vit si cuntenir,
si bien puindre e si bien ferir :
par mi tut ceo qu'il l'enviot,
mult li fu bel e mult li plot.
El renc se met encuntre lui,
ensemble justerent amdui.
Milun le fiert si durement,
l'anste depiece veirement,

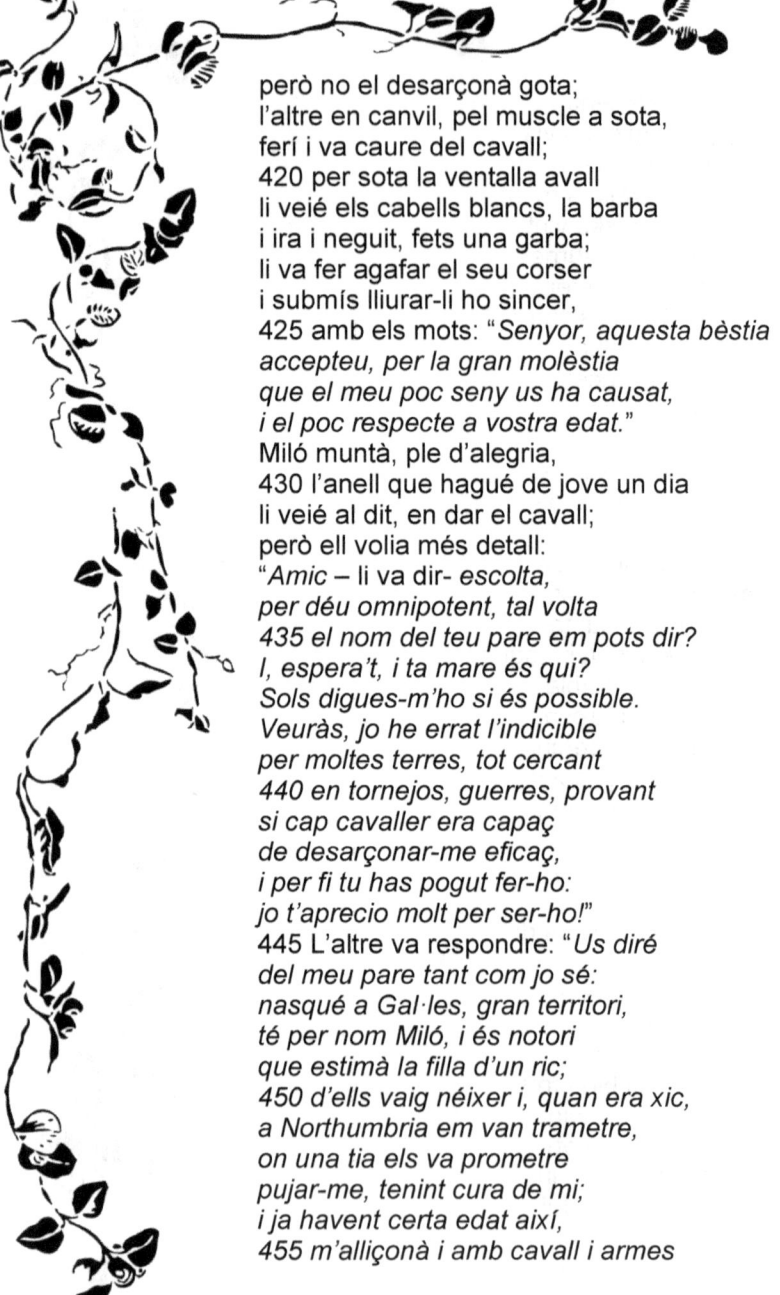

però no el desarçonà gota;
l'altre en canvil, pel muscle a sota,
ferí i va caure del cavall;
420 per sota la ventalla avall
li veié els cabells blancs, la barba
i ira i neguit, fets una garba;
li va fer agafar el seu corser
i submís lliurar-li ho sincer,
425 amb els mots: "*Senyor, aquesta bèstia
accepteu, per la gran molèstia
que el meu poc seny us ha causat,
i el poc respecte a vostra edat.*"
Miló muntà, ple d'alegria,
430 l'anell que hagué de jove un dia
li veié al dit, en dar el cavall;
però ell volia més detall:
"*Amic* – li va dir- *escolta,
per déu omnipotent, tal volta
435 el nom del teu pare em pots dir?
I, espera't, i ta mare és qui?
Sols digues-m'ho si és possible.
Veuràs, jo he errat l'indicible
per moltes terres, tot cercant
440 en tornejos, guerres, provant
si cap cavaller era capaç
de desarçonar-me eficaç,
i per fi tu has pogut fer-ho:
jo t'aprecio molt per ser-ho!*"
445 L'altre va respondre: "*Us diré
del meu pare tant com jo sé:
nasqué a Gal·les, gran territori,
té per nom Miló, i és notori
que estimà la filla d'un ric;
450 d'ells vaig néixer i, quan era xic,
a Northumbria em van trametre,
on una tia els va prometre
pujar-me, tenint cura de mi;
i ja havent certa edat així,
455 m'alliçonà i amb cavall i armes*

mes ne l'aveit mie abatu.
Cil raveit si Milun feru
que jus del cheval l'abati.
Desuz la ventaille choisi
la barbe e les chevels chanuz :
mult li pesa qu'il fu cheüz.
Par la resne le cheval prent,
devant lui le tient en present.
Puis li a dit : 'Sire, muntez !
Mult sui dolenz e trespensez
que nul hume de vostre eage
deüsse faire tel ultrage.'
Milun salt sus, mult li fu bel :
el dei celui cunuist l'anel,
[Bl. 169c] quant il li rendi sun cheval.
Il araisune le vassal.
'Amis', fet il, a mei entent !
Pur amur deu omnipotent
di mei cument a nun tis pere !
Cum as tu nun ? Ki est ta mere ?
Saveir en vueil la verité !
Mult ai veü, mult ai erré,
mult ai cerchiees altres terres
par turneiemenz e par guerres :
unques par colp de chevalier
ne chaï mes de mun destrier !
Tu m'as abatu al juster :
a merveille te puis amer !'
Cil li respunt : 'Jo vus dirai
de mun pere tant cum jeo'n sai.
Jeo quid qu'il est de Guales nez
e si est Milun apelez.
Fille a un riche hume aama ;
celeement m'i engendra.
En Norhumbre fui enveiez ;
la fui nurriz e enseigniez,
Une meie ante me nurri.
Tant me guarda ensemble od li,
cheval e armes me dona,

vaig optar anar en terra d'alarmes,
on he estat força temps bregant.
Però ben pensat és l'instant
de tornar per la mar salada
460 *de nou a la meva contrada.*
Potser del pare en sabre res,
i de la mare, benentès.
Potser aquest anell d'or ajudi,
com deia ma tia en l'estudi,
465 *sabent qui sóc no em negaran*
i potser ja m'estimaran."
Miló, davant tal epopeia,
no aguantà més allò que hi deia;
saltant del cavall, menys enterc,
470 llevant-se el visor de l'ausberg
li digué: "*Ai, déu. Ben trobat cura*
dels meus mals! Fill meu! Criatura
t'he buscat tant, per tot arreu,
i ara ets aquí! El meu trofeu!"
475 Quan l'altre el sentí la muntura
davallà i el besà amb cura.
Amb tot llur rostre radiant
l'alegria els posava arran
i es deien mots que, en l'assistència,
480 en feien plors de connivència.
En acabar el torneig, content,
Miló cercà el fill al moment,
frisava per la companyia
i parlar a lloure tot el dia.
485 A l'hostal se'ls hi féu de nit
i tot no s'ho havien dit!
També algun cavaller escoltava
com en Miló, allargant la taba,
deia al fill que havent estimat
490 sa mare els havia allunyat
el seu avi, atorgant-la a un comte
de la contrada. I com ell, prompte,
estimant-la tant, ho refé
amb un cigne de mitjancer,

en ceste terre m'enveia.
Ci ai lungement conversé.
En talent ai e en pensé,
hastivement mer passerai,
en ma cuntree m'en irrai.
Saveir vueil l'estre de mun pere
cum il se cuntient vers ma mere.
Tel anel d'or li musterrai
e tels enseignes li dirai,
ja ne me voldra reneier,
[Bl. 169d] ainz m'amera e tendra chier.'
Quant Milun l'ot issi parler,
il ne poeit plus esculter :
avant sailli hastivement,
par le pan del halberc le prent.
'E deus ! ' fait il, 'cum sui guariz !
Par fei, amis, tu iés mis fiz.
Pur tei trover e pur tei querre,
eissi uan fors de ma terre.'
Quant cil l'oï, a pié descent,
sun pere baise dulcement.
Mult bel semblant entre els faiseient
e itels paroles diseient,
que li altre kis esguardouent
de joie e de pitié plurouent.
Quant li turneiemenz depart,
Milun s'en vet ; mult li est tart
qu'a sun fiz parolt a leisir
e qu'il li die sun plaisir.
En un ostel furent la nuit.
Asez ourent joie e deduit ;
de chevaliers a grant plenté.
Milun a a sun fiz cunté
de sa mere cum il l'ama,
e cum sis pere la duna
a un barun de sa cuntree,
e cument il l'a puis amee
e ele lui de bon curage,
e cum del cigne fist message,

495 que en dugué cartes a tones,
en no fiar-se'n de persones.
I el fill ferm diu: "*Pare, si us plau,
us reuniré amb la mare en pau,
deixeu que mati jo al comte
500 i us casareu pel vostre compte.*"

Dit això no van parlar més.
L'endemà, a punt de marxa endreç,
a llurs amics van deixar enrere,
anant al país que espera;
505 la mar van passar en un moment,
gràcies als bons cops de vent,
que el posà en camí bo com era.
Van trobar-hi un noi en carrera,
de part de l'amiga de Miló
510 que anava a Bretanya amb ardor,
cercant-lo a ell en persona,
que ara fet, feliç la patrona,
un escrit li hagués lliurat,
mes de paraula l'ha contat:
515 que tornés, sense cap demora,
mort era el marit, i en bona hora!
Quan Miló sentí el relat
li va agrair meravellat,
i prest al seu fill informa,
520 ja sense espera i tots conforme,
amb gran delit i pas actiu
al castell on la dama viu
fan cap. Ella, tota alegria,
veient son fill ple d'homenia,
525 tot plorant l'omplí de petons.
Sens parents ni gent pels racons
llur fill els uní de per vida:
la mare al seu pare ja unida,
per bé durable i sense adorn
530 visqueren plegats nits i jorn.

ses letres li faiseit porter,
ne s'osot en nului fiër.
Li fiz respunt : 'Par fei, bels pere,
assemblerai vus e ma mere.
Sun seignur qu'ele a ocirai
e espuser la vus ferai.'

[Bl. 170a] Cele parole dunc laissierent
e el demain s'apareillierent.
Cungié pernent de lur amis,
si s'en revunt en lur païs.
Mer passerent hastivement,
bon oré orent e fort vent.
Si cum il eirent le chemin,
si encuntrerent un meschin.
De l'amie Milun veneit,
en Bretaigne passer voleit ;
ele l'i aveit enveié.
Ore a sun travail acurcié.
Un brief li baille enseelé.
Par parole li a cunté
que s'en venist, ne demurast ;
morz est sis sire, or s'en hastast !
Quant Milun oï la novele,
a merveille li sembla bele.
A sun fiz l'a mustré e dit.
N'i ot essuigne ne respit ;
tant eirent que il sunt venu
al chastel u la dame fu.
Mult par fu liee de sun fiz
ki tant esteit pruz e gentiz.
Unc ne demanderent parent :
senz cunseil de tute altre gent
lur fiz amdous les assembla,
la mere a sun pere dona.
En grant bien e en grant dulçur
vesquirent puis e nuit e jur.

Del seu amor i benaurança
fa temps corre un Lai que no cansa,
i jo ara l'he posat escrit,
per complaure-us ben bé el delit.

De lur amur e de lur bien
firent un lai li anciën ;
e jeo ki l'ai mis en escrit
el recunter mult me delit.

X - EL DISSORTAT

De cop vaig poder recordar
un Lai del que sentí parlar
fa temps i en diré l'aventura.
Va néixer en ciutat de planura,
5 i com a nom l'han batejat
amb el títol de El Dissortat;
per altres, d'esperit més recte,
Els Quatre Dols és més correcte.

A Nantes, Bretanya, visqué
10 una dama de bon planter,
vàlida, bella, amb saviesa
i d'una gran exquisidesa.
No hi havia cap cavaller,
prou meritós, o ardit també,
15 que per un cop que l'hagués vista
no l'amés de forma imprevista.
Tant com no els pot estimar tots
els empeny, brindant-los uns mots.
A tota dama d'una terra
20 més li val ser atenta, amb mà esquerra
que bandejar un foll del costat,
que és tenir-lo desesperat.
Dama que agraeix bones obres
si un pretendent li és de sobres,
25 millor que li faci sentir
tot de paraules de bon dir,
si un cas li ha mostrat respecte,
més val ser amable i tornar afecte.
La dama que jo vull narrar
30 d'amar va ser pretesa, és clar

X. Chaitivel

Talenz me prist de remembrer
un lai dunt jo oï parler.
L'aventure vus en dirai
e la cité vus numerai
u il fu nez, e cum ot nun.
'Le Chaitivel' l'apelë hum,
e si i a plusurs de cels
ki l'apelent 'Les Quatre Doels.'

En Bretaigne a Nantes maneit
une dame ki mult valeit
de bealté e d'enseignement
e de tut bon afaitement.
N'ot en la terre chevalier
ki alkes feïst a preisier,
pur ceo qu'une feiz la veïst,
que ne l'amast e requeïst.
El nes pot mie tuz amer,
n'el nes volt mie retiser.
Tutes les dames d'une terre
vendreit mielz amer e requerre,
que un fol de son pan tolir,
kar eil vuelt en eire ferir.
La dame fait a tuz lur gre
desuz la bone volunté ;
purquant, s'ele nes vuelt oir,
nes deit de paroles laidir,
mes tenir chier e enurer,
a gre servir e merciër.
La dame dunt jo vueil cunter
ki tant esteit requise d'amer,

per la vàlua i la bellesa,
molts dies, nits sense flaquesa
per quatre bretons, grans prohoms,
dels que ara no en sé dir llurs noms,
35 tret que tenien altivesa,
i tanta o més que ella bellesa;
eren cavallers molt ardits,
atents, cortesos, divertits;
foren tinguts en molta estima,
40 com gentilhomes la cort mima.
Els quatre amaven dama igual
esforçant-se així en l'assalt.
D'haver el seu amor l'avantatge
cadascun empra un propi usatge,
45 requerint-la diversament,
posant-hi l'esforç més potent,
pensant ser millor que la resta
i més hàbils en la conquesta.
La dama, ben plena de seny,
50 dava llargues minant terreny,
per veure aquell qui més valia
d'haver del seu amor la via.
Tant d'ímpetu hi van posar tots
que per no perdre'ls deia mots
55 tant a un com als tres, la resta;
a cap d'ells no dava mai festa
i a tots somriures prou sincers,
penyores, secrets mitjancers;
de fet no en sabia fer tria,
60 sols deixar-la per altre dia.
Un pensava fer-ho molt bé,
i tots més que els altres, també.
Reunits cavallers d'assemblea,
per ser primer era la idea
65 i davant d'ella ser els millors,
i sempre que els veiés d'on fos.
Tots la tenien per amiga
i en duien penyora: la lliga,
l'anell, màniga i gonfanó,

pur sa bealté, pur sa valur
s'en entremistrent li plusur.
En Bretaigne ot quatre baruns,
mes jeo ne sai numer lur nuns.
Il n'aveient guaires d'eé,
mes mult erent de grant bealté
e chevalier pruz e vaillant,
large, curteis e despendant ;
mult par esteient de grant pris
e gentil hume del païs.
Icil quatre la dame amoënt
e de bien faire se penoënt ;
pur li e pur s'amur aveir
i meteit chescuns sun poeir.
Chescuns par sei la requereit
e tute sa peine i meteit ;
n'i ot celui ki ne quidast
que mielz d'altre n'i espleitast.
La dame fu de mult grant sens.
En respit mist e en purpens
pur saveir e pur demander
li quels sereit mielz a amer.
Tant furent tuit de grant valur,
ne pot eslire le meillur.
Ne volt les treis perdre pur l'un :
bel semblant faiseit a chescun,
ses druëries lur donout,
ses messages lur enveiout.
Li uns de l'altre ne saveit,
mes departir nuls nes poeit ;
par bel servir e par preier
quidot chescuns mielz espleitier.
A l'assembler des chevaliers
voleit cheseuns estre primiers
de bien faire, se il petist,
pur ceo qu'a la dame pleüst.
Tuit la teneient pur amie,
tuit portouent sa druërie,
anel u manche u gumfanun,

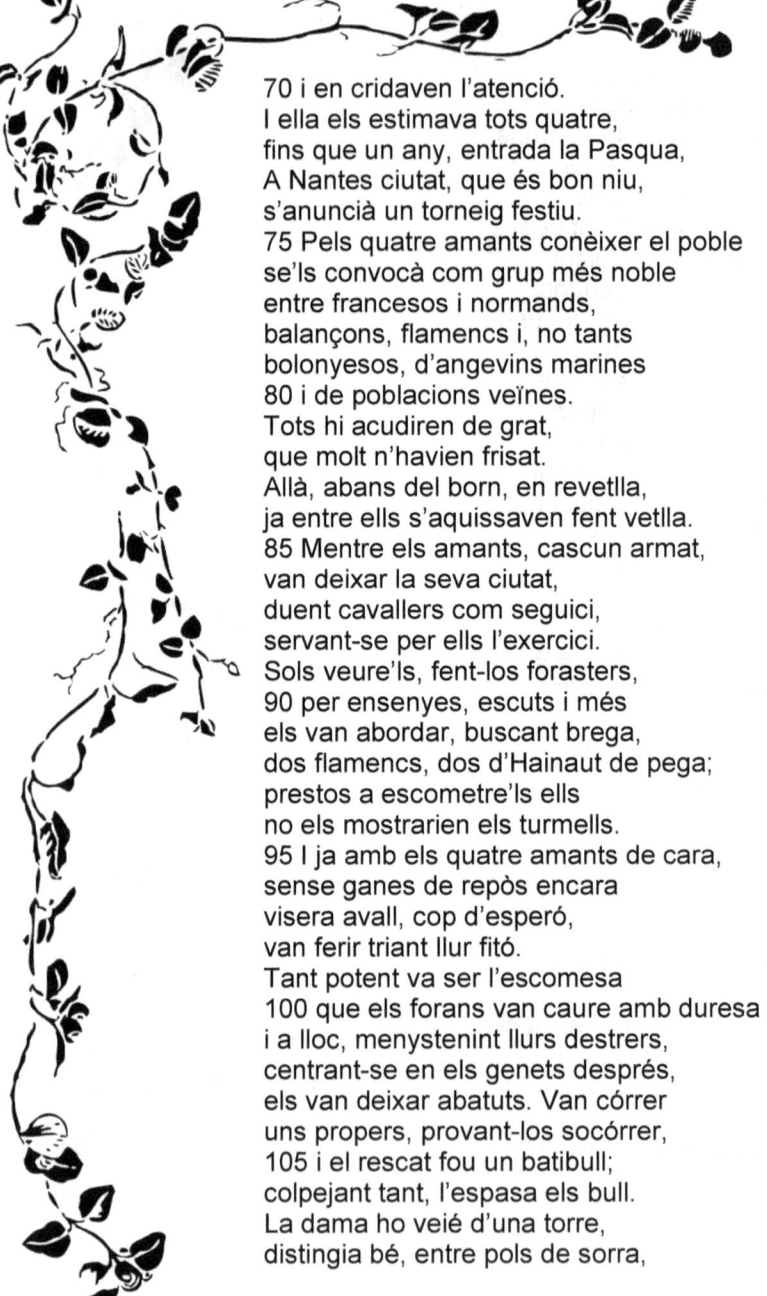

70 i en cridaven l'atenció.
I ella els estimava tots quatre,
fins que un any, entrada la Pasqua,
A Nantes ciutat, que és bon niu,
s'anuncià un torneig festiu.
75 Pels quatre amants conèixer el poble
se'ls convocà com grup més noble
entre francesos i normands,
balançons, flamencs i, no tants
bolonyesos, d'angevins marines
80 i de poblacions veïnes.
Tots hi acudiren de grat,
que molt n'havien frisat.
Allà, abans del born, en revetlla,
ja entre ells s'aquissaven fent vetlla.
85 Mentre els amants, cascun armat,
van deixar la seva ciutat,
duent cavallers com seguici,
servant-se per ells l'exercici.
Sols veure'ls, fent-los forasters,
90 per ensenyes, escuts i més
els van abordar, buscant brega,
dos flamencs, dos d'Hainaut de pega;
prestos a escometre'ls ells
no els mostrarien els turmells.
95 I ja amb els quatre amants de cara,
sense ganes de repòs encara
visera avall, cop d'esperó,
van ferir triant llur fitó.
Tant potent va ser l'escomesa
100 que els forans van caure amb duresa
i a lloc, menystenint llurs destrers,
centrant-se en els genets després,
els van deixar abatuts. Van córrer
uns propers, provant-los socórrer,
105 i el rescat fou un batibull;
colpejant tant, l'espasa els bull.
La dama ho veié d'una torre,
distingia bé, entre pols de sorra,

e chescuns escriot sun nun.
Tuz quatre les ama e tint,
tant qu'aprés une paske vint,
que devant Nantes la cité
ot un turneiement crié.
Pur aquointier les quatre druz,
mulz ot d'altre païs venuz,
e li Franceis e li Norman
e li Flemenc e li Breban,
li Buluigneis, li Angevin
e cil ki pres furent veisin,
tuit i sunt volentiers alé.
Lunc tens aveient surjurné.
 Al vespre del turneiement
s'entreferirent durement.
Li quatre dru furent armé
e eissirent de la cité ;
lur chevalier vindrent aprés,
mes sur els quatre fu li fes.
Cil de fors les unt coneüz
as enseignes e as escuz.
Cuntre els enveient chevaliers,
dous Flamens e dous Henoiers,
apareilliez cume de puindre ;
n'i a celui ne vueille juindre.
Cil les virent vers els venir,
n'aveient talent de fuïr.
Lance baissiee, a esperun
choisi chescuns sun cumpaignun.
Par tel aïr s'entreferirent
que li quatre de fors cheirent.
Il n'ourent cure des destriers,
ainz les laissierent estraiers ;
sur les abatuz se resturent.
Lur chevalier les succururent.
A la rescusse ot grant medlee,
meint colp i ot feru d'espee.
La dame fu sur une tur,
bien choisi les suens e les lur.

els oponents dels seus amants.
110 Ai, no sap quin té més encants!

Llavors, el torneig cert comença;
rengs compactes fan defensa,
i davant dels portals mateix
hi ha picades fortes d'escreix.
115 Els quatre amants daven batalla
que eren orgull de la gentalla,
fins que es guanyà la negra nit
i es van separar, en un respit
dels companys, lluitant d'uns a banda.
120 Això els perdé, en donar a altres tanda:
tres van ser morts; res, poc després,
el quart nafrat, quasi decés,
fou enastat pel mig la cuixa
de llança llarga i gens fluixa.
125 Al camp planà perplexitat,
quan a tots quatre han derrocat.
Qui els ha mort i encara aferra
l'escut, dolgut el llença a terra;
molts s'apleguen en el seu dol
130 i al voltant en fan un redol.
Llurs crits s'escampen per la vila
manta gent acut i hi desfila,
hom diria mitja ciutat;
han perdut la por en acabat.
135 De cavallers amb dolor fonda
n'eren dos mil o quasi ho ronda,
tants com l'elm es van desllaçar
barba i cabells van arrencar;
de general que era la pena,
140 posats en llurs escuts l'esquena,
els van traginar a la ciutat
amb plors, i a la dama lliurat
que, d'ençà el gir fatal de festa,
s'esllanguí i perdé la testa.
145 En refer-se els cridà un a un
pel nom, abocada al damunt.

Ses druz i vit mult bien aidier :
ne set le quel deit plus preisier.

 Li turneiemenz cumença
li reng crurent, mult espessa.
Devant la porte meinte feiz
fu le jur meslez li turneiz.
Si quatre dru bien le faiseient,
si que de tuz le pris aveient,
tant que ceo vint a l'avesprer
que il deveient desevrer.
Trop folement s'abandonerent
luinz de lur gent, sil cumparerent :
kar li trei i furent ocis
e li quarz nafrez e mal mis
par mi la quisse e enz el cors
si que la lance parut fors.
A traverse furent feru
e tuit quatre furent cheü.
Cil ki a mort les unt nafrez,
lur escuz unt es chans getez ;
mult esteient pur els dolent,
nel firent pas a esciënt.
La noise leva e li criz,
unques tels doels ne fu oïz.
Cil de la cité i alerent,
unques les altres ne duterent ;
pur la dolur des chevaliers
i aveit itels dous milliers
ki lur ventaille deslaçouent
chevels e barbes detirouent.
Entre els esteit li doels comuns.
Sur un escu fu mis chescuns ;
en la cité les unt portez
a la dame kis ot amez.
Des qu'ele sot cele aventure,
pasmee chiet a terre dure.
Quant ele vient de pasmeisun,
chescun regrete par sun nun.

"*Ai, lassa, que faré?- diu ella*
Com ser feliç amb mala estrella?
He amat tots quatre cavallers,
150 *cadascun per motius sobrers.*
Tenia per grans llurs proeses:
Ells molts cop tenien certeses
dels meus gestos d'amor; valor
per bellesa em daven; fervor.
155 *Dels quatre no en volia ometre*
cap per triar-ne un. Jo vull retre
lloança a tots; no sé a quin més
dedicant-me, celant l'excés.
Tres són morts i un ple de ferides;
160 *és cuidar un viu o tornar vides.*
Els morts es poden sebollir
i prou, les nafres puc guarir
i aconseguir una cosa bona:
metge en això és millor que dona."
165 A la cambra el ferit dugué
i els altres al comú recer;
això sí, amb nobles mortalles,
i per part seva, amb grans ploralles.
En una abadia els tres junts
170 colgà finalment els difunts.
Sempre hi va fer moltes ofrenes,
donacions també, a mans plenes.
Que déu els hagi perdonat!
Els metges que havia cridat
175 per curar el ferit de ca seva
s'hi esforçaren sense treva.
Ella anava a veure'l sovint
i el reconfortava, indistint,
que molts cops trobés en falta
180 els altres tres; i no en veu alta
se'n planyia. Un dia, dinant
el cavaller guarit, parlant
veié en ella ulls de melangia,
que amb cap cot, però amb cortesia
185 s'entotsolava amb un record.

'Lasse', fet ele, 'que ferai ?
Ja mes haitiee ne serai !
Cez quatre chevaliers amoue
e chescun par sei cuveitoue ;
mult par aveit en els grant bien.
Il m'amoënt sur tute rien.
Pur lur bealté, pur lur pruësce,
pur lur valur, pur lur largesce
les fis a mei amer entendre ;
nes voil tuz perdre pur l'un prendre.
Ne sai le quel jeo dei plus pleindre ;
mes ne m'en puis covrir ne feindre.
L'un vei nafré, li trei sunt mort :
n'ai rien el mund ki me confort !
Les morz ferai ensevelir,
e se li nafrez puet guarir,
volentiers m'en entremetrai
e bons mires li baillerai.
En ses chambres le fet porter.
Puis fist les altres cunreer ;
a grant amur e noblement
les aturna e richement.
En une mult riche abeïe
fist grant offrendre e grant partie
la u il furent enfuï :
deus lur face bone merci !
Sages mires aveit mandez,
sis a al chevalier livrez,
ki en sa chambre jut nafrez,
tant qu'a guarisun est turnez.
Ele l'alot veeir sovent
e cunfortout mult bonement ;
mes les altres treis regretot
e grant dolur pur els menot.
Un jur d'esté aprés mangier
parlot la dame al chevalier.
De sun grant doel li remembrot
e le suen chief jus en baissot ;
forment comença a penser.

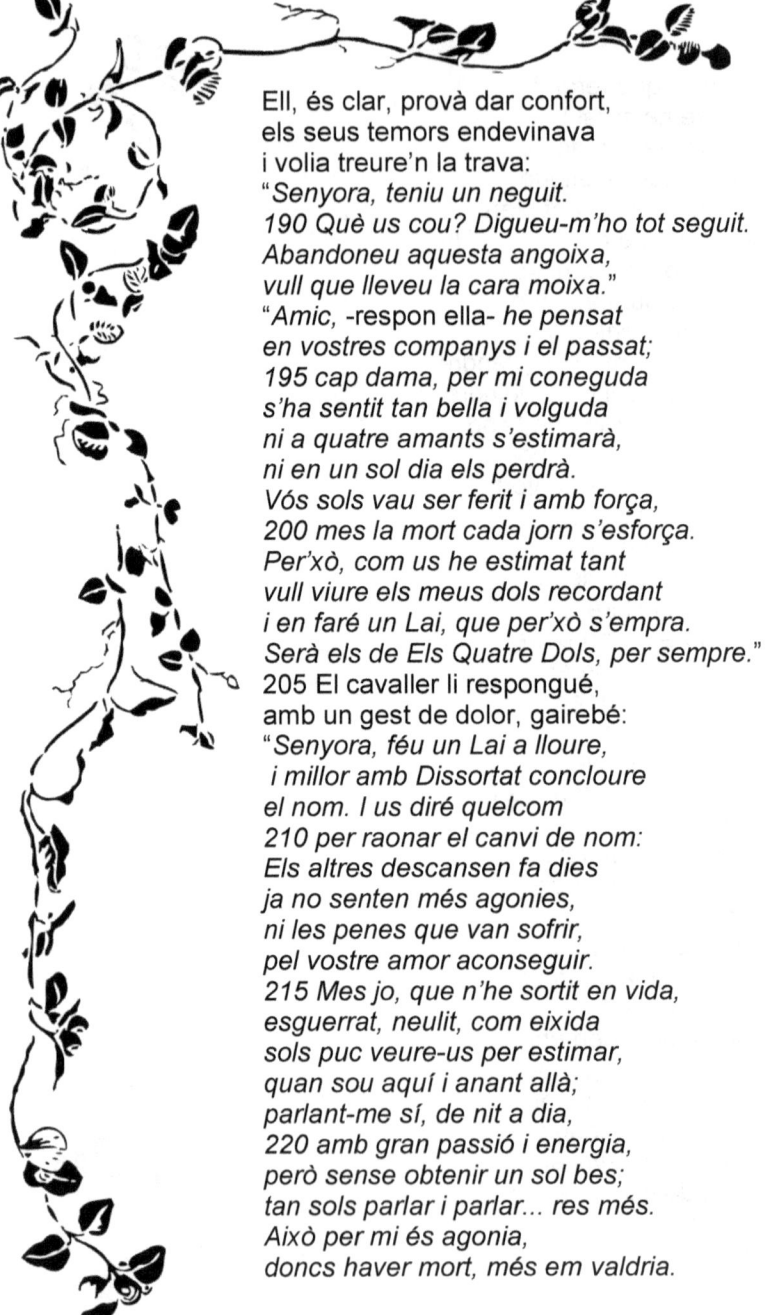

Ell, és clar, provà dar confort,
els seus temors endevinava
i volia treure'n la trava:
"Senyora, teniu un neguit.
190 Què us cou? Digueu-m'ho tot seguit.
Abandoneu aquesta angoixa,
vull que lleveu la cara moixa."
"Amic, -respon ella- he pensat
en vostres companys i el passat;
195 cap dama, per mi coneguda
s'ha sentit tan bella i volguda
ni a quatre amants s'estimarà,
ni en un sol dia els perdrà.
Vós sols vau ser ferit i amb força,
200 mes la mort cada jorn s'esforça.
Per'xò, com us he estimat tant
vull viure els meus dols recordant
i en faré un Lai, que per'xò s'empra.
Serà els de Els Quatre Dols, per sempre."
205 El cavaller li respongué,
amb un gest de dolor, gairebé:
"Senyora, féu un Lai a lloure,
i millor amb Dissortat concloure
el nom. I us diré quelcom
210 per raonar el canvi de nom:
Els altres descansen fa dies
ja no senten més agonies,
ni les penes que van sofrir,
pel vostre amor aconseguir.
215 Mes jo, que n'he sortit en vida,
esguerrat, neulit, com eixida
sols puc veure-us per estimar,
quan sou aquí i anant allà;
parlant-me sí, de nit a dia,
220 amb gran passió i energia,
però sense obtenir un sol bes;
tan sols parlar i parlar... res més.
Això per mi és agonia,
doncs haver mort, més em valdria.

E il la prist a reguarder ;
bien aparceit qu'ele pensot.
Avenantment l'araisunot :
'Dame, vus estes en esfrei !
Que pensez vus ? Dites le mei !
Laissiez vostre dolur ester,
bien vus devriëz conforter ! '
'Amis', fet ele, 'jeo pensoue
e voz cumpaignuns remembroue.
Ja mes dame de mun parage
tant nen iert bele, pruz ne sage,
tels quatre ensemble n'amera
ne en un jur si nes perdra,
fors vus tut sul ki nafrez fustes,
grant poür de mort en eüstes.
Pur ceo que tant vus ai amez,
vueil que mis doels seit remembrez.
De vus quatre ferai un lai
e Quatre Doels le numerai.'
Li chevaliers li respundi
hastivement, quant il l'oï :
'Dame, faites le lai novel,
si l'apelez Le Chaitivel !
E jeo vus vueil mustrer raisun
que il deit issi aveir nun.
Li altre sunt pieç'a finé
e trestut le siecle unt usé
en la grant peine qu'il sufreient
de l'amur qu'il vers vus aveient.
Mes jo ki sui eschapez vis,
tuz esguarez e tuz chaitis,
ceo qu'el siecle puis plus amer
vei sovent venir e aler,
parler a mei matin e seir,
si n'en puis nule joie aveir
ne de baisier ne d'acoler
ne d'altre bien fors de parler,
Tels cent mals me faites sufrir,
mielz me valdreit la mort tenir.

*225 Per'xò que al Lai que heu esmentat
li escau més El dissortat;
qui amb Quatre Dols l'anomena
no en fa un nom just per tanta pena."
"És cert – diu ella –és encertat
230 i bell dir-li'n El dissortat"*

Així el lai ja començava
tot circulant i sense trava.
Mentre uns en diuen Quatre Dols,
segons hi pesen agombols,
235 d'altres l'altre que s'hi ajusta;
tots dos noms collen igual fusta.
Per mi en dic El Dissortat,
és un parer, i ja s'ha acabat.
Res més en sé i no puc dir gaire,
240 tot com el temps s'ho menja l'aire.

Pur c'iert li lais de mei nomez :
'Le Chaitivel' iert apelez.
Ki 'Quatre Doels' le numera,
sun propre nun li changera.'
'Par fei', fet ele, 'ceo m'est bel,
Or l'apelum Le Chaitivel ! '

 Issi fu li lais comenciez
e puis parfaiz e anunciez,
Icil kil porterent avant,
'Quatre Doels' l'apelent alquant.
Chescuns des nuns bien i afiert,
kar la matire le requiert ;
Le Chaitivel a nun en us.
Ici finist, n'en i a plus :
plus n'en oï ne plus n'en sai
ne plus ne vus en cunterai.

XI - LLIGABOSC

Vull explicar, que em plau molt,
el Lai Lligabosc que en mormol
fan córrer la veritat certa.
També on fou fet i, amb l'oferta,
5 el com. Si me l'han referit
també l'he trobat per escrit
al relat Tristany i la Reina,
amb llur amor, que tanta feina
mentre durà els portà i dolor,
10 puix moriren en l'esplendor.

Quan el rei Marc era ple d'ira
vers Tristany, en plena guspira,
perquè amava la reina d'ell,
l'havia expulsat del castell
15 i el jove era lluny de sa terra,
al sud de Gal·les, per on erra;
fins passar tot un any sencer,
no podia tornar ni re
i en propi abandó va caure
20 que el dugué amb la mort quasi raure.
No el jutgeu pas tant durament
puix qui estima lleialment
viu trist dins una greu calitja
en no abastar allò que desitja.
25 Tristany estava malaltís
per'xò sortí del seu país
i tornà prest a Cornualla,
on la reina és rere muralla.
Fora,ran d'un bosc s'apostà,

XI. **Chievrefueil.**

Asez me plest e bien le vueil
del lai qu'um nume Chievrefueil
que la verité vus en cunt
coment fu fez, de quei e dunt.
Plusur le m'unt cunté e dit
e jeo l'ai trové en escrit
de Tristram e de la reïne,
de lur amur ki tant fu fine,
dunt il ourent meinte dolur ;
puis en mururent en un jur.

Li reis Mars esteit curuciez,
vers Tristram, sun nevu, iriez ;
de sa terre le cungea
pur la reïne qu'il ama.
En sa cuntree en est alez.
En Suhtwales u il fu nez
un an demura tut entier,
ne pot ariere repairier ;
mes puis se mist en abandun
de mort e de destructiün.
Ne vus en merveilliez nïent :
kar cil ki eime leialment
mult est dolenz e trespensez,
quant il nen a ses volentez.
Tristram est dolenz e pensis :
pur ceo s'esmut de sun païs.
En Cornuaille vait tut dreit
la u la reïne maneit.
En la forest tuz suls se mist,

30 tot amagat del pas d'allà;
i al vespre, hora de jóc, sortia
i amb camperols finia el dia;
rebut pels pagesos de bé
captava sobrants i recer;
35 n'obtenia les recents noves,
i un dia del rei tingué proves,
segons una font molt fidel,
que el rei vindria a Tintagel
a inaugurar entre prohoms junta
40 i entremig obrir cort conjunta.
Al llarg la Pentecosta tots
festejarien goigs amb mots,
i la reina també hi seria.
Sentint-ho. Tristany se'n delia;
45 ella no arribaria pas
sense que ell la veiés fugaç.
Quan el rei començà el trajecte
Tristany anà al bosc que era objecte
i on el reial tenia el pas.
50 Un pal de branca tallà escàs,
d'avellaner i pelà l'escorça,
després, amb més traça que força,
la polí fent un bastó, com
qui no vol, i en gravà el seu nom.
55 Si la reina se n'adonava,
que cap indici no obviava,
molts cops ja ho havia viscut,
ni un detall li era perdut,
de l'amic n'hauria evidència,
60 sols en veure el bastó en presència.
Tal era el missatge pretès
que volia deixar palès:
com llarga havia estat l'estada,
mentre allí l'havia esperada.
65 Ella entendria el seu capritx,
manifestat pel seu desig;
de veure-la no se'n podia
estar, entre els dos hi havia

ne voleit pas qu'um le veïst.
En la vespree s'en eisseit,
quant tens de herbergier esteit.
Od païsanz, od povre gent
perneit la nuit herbergement.
Les noveles lur enquereit
del rei cum il se cunteneit.
Cil li diënt qu'il unt oï
que li barun erent bani,
a Tintagel deivent venir,
li reis i vuelt feste tenir,
a pentecuste i serunt tuit ;
mult i avra joie e deduit,
e la reïne od lui sera.
Tristram l'oï, mult s'en haita.
Ele n'i purra mie aler
qu'il ne la veie trespasser.
Le jur que li reis fu meüz
est Tristram el bois revenuz
sur le chemin que il saveit
que la rute passer deveit.
Une coldre trencha par mi,
tute quarree la fendi.
Quant il a paré le bastun,
de sun cultel escrit sun nun.
Se la reïne s'aparceit,
ki mult grant guarde s'en perneit,
de sun ami bien conuistra
le bastun quant el le verra ;
altre feiz li fu avenu
que si l'aveit aparceü.
Ceo fu la sume de l'escrit
qu'il li aveit mandé e dit,
que lunges ot ilec esté
e atendu e surjurné
pur espier e pur saveir
coment il la peüst veeir,
kar ne poeit vivre senz li.
D'els dous fu il tut altresi

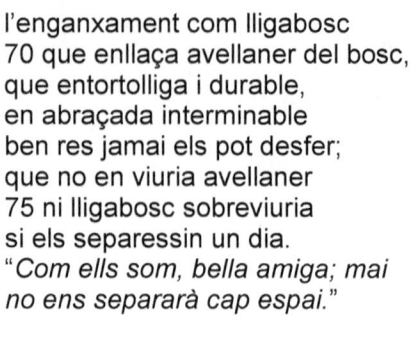

l'enganxament com lligabosc
70 que enllaça avellaner del bosc,
que entortolliga i durable,
en abraçada interminable
ben res jamai els pot desfer;
que no en viuria avellaner
75 ni lligabosc sobreviuria
si els separessin un dia.
"*Com ells som, bella amiga; mai
no ens separarà cap espai.*"

Cavalcant la reina euga blanca,
80 mirant-ho tot, veié la branca:
bastó nou, conegué el lletrut
i traces de l'amant perdut.
Al seguici mana i atura,
i d'un salt deixa la muntura;
85 tombant-se ordena als cavallers
de fer el mateix dels seus destrers;
I mentre ells estiren les cames
ella, amb pretext, lluny de les dames,
però amb la donzella assistent,
90 Brangiana, deixa la gent.
I collint flors, amb la comparsa,
s'endinsa al bosc fins a trobar-se
a aquell per qui dava l'amor.
S'abraçaren sense rubor.
95 Ell li parlà a pler, en tant que ella
repetia igual cantarella;
després li explicà breument
favors que tenia el rei en ment
per fer les paus. Que se'n dolia
100 d'haver-lo expulsat i el dia,
que tot venia de llenguts.
Ja dit, cobrà els passos vinguts
però a mig fer, tot aturant-se
el sentí plorar; ella no es cansa
105 de consolar-lo. Fou Tristany

cume del chievrefueil esteit
ki a la coldre se perneit :
quant il s'i est laciez e pris
e tut en tur le fust s'est mis,
ensemble poeent bien durer ;
mes ki puis les vuelt desevrer,
la coldre muert hastivement
e li chievrefueilz ensement.
'Bele amie, si est de nus :
ne vus senz mei ne jeo senz vus !'

 La reïne vint chevalchant.
Ele esguarda un poi avant,
le bastun vit, bien l'aparceut,
tutes les letres i conut.
Les chevaliers, ki la menoënt
e ki ensemble od li erroënt,
cumanda tost a arester :
descendre vuelt e reposer.
Cil unt fait sun comandement.
Ele s'en vet luinz de sa gent ;
sa meschine apela a sei,
Brenguein, ki mult ot bone fei.
Del chemin un poi s'esluigna.
Dedenz le bois celui trova
que plus amot que rien vivant.
Entre els meinent joie mult grant.
 A li parla tut a leisir,
e ele li dist sun plaisir ;
puis li mustra cumfaitement
del rei avra acordement,
e que mult li aveit pesé
de ceo qu'il l'ot si cungeé,
par encusement l'aveit fait.
A tant s'en part, sun ami lait ;
mes quant ceo vint al desevrer,
dunc comencierent a plurer.
Tristram en Wales s'en rala,

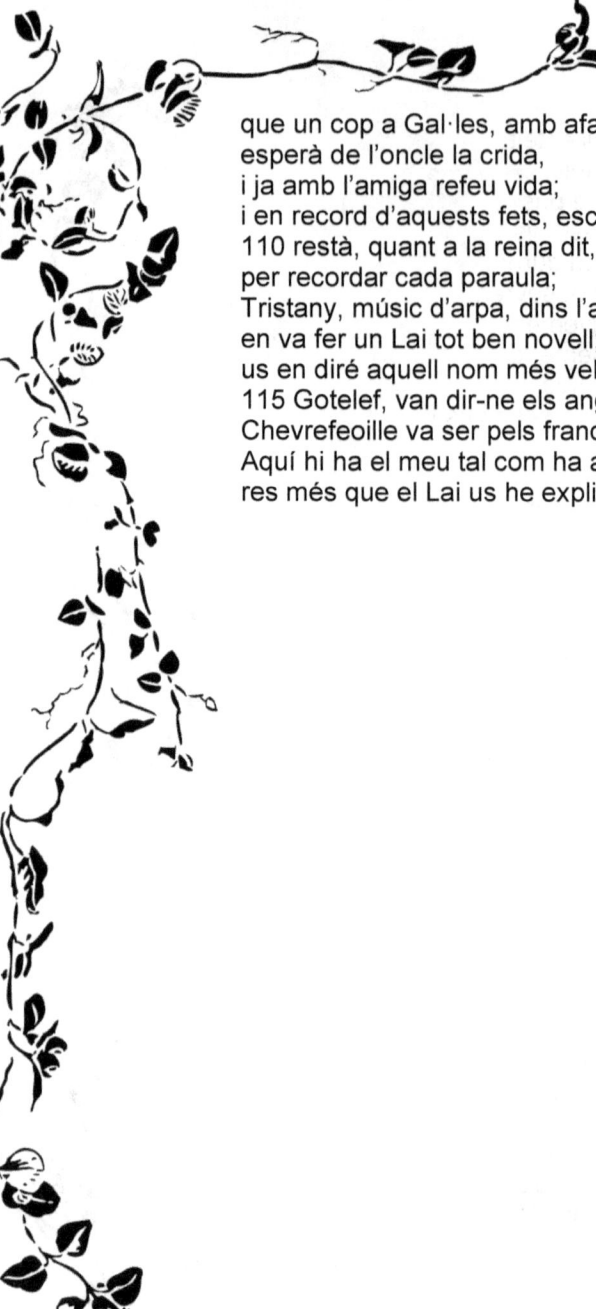
que un cop a Gal·les, amb afany
esperà de l'oncle la crida,
i ja amb l'amiga refeu vida;
i en record d'aquests fets, escrit
110 restà, quant a la reina dit,
per recordar cada paraula;
Tristany, músic d'arpa, dins l'aula
en va fer un Lai tot ben novell;
us en diré aquell nom més vell:
115 Gotelef, van dir-ne els anglesos,
Chevrefeoille va ser pels francesos.
Aquí hi ha el meu tal com ha anat;
res més que el Lai us he explicat.

tant que sis uncles le manda.
 Pur la joie qu'il ot eüe
de s'amie qu'il ot veüe
par le bastun qu'il ot escrit,
si cum la reïne l'ot dit,
pur les paroles remembrer,
Tristram, ki bien saveit harper,
en aveit fet un nuvel lai.
Asez briefment le numerai :
'*Gotelef*' l'apelent Engleis,
'Chievrefueil' le nument Franceis.
Dit vus en ai la verité,
del lai que j'ai ici cunté.

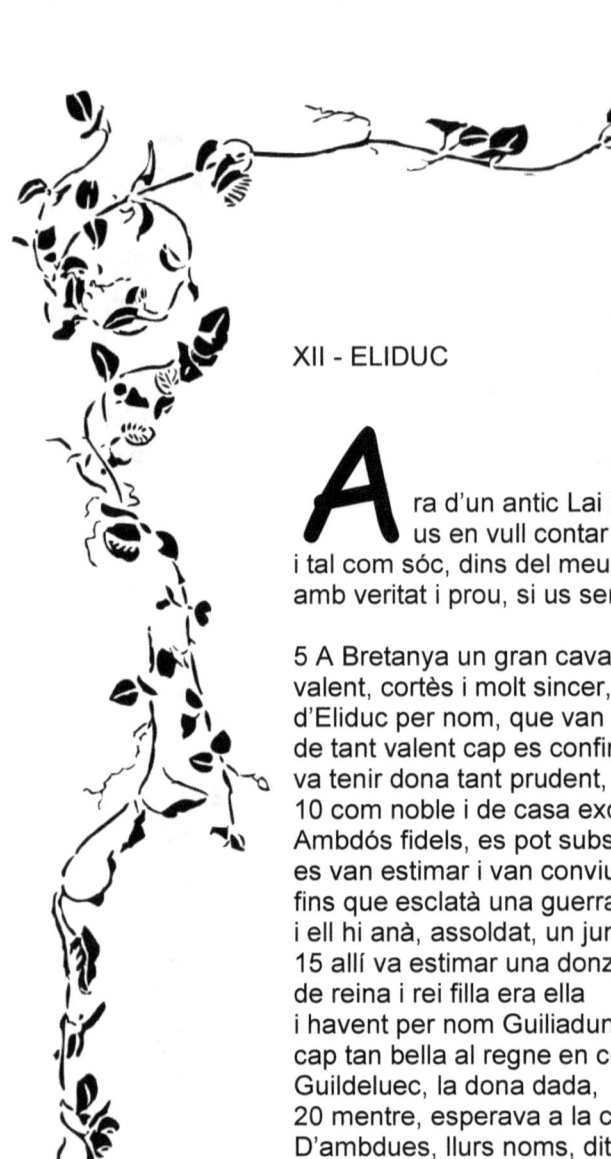

XII - ELIDUC

Ara d'un antic Lai bretó
us en vull contar la raó;
i tal com sóc, dins del meu demble,
amb veritat i prou, si us sembla.

5 A Bretanya un gran cavaller,
valent, cortès i molt sincer,
d'Eliduc per nom, que van dir-me,
de tant valent cap es confirma;
va tenir dona tant prudent,
10 com noble i de casa excel·lent.
Ambdós fidels, es pot subscriure,
es van estimar i van conviure
fins que esclatà una guerra lluny
i ell hi anà, assoldat, un juny;
15 allí va estimar una donzella
de reina i rei filla era ella
i havent per nom Guiliadun
cap tan bella al regne en conjunt.
Guildeluec, la dona dada,
20 mentre, esperava a la contrada.
D'ambdues, llurs noms, dits amunt:
Guildeluec, Guiliadun
se'n va dir el Lai, al principi;
més tard Eliduc, de participi
25 principal, d'elles prengué el nom.
I amb tot d'elles el Lai té el com.
Bé, us explicaré l'aventura,
amb la veritat pura i dura.

XII. ELIDUC.

D'un mult anciën lai Bretun
le cunte e tute la raisun
vus dirai, si cum jeo entent
la verité mun esciënt.

En Bretaigne ot un chevalier
pruz e curteis, hardi e fier.
Eliduc ot nun, ceo m'est vis,
n'ot si vaillant hume el païs.
Femme ot espuse, noble e sage,
de halte gent, de grant parage.
Ensemble furent lungement,
mult s'entramerent leialment ;
mes puis avint par une guerre
que il ala soldees querre :
iluec ama une meschine,
fille ert a rei e a reïne.
Guilliadun ot nun la pucele,
el reialme nen ot plus bele.
La femme resteit apelee
Guildeluëc en sa cuntree.
D'eles dous a li lais a nun
Guildeluëc ha Guilliadun.
'Eliduc' fu primes nomez,
mes ore est li nuns remuëz,
kar des dames est avenu
l'aventure dunt li lais fu.
Si cum avint, vus cunterai,
la verité vus en dirrai.

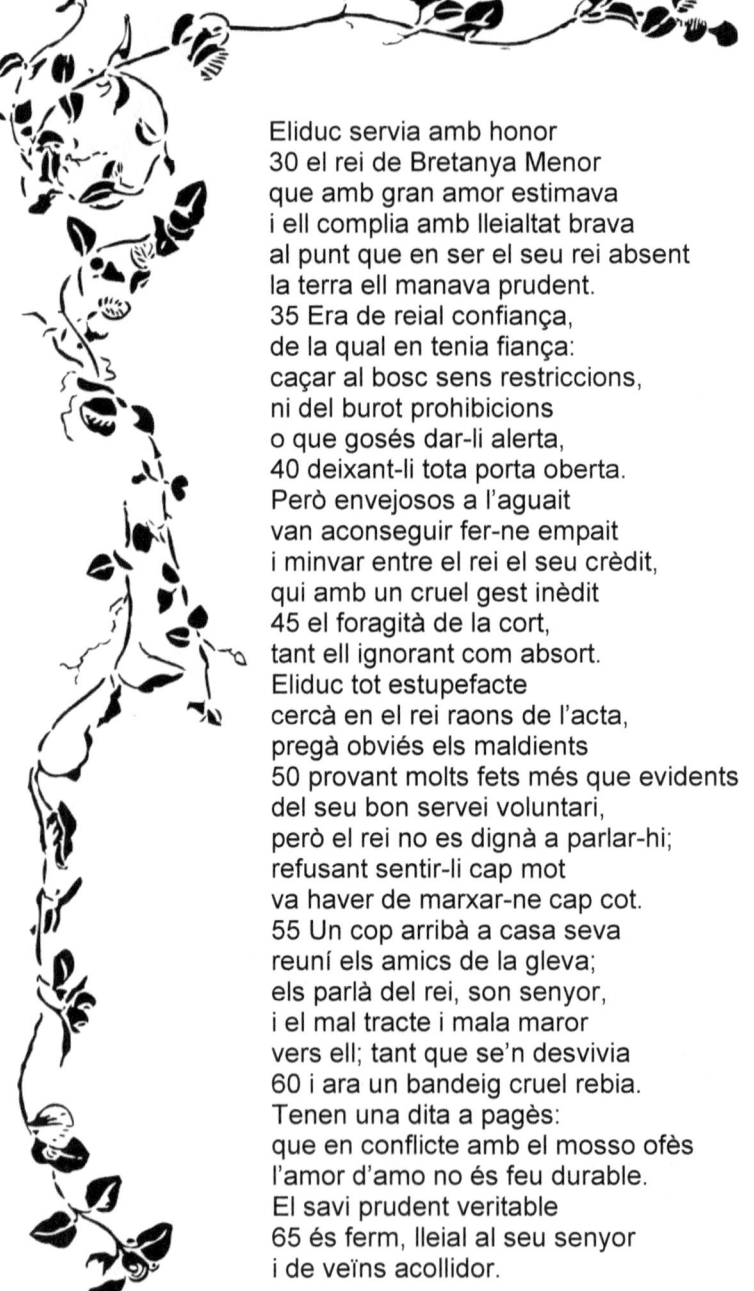

Eliduc servia amb honor
30 el rei de Bretanya Menor
que amb gran amor estimava
i ell complia amb lleialtat brava
al punt que en ser el seu rei absent
la terra ell manava prudent.
35 Era de reial confiança,
de la qual en tenia fiança:
caçar al bosc sens restriccions,
ni del burot prohibicions
o que gosés dar-li alerta,
40 deixant-li tota porta oberta.
Però envejosos a l'aguait
van aconseguir fer-ne empait
i minvar entre el rei el seu crèdit,
qui amb un cruel gest inèdit
45 el foragità de la cort,
tant ell ignorant com absort.
Eliduc tot estupefacte
cercà en el rei raons de l'acta,
pregà obviés els maldients
50 provant molts fets més que evidents
del seu bon servei voluntari,
però el rei no es dignà a parlar-hi;
refusant sentir-li cap mot
va haver de marxar-ne cap cot.
55 Un cop arribà a casa seva
reuní els amics de la gleva;
els parlà del rei, son senyor,
i el mal tracte i mala maror
vers ell; tant que se'n desvivia
60 i ara un bandeig cruel rebia.
Tenen una dita a pagès:
que en conflicte amb el mosso ofès
l'amor d'amo no és feu durable.
El savi prudent veritable
65 és ferm, lleial al seu senyor
i de veïns acollidor.

[Bl. 173a] Elidus aveit un seignur,
rei de Bretaigne la Menur,
ki mult l'amot e cherisseit,
e il leialment le serveit.
U que li reis deüst errer,
Il aveit la terre a guarder ;
pur sa pruësce le retint.
Purtant de mielz mult li avint !
Par les forez poeit chacier ;
n'i ot si hardi forestier
ki cuntredire li osast
ne ja une feiz en grusçast.
Pur l'envie del bien de lui,
si cum avient sovent d'altrui,
esteit a sun seignur medlez
e empeiriez e encusez,
que de la curt le cungea
senz ceo qu'il ne l'araisuna.
Elidus ne saveit pur quei.
Soventes feiz requist le rei
qu'il escundit de lui preïst
e que losenge ne creïst,
mult l'aveit volentiers servi ;
mes li reis ne li respundi.
Quant il nel volt de rien oïr,
si l'en covint idunc partir ;
A sa maisun en est alez,
si a tuz ses amis mandez.
Del rei, sun seignur, lur mustra
e de l'ire que vers lui a
Mult le servi a sun poeir,
ja ne deüst mal gre aveir.
Li vileins dit par repruvier,
quant tencë a sun charuier,
qu'amurs de seignur n'est pas fiez.
[Bl. 173b] Cil est sages e veziëz,
ki leialté tient sun seignur,
envers ses bons veisins amur.

Per tot, ell diu, no pot quedar-se;
s'embarcarà amb poca comparsa
fins Longres, regne mar enllà,
70 pel temps que calgui renovar.
Mentre deixarà la dona
a càrrec de la gent més bona
dels seus, guardada lleialment,
entre fidels en tot moment.
75 I amb tal decisió ja presa
es va aparellar amb rapidesa.
A molts amics els sabé greu
de que marxés del costat seu.
Per acompanya'l fins la costa
80 la dama deu homes de posta
prengué; al moment del comiat
un gran dol al port fou vessat
pel seu senyor, i ell assegura
que li serà fidel i ho jura.
85 Llavors, després, van dir-se adéu
i ell prengué el camí del mar lleu.
Passant tota la plana d'ones
a Totness, en poques estones,
es plantà. Allà el país molts reis
90 delien, fent-se guerra i lleis.
A la part d'Exeter manava
un poderós, de vella saba
però feble, per ser molt gran;
i havent l'heretatge vacant
95 tenia filla casadora.
Per tot no la feia senyora
d'un igual, d'això era atacat
pels qui volien el vetat.
Ben reclòs en llar fortalesa
100 ningú gosava amb fermesa
dar-los ajut, ni de sortir
a enfrontar-se al bloqueig mesquí.
I arribà a Eliduc d'oïdes
i pensà haver milles complides:
105 les lluites l'havien trobat.

Ne volt el païs arester,
ainz passera, ceo dit, la mer :
el reialme de Loengre ira,
une piece s'i deduira.
Sa femme en la terre larra ;
a ses humes cumandera
que il la guardent leialment
e tuit si ami ensement.
A cel cunseil s'est arestez,
si s'est richement aturnez.
Mult furent dolent si ami
pur ceo que d'els se departi.
Dis chevaliers od sei mena,
e sa femme le cunveia.
Forment demeine grant dolur
al departir de sun seignur ;
mes il l'aseüra de sei
qu'il li portera bone fei.
De lui se departi a tant.
Il tient sun chemin tut avant,
a la mer vient, si est passez ;
en Toteneis est arivez.
Plusurs reis ot en cele terre,
entre els ourent estrif e guerre.
Vers Excestre en icel païs
maneit uns huem mult poëstis.
Vielz huem e anciëns esteit
ne nul heir madle nen aveit.
Une fille ot a marier.
Pur ceo qu'il ne la volt doner
a sun per, cil le guerreiot,
tute sa terre li guastot.
[Bl. 173c] En un chastel l'aveit enclos.
N'ot el chastel hume si os
ki cuntre lui osast eissir,
estur ne meslee tenir.
Elidus en oï parler.
Ne voleit mes avant aler :
quant iluec a guerre trovee,

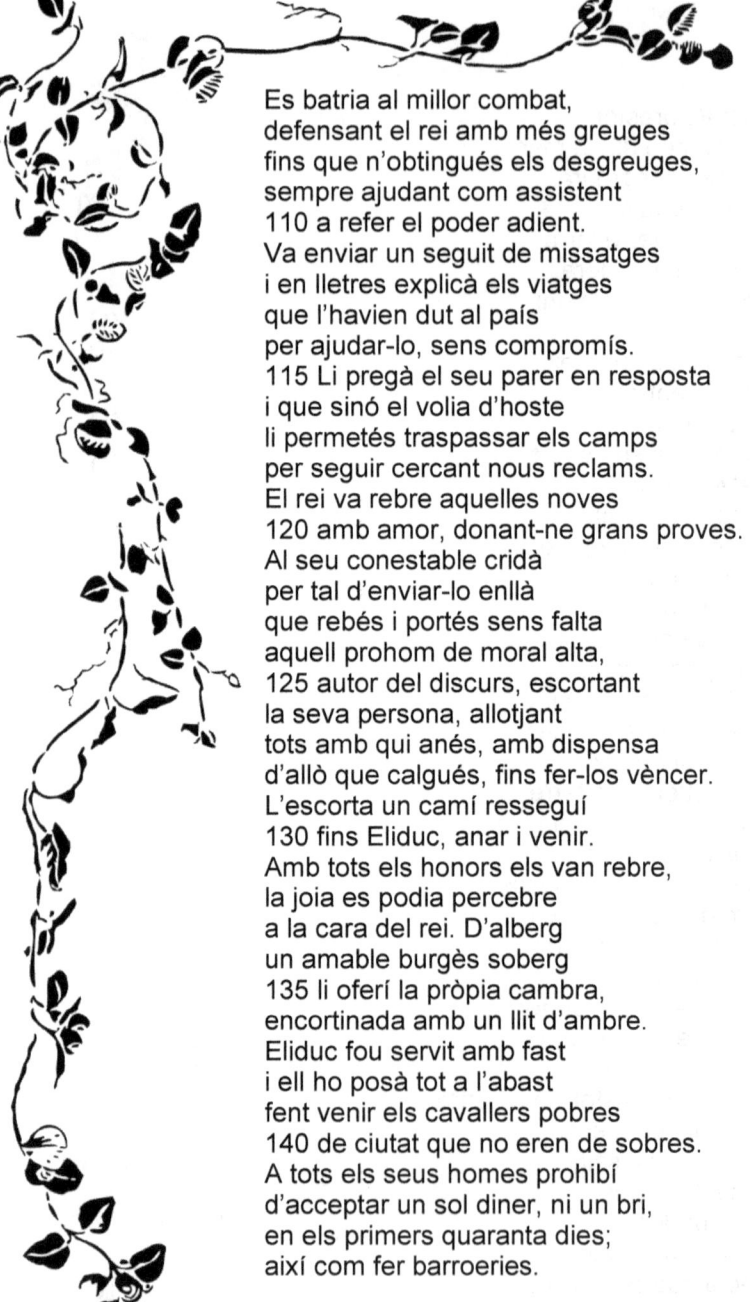

Es batria al millor combat,
defensant el rei amb més greuges
fins que n'obtingués els desgreuges,
sempre ajudant com assistent
110 a refer el poder adient.
Va enviar un seguit de missatges
i en lletres explicà els viatges
que l'havien dut al país
per ajudar-lo, sens compromís.
115 Li pregà el seu parer en resposta
i que sinó el volia d'hoste
li permetés traspassar els camps
per seguir cercant nous reclams.
El rei va rebre aquelles noves
120 amb amor, donant-ne grans proves.
Al seu conestable cridà
per tal d'enviar-lo enllà
que rebés i portés sens falta
aquell prohom de moral alta,
125 autor del discurs, escortant
la seva persona, allotjant
tots amb qui anés, amb dispensa
d'allò que calgués, fins fer-los vèncer.
L'escorta un camí resseguí
130 fins Eliduc, anar i venir.
Amb tots els honors els van rebre,
la joia es podia percebre
a la cara del rei. D'alberg
un amable burgès soberg
135 li oferí la pròpia cambra,
encortinada amb un llit d'ambre.
Eliduc fou servit amb fast
i ell ho posà tot a l'abast
fent venir els cavallers pobres
140 de ciutat que no eren de sobres.
A tots els seus homes prohibí
d'acceptar un sol diner, ni un bri,
en els primers quaranta dies;
així com fer barroeries.

remaneir volt en la cuntree.
Le rei ki plus esteit grevez
e damagiez e encumbrez
voldra aidier a sun poeir
e en soldees remaneir.
Ses messages i enveia
e par ses letres li manda
que de sun païs ert eissuz
e en s'aië esteit venuz ;
mes li remandast sun plaisir,
e s'il nel voleit retenir,
cunduit li donast par sa terre,
avant ireit soldees querre.
Quant li reis vit les messagiers,
mult les ama, mult les ot chiers.
Sun cunestable a apelé,
e hastivement comandé
que cunduit li apareillast
e que le barun amenast,
si face ostels apareillier
u il peüssent herbergier ;
tant lur face livrer e rendre
cum il voldrunt le meis despendre.
Li cunduiz fu apareilliez
e pur Eliduc enveiez.
A grant honur fu receüz :
mult par fu bien al rei venuz.
Sis ostels fu chiés un burgeis,
ki mult fu sages e curteis ;
sa bele chambre encurtinee
li a li ostes delivree.
Elidus se fist bien servir.
A sun mangier faiseit venir
les chevaliers mesaaisiez
ki el burc erent herbergiez.
A tuz ses humes defendi
que n'i eüst nul si hardi
 ki des quarante jurs primiers
preïst livreisan ne deniers.

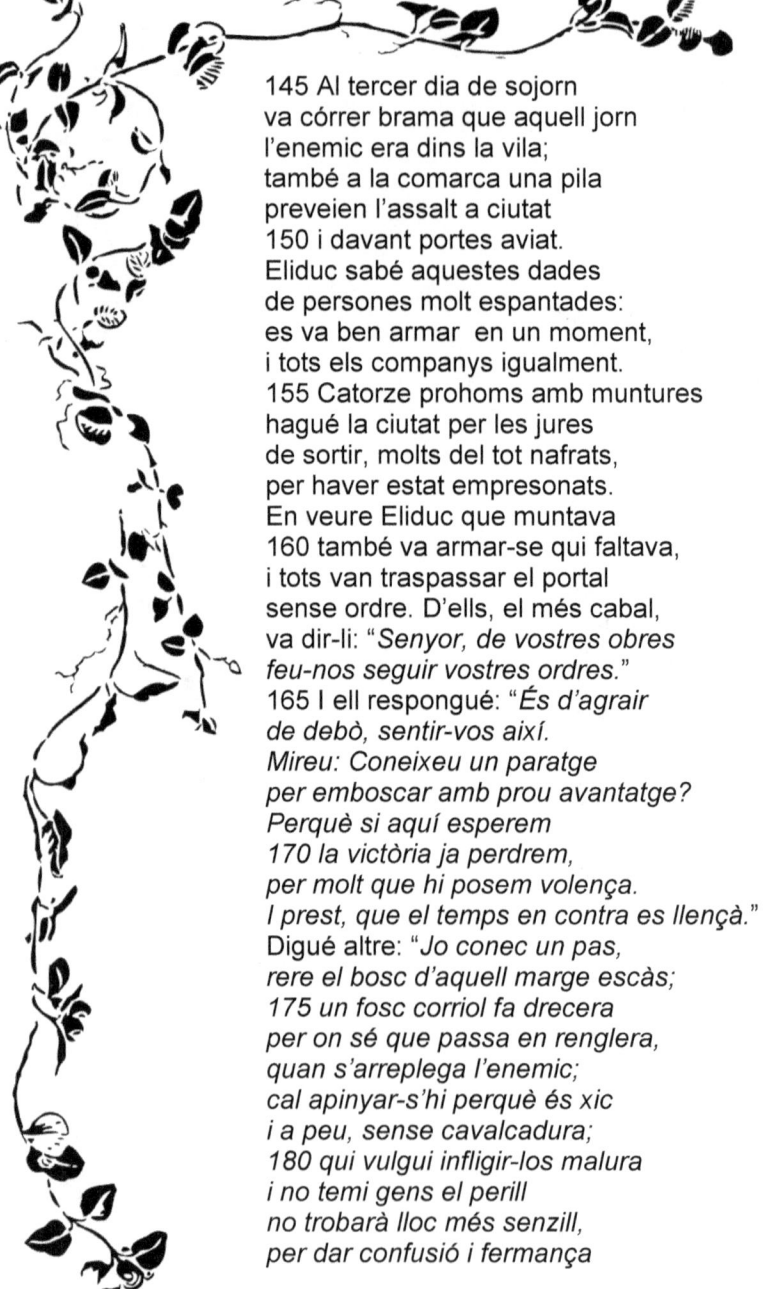

145 Al tercer dia de sojorn
va córrer brama que aquell jorn
l'enemic era dins la vila;
també a la comarca una pila
preveien l'assalt a ciutat
150 i davant portes aviat.
Eliduc sabé aquestes dades
de persones molt espantades:
es va ben armar en un moment,
i tots els companys igualment.
155 Catorze prohoms amb muntures
hagué la ciutat per les jures
de sortir, molts del tot nafrats,
per haver estat empresonats.
En veure Eliduc que muntava
160 també va armar-se qui faltava,
i tots van traspassar el portal
sense ordre. D'ells, el més cabal,
va dir-li: "*Senyor, de vostres obres
feu-nos seguir vostres ordres.*"
165 I ell respongué: "*És d'agrair
de debò, sentir-vos així.
Mireu: Coneixeu un paratge
per emboscar amb prou avantatge?
Perquè si aquí esperem
170 la victòria ja perdrem,
per molt que hi posem volença.
I prest, que el temps en contra es llença.*"
Digué altre: "*Jo conec un pas,
rere el bosc d'aquell marge escàs;
175 un fosc corriol fa drecera
per on sé que passa en renglera,
quan s'arreplega l'enemic;
cal apinyar-s'hi perquè és xic
i a peu, sense cavalcadura;
180 qui vulgui infligir-los malura
i no temi gens el perill
no trobarà lloc més senzill,
per dar confusió i fermança*

Al tierz jur qu'il ot surjurné
li criz leva en la cité
que lur enemi sunt venu
e par la cuntree espandu :
ja voldrunt la vile asaillir
e des i qu'as portes venir.
Elidus a la noise oïe
de la gent ki est esturdie.
Il s'est armez, plus n'i atent,
e si cumpaignun ensement.
Quatorze chevaliers muntanz
ot en la vile surjurnanz
(plusurs en i aveit nafrez
e des prisuns i ot asez).
Cil virent Eliduc munter.
Par les ostels se vunt armer ;
fors de la porte od lui eissirent,
que sumunse n'i atendirent.
'Sire', funt il, 'od vus irum
e ceo que vus ferez ferum ! '
Il lur respunt : 'Vostre merci !
Avreit i nul de vus ici
ki mal pas u destreit seüst,
u l'um encumbrer les peüst ?
[Bl. 174a] Se nus ici les atenduns,
puet cel estre, nus justeruns ;
mes ceo n'ateint a nul espleit,
ki altre cunseil en savreit.'
Icil li dïent : 'Sire, par fei,
pres de cel bois en cel rosei
la a une estreite charriere,
par unt il repairent ariere.
Quant il avrunt fet lur eschec,
si returnerunt par ilec ;
desarmé sur lur palefreiz
s'en revunt il soventes feiz,
si se metent en aventure
cume de murir a dreiture.'
Bien tost les purreit damagier

i provocar una gran matança."
185 Eliduc va dir: *"Bons amics,*
qui no vol poder ni fatics
i no és on amb perill es corre,
tota fama se li escorre.
Doncs jo us dic que al món no hi ha un foc
190 *més potent que el de fama té el toc.*
Vosaltres, fidels al monarca
li deveu fe, que molt us marca;
amb mi al servei us puc dur
al guany d'un gran triomf segur.
195 *Jo us asseguro amb franquesa*
que no haureu perill ni vilesa,
en jo ajudar-vos. No ho dubteu,
us aplanaré el guany i el preu,
perquè vostra sigui la fama
200 *damunt d'un enemic infame."*
Insuflats d'esperança en bloc
el van guiar fins aquell lloc;
tot esperant llarga durada
aquell estol en retirada,
205 Eliduc mostrà mentrestant
com reeixir en menys instant,
 per aprofitar l'escomesa
i el pas estret no fos rudesa.
Ja al punt, quan l'enemic fou dins,
210 cridà per fer els atacs afins
i Eliduc acoblà el mainatge
per treure'n el més gran carnatge.
I així fou tot, de tant ferir
la delicadesa perí.
215 Amb l'enemic estupefacte
i tot sorprès, pel ràpid acte,
en molt poc temps va estar vençut.
El conestable retingut,
també cavallers, en gran nombre,
220 guardats per escuders a l'ombra.
Per vint-i-cinc que ells eren prou
trenta n'han capturat de nou;

e els laidir e empeirier.
Elidus lur a dit : 'Amis,
la meie fei vus en plevis :
ki en tel liu ne va suvent
u quide perdre a esciënt,
ja guaires ne guaaignera
ne en grant pris ne muntera.
Vus estes tuit hume le rei,
si li devez porter grant fei.
Venez od mei la u j'irai,
si faites ceo que jeo ferai !
Jo vus asseür leialment,
ja n'i avrez encumbrement,
pur tant cume jo puis aidier.
Se nus poüm rien guaaignier,
ceo nus iert turné a grant pris
de damagier noz enemis.'
Icil unt pris la seürte,
si l'unt des i qu'al bois mené.
Pres del chemin sunt enbuschié,
tant que cil se sunt repairié.
Elidus lur a tut mustré
e enseignié e devisé,
de quel maniere a els puindrunt
e cum il les escriërunt.
Quant al destreit furent venu. . .
Elidus les a escriëz.
Tuz apela ses cumpaignuns,
de bien faire les a sumuns.
Il i ferirent durement
ne nes espargnierent niënt.
Cil esteient tuit esbaï :
tost furent rut e departi,
en poi d'ure furent vencu.
Lur cunestable unt retenu
e tant des altres chevaliers :
tuit en chargent lur esquiërs.
Vint e cinc furent cil de ça,
trente en pristrent de cels de la.

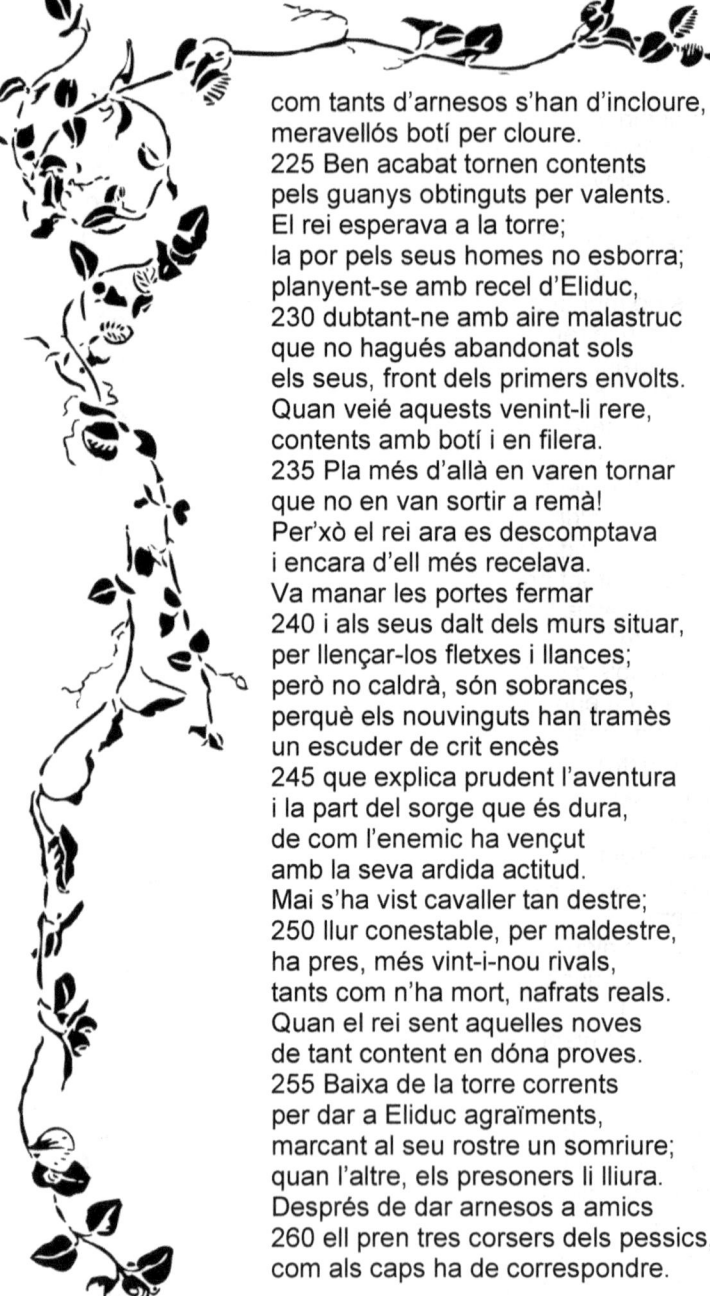

com tants d'arnesos s'han d'incloure,
meravellós botí per cloure.
225 Ben acabat tornen contents
pels guanys obtinguts per valents.
El rei esperava a la torre;
la por pels seus homes no esborra;
planyent-se amb recel d'Eliduc,
230 dubtant-ne amb aire malastruc
que no hagués abandonat sols
els seus, front dels primers envolts.
Quan veié aquests venint-li rere,
contents amb botí i en filera.
235 Pla més d'allà en varen tornar
que no en van sortir a remà!
Per'xò el rei ara es descomptava
i encara d'ell més recelava.
Va manar les portes fermar
240 i als seus dalt dels murs situar,
per llençar-los fletxes i llances;
però no caldrà, són sobrances,
perquè els nouvinguts han tramès
un escuder de crit encès
245 que explica prudent l'aventura
i la part del sorge que és dura,
de com l'enemic ha vençut
amb la seva ardida actitud.
Mai s'ha vist cavaller tan destre;
250 llur conestable, per maldestre,
ha pres, més vint-i-nou rivals,
tants com n'ha mort, nafrats reals.
Quan el rei sent aquelles noves
de tant content en dóna proves.
255 Baixa de la torre corrents
per dar a Eliduc agraïments,
marcant al seu rostre un somriure;
quan l'altre, els presoners li lliura.
Després de dar arnesos a amics
260 ell pren tres corsers dels pessics,
com als caps ha de correspondre.

Del harneis pristrent a espleit :
merveillus guaain i aveit.
Ariere s'en revunt tuit lié :
mult aveient bien espleitié,
Li reis esteit sur une tur.
De ses humes a grant poür ;
d'Eliduc forment se pleigneit,
kar il quidout e si cremeit
que il ait mis en abandun
ses chevaliers par traïsun.
Cil s'en vienent tuit aruté
e tuit chargié e tuit trussé.
Mult furent plus al revenir
qu'il n'esteient al fors eissir ;
pur ceo les descunut li reis,
si fu en dute e en suspeis.
[Bl. 174c] Les portes cumande a fermer
e les genz sur les murs munter
pur traire a els e pur lancier ;
mes il n'en avrunt nul mestier.
Cil ourent enveié avant
un esquiër esperunant,
ki l'aventure li mustra
e del soldeier li cunta,
cum il ot cels de la vencuz
e cum il s'esteit cuntenuz ;
unkes tels chevaliers ne fu :
lur cunestable a retenu
e vint e noef des altres pris
e mulz nafrez e mulz ocis.
Li reis quant la novele oï,
a merveille s'en esjoï.
Jus de la tur est descenduz
e encuntre Eliduc venuz.
De sun bien fait le mercia,
e il les prisuns li livra.
As altres depart le harneis ;
a sun ués ne retient que treis
chevals ki li erent loé ;

Tot repartit per no respondre
a queixes, cedeix tota part
als presoners, i a gent a part.

265 Després d'això que ara us contava,
l'estima del rei, pesà sens trava!
Un any al servei el tingué
i a tots els seus homes també.
I amb jura a fidelitat presa
270 rebé guardar la terra entesa.
Eliduc perquè era joliu,
com cavaller proper i afectiu,
la princesa, en seguí les gestes
per veus, engrandint les conquestes.
275 I a través camarlenc servent
el requerí privadament,
per tal d'haver en privat conclave
i parlar molt fent llarga taba.
Li resultava ben estrany
280 no haver-la fet per veure enguany.
Eliduc s'avení que iria
per conèixer-la amb simpatia.
A la tarda muntà el destrer
i amb ell dugué un seu cavaller,
285 per anar a parlar amb la donzella.
Abans d'entrar a la cambra d'ella
el precedí un camarlenc,
anunciant-lo, pel grisenc,
i ells van esperar-ne tornada.
290 Amb faç dolça i franca mirada
es mostrà noble i contingut
i li palesà gratitud,
en ser rebut per la donzella.
Guiadun, que era molt bella,
295 va mostrar-se amb grans compliments
parlant, allargant els moments;
li prengué la mà, mentre reia,
seient al llit, ran xemeneia,
i de molt van parlar un munt;

tut a departi e duné
la sue part comunement
as prisuns e a l'altre gent.

Aprés cel fet que jeo vus di,
mult l'ama li reis e cheri.
Un an entier l'a retenu
e cels ki sunt od lui venu,
la fiance de lui en prist ;
de sa terre guardein en fist.
Elidus fu curteis e sages,
beals chevaliers e pruz e larges.
La fille al rei l'oï numer
[Bl. 174d] e les biens de lui recunter.
Par un suen chamberlenc privé
l'a requis, preié e mandé
qu'a li venist esbaneier
e parler e bien acuintier ;
mult durement s'esmerveillot
que il a li ne repairot.
Elidus respunt qu'il irra,
volentiers s'i acuintera.
Il est muntez sur sun destrier,
od lui mena un chevalier ;
a la pucele vait parler.
Quant en la chambre dut entrer,
le chamberlenc enveie avant ;
cil s'ala alkes atarjant,
de ci que cil revint ariere.
Od dulz semblant, od simple chiere,
od mult noble cuntenement
parla mult afaitieement
e mercia la dameisele,
Guilliadun, ki mult fu bele,
de ceo que li plot a mander
 que il venist a li parler.
Cele l'aveit par la mein pris,
desur un lit erent asis.
De plusurs choses unt parlé.

300 i el mirava, amb esguard profund;
cara, ulls, cos, tot era admirable,
res d'ell era desagradable.
I en quedà corpresa del tot
l'amor plantà en ella el seu brot,
305 l'esperonà estimar-lo d'hora,
i empal·lidí i sospirà alhora,
mes no gosà fer-li saber
tement un refús més que re.
Van romandre així molta estona;
310 ell va marxar a prop l'hora nona;
a despit d'ella va marxar,
que l'hauria tancat allà!
Ell, tot moix, tornà al seu estatge,
ferit per aquell dolç visatge.
315 La bellesa el ferí de llei,
però era filla de rei
i amb tot, quan el seu nom li deia,
diria que un sospir hi veia.
I pensà haver estat un pallús,
320 d'haver deixat tant temps difús,
podent abans anar-la a veure.
Però en sentir-se es va retreure.
Recordà la dona a la llar,
com li jurà un tracte exemplar
325 de fidelitat envers ella,
i ho va fer a plena gargamella!
Ara que la jove l'ha vist
voldrà fer-lo amant benvist.

Mai no ha desitjat tant persona;
330 el retindrà, el vol tota estona.
Tota la nit s'ha desvetllat,
ni ha dormit, ni reposat.
L'endemà al matí, en llevar-se
el neguit l'ha fet abocar-se
335 a un finestral; també ha avisat

Icele l'a mult esguardé,
sun vis, sun cors e sun semblant ;
dit : en lui n'a mesavenant,
Forment le prise en sun curage.
Amurs i lane sun message
ki la somunt de lui amer ;
palir la fist e suspirer.
Mes el nel volt metre a raisun,
qu'il ne li turt a mesprisun.
[Bl. 175a] Une grant piece i demura ;
puis prist cungié, si s'en ala.
El li duna mult a enviz ;
mes nepurquant s'en est partiz.
A sun ostel s'en est alez.
Tuz est murnes e trespensez ;
pur la bele est en grant esfrei,
la fille sun seignur le rei,
que tant dulcement l'apela
e de ceo qu'ele suspira.
Mult par se tient a entrepris
que tant a esté el païs
que ne l'a veüe sovent.
Quant ceo ot dit, si se repent :
de sa femme li remembra,
e cum il li asseüra
que bone fei li portereit
e leialment se cuntendreit.
La pucele ki l'ot veü
voldra de lui faire sun dru.

Unkes mes tant nul ne preisa ;
se ele puet, sil retendra.
Tote la nuit veilla issi,
ne reposa ne ne dormi.
El demain est matin levee ;
a une fenestre est alee.
Sun chamberlenc a apelé,

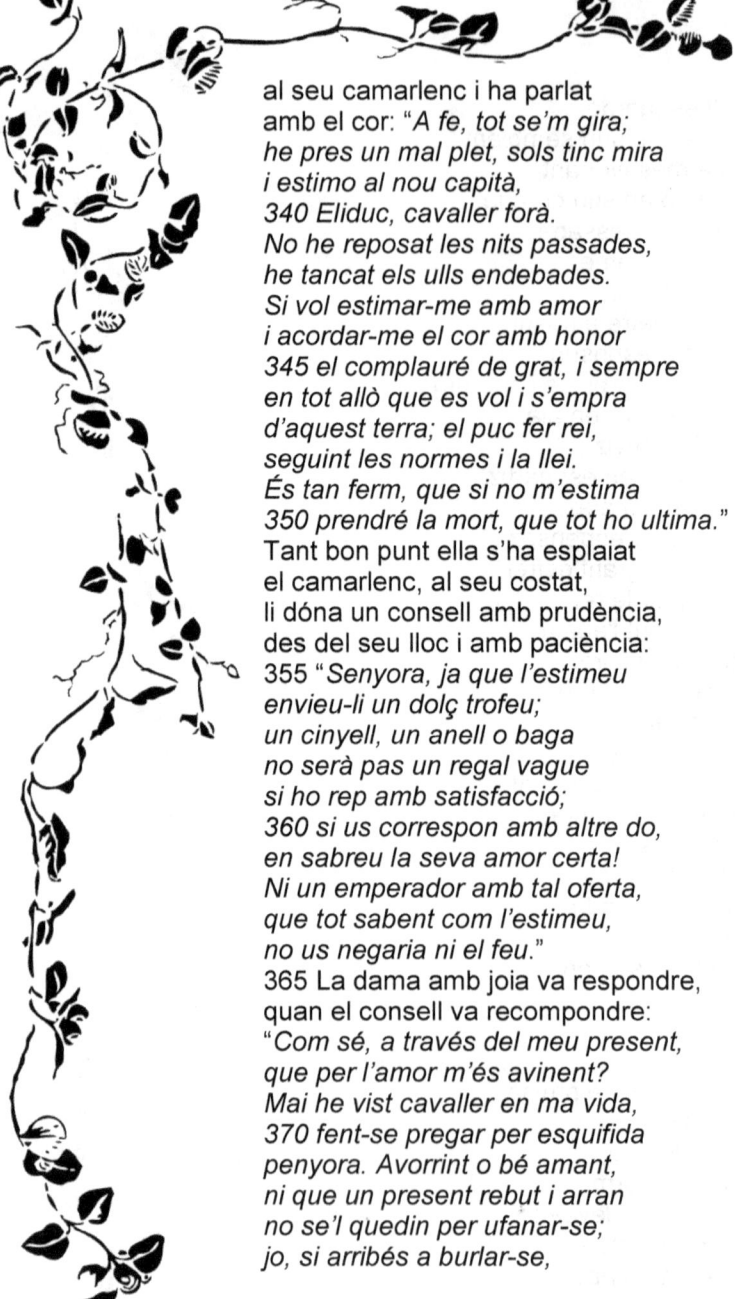

al seu camarlenc i ha parlat
amb el cor: "*A fe, tot se'm gira;
he pres un mal plet, sols tinc mira
i estimo al nou capità,*
340 *Eliduc, cavaller forà.
No he reposat les nits passades,
he tancat els ulls endebades.
Si vol estimar-me amb amor
i acordar-me el cor amb honor*
345 *el complauré de grat, i sempre
en tot allò que es vol i s'empra
d'aquest terra; el puc fer rei,
seguint les normes i la llei.
És tan ferm, que si no m'estima*
350 *prendré la mort, que tot ho ultima.*"
Tant bon punt ella s'ha esplaiat
el camarlenc, al seu costat,
li dóna un consell amb prudència,
des del seu lloc i amb paciència:
355 "*Senyora, ja que l'estimeu
envieu-li un dolç trofeu;
un cinyell, un anell o baga
no serà pas un regal vague
si ho rep amb satisfacció;*
360 *si us correspon amb altre do,
en sabreu la seva amor certa!
Ni un emperador amb tal oferta,
que tot sabent com l'estimeu,
no us negaria ni el feu.*"
365 La dama amb joia va respondre,
quan el consell va recompondre:
"*Com sé, a través del meu present,
que per l'amor m'és avinent?
Mai he vist cavaller en ma vida,*
370 *fent-se pregar per esquifida
penyora. Avorrint o bé amant,
ni que un present rebut i arran
no se'l quedin per ufanar-se;
jo, si arribés a burlar-se,*

tut sun estre li a mustré.
'Par fei', fet ele, 'mal m'estait !
Jo sui cheüe en malvés plait :
jeo eim le novel soldeier,
Eliduc, le bon chevalier !
Unkes anuit nen oi repos
ne pur dormir les uiz ne clos.
Se par amur me vuelt amer
[Bl 175b] e de sun cors asseürer,
ferai trestut sun plaisir,
si l'en puet granz biens avenir,
de ceste terre sera reis.
Tant par est sages e curteis,
que, s'il ne m'aime par amur,
murir m'estuet a grant dolur.'
Quant ele ot dit ceo que li plot,
li chamberlens qu'ele apelot
li a duné cunseil leial ;
ne li deit hum turner a mal.
'Dame', fet il, 'quant vus l'amez,
enveiez i, si li mandez.
U ceinture u laz u anel
enveiez li, si li iert bel.
Se il le receit bonement
e joius seit del mandement,
seüre seiez de s'amur !
Il n'a suz ciel empereür,
se vus amer le voliëz,
ki mult n'en deüst estre liez.'
La dameisele respundi,
quant le cunseil de lui oï :
'Coment savrai par mun present
s'il a de mei amer talent ?
Jeo ne vi unkes chevalier
ki se feïst de ceo preier,
se il amast u il haïst,
que volentiers ne retenist
cel present qu'um li enveiast.
Mult harreie qu'il me gabast.

375 em moriria. Amb el semblant
sí que es mostra algú ja l'instant
com és. Prepara't per anar-hi!"
"Ja en sóc!- li fa ell- Com a diari!"
"Li portaràs un anell d'or
380 i el cinyell que tinc com tresor.
I saluda'l molt de part meva!"
El camarlenc prest fa la seva,
tan prest que per poc ella no
el fa tornar enrere, de por.
385 Es va contenir, molt per força,
puix la ment la volia tòrcer.
"Ai, lassa, m'ha enredat i bé,
aquest pobre home foraster.
No en sé ben res, ni si és noble
390 o ha de marxar al país o al poble,
i restaré aquí sense orgull.
Que folla sóc! Em falta un bull!
Fins ahir ni el to en sabia
i ara en vull l'amor, com sia!
395 Segur que es burlarà de mi;
o és cortès i ho sabrà agrair.
Ai, quin neguit! Quina aventura.
Com s'ho prendrà? Hi posarà cura
o respondrà amb modest desdeny?
400 Quin desesper! M'hi va el bon seny!"

I mentre ella es neguitejava
el seu camarlenc arribava
davant l'estatge d'Eliduc;
amb un somrís que fa bon suc,
405 com havia ordenat la jove
donà l'anell, la clara prova
i el cinyell, evidents iguals;
i el cavaller rep els regals
es posà al dit l'anell i el gira;
410 i el cinyell, que estrenyent-lo mira.
Ni l'home gran no diu res més
ni ell pregunta res; després

Mes nepurquant par les semblanz
puet l'um conuistre les alquanz.
Aturnez vus e si alez ! '
'Jeo sui', fet il, 'tuz aturnez.'
[Bl. 175c] 'Un anel d'or li porterez
e ma ceinture li durrez !
Mil feiz le me saluërez ! '
Li chamberlens s'en est turnez,
Ele remeint en tel maniere,
pur poi ne l'apele ariere,
e nequedent le lait aler,
si se cumence a dementer :
'Lasse ! cum est mis quers suzpris
pur un hume d'altre païs !
Ne sai s'il est de halte gent,
si s'en ira hastivement,
jeo remeindrai cume dolente.
Folement ai mise m'entente.
Unkes mes n'i parlai fors ier
e or le faz d'amer preier.
Jeo quid que il me blasmera ;
s'il est curteis, gre me savra.
Ore est del tut en aventure,
e se il n'a de m'amur cure,
mult me tendrai a mal baillie ;
ja mes n'avrai joie en ma vie.'

Tant cum ele se dementa,
li chamberlens mult se hasta.
A Eliduc esteit venuz.
A cunseil li a dit saluz
que la pucele li mandot,
e l'anelet li presentot,
la ceinture li a donee.
Li chevaliers l'a merciëe.
L'anelet d'or mist en sun dei,
la ceinture ceinst en tur sei ;
ne li vadlez plus ne li dist,
ne il nïent ne li requist,

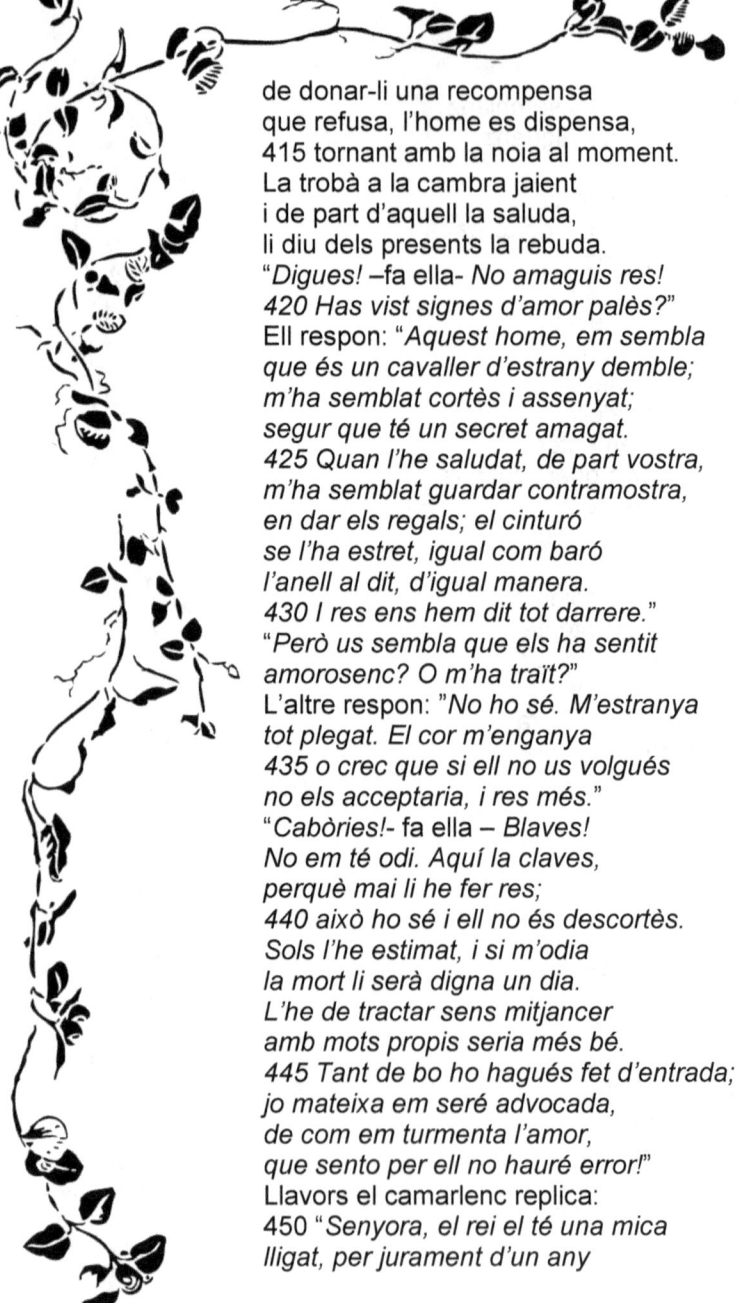

de donar-li una recompensa
que refusa, l'home es dispensa,
415 tornant amb la noia al moment.
La trobà a la cambra jaient
i de part d'aquell la saluda,
li diu dels presents la rebuda.
"*Digues!* –fa ella- *No amaguis res!*
420 *Has vist signes d'amor palès?*"
Ell respon: "*Aquest home, em sembla
que és un cavaller d'estrany demble;
m'ha semblat cortès i assenyat;
segur que té un secret amagat.
425 Quan l'he saludat, de part vostra,
m'ha semblat guardar contramostra,
en dar els regals; el cinturó
se l'ha estret, igual com baró
l'anell al dit, d'igual manera.
430 I res ens hem dit tot darrere.*"
"*Però us sembla que els ha sentit
amorosenc? O m'ha traït?*"
L'altre respon: "*No ho sé. M'estranya
tot plegat. El cor m'enganya
435 o crec que si ell no us volgués
no els acceptaria, i res més.*"
"*Cabòries!*- fa ella – *Blaves!
No em té odi. Aquí la claves,
perquè mai li he fer res;
440 això ho sé i ell no és descortès.
Sols l'he estimat, i si m'odia
la mort li serà digna un dia.
L'he de tractar sens mitjancer
amb mots propis seria més bé.
445 Tant de bo ho hagués fet d'entrada;
jo mateixa em seré advocada,
de com em turmenta l'amor,
que sento per ell no hauré error!*"
Llavors el camarlenc replica:
450 "*Senyora, el rei el té una mica
lligat, per jurament d'un any*

fors tant que del suen li offri.
[Bl. 175d] Cil n'en prist rien, si s'en parti.
A sa dameisele reva ;
dedenz sa chambre la trova.
De part celui la salua
e del present la mercia.
'Di va', fet el, 'nel me celer !
Vuelt il mei par amurs amer ? '
Il li respunt : 'Ceo m'est a vis.
Li chevaliers n'est pas jolis ;
jeol tienc a curteis e a sage,
que bien set celer sun curage.
De vostre part le saluai
e voz aveirs li presentai.
De vostre ceinture se ceinst
e par mi les flans bien s'estreinst
e l'anelet mist en sun dei.
Ne li dis plus ne il a mei.'
'Nel receut il pur druërie ?
Puet cel estre, jeo sui traïe.'
Cil li a dit : 'Par fei, ne sai.
Ore oëz ceo que jeo dirai !
S'il ne vus volsist mult grant bien,
il ne volsist del vostre rien.'
'Tu paroles', fet ele, 'en gas.
Jeo sai bien qu'il ne me het pas :
unc ne li forfis de nïent,
fors tant que jeo l'aim durement ;
e se purtant me vuelt haïr,
dunc est il dignes de murir.
Ja mes par tei ne par altrui,
des i que jeo parolge a lui,
ne li voldrai rien demander ;
jeo meïsmes li vueil mustrer
cum l'amurs de lui me destreint.
Mes jeo ne sai se il remeint.'
[Bl. 176a] Li chamberlens a respundu :
'Dame, li reis l'a retenu
desqu'a un an par sairement,

335

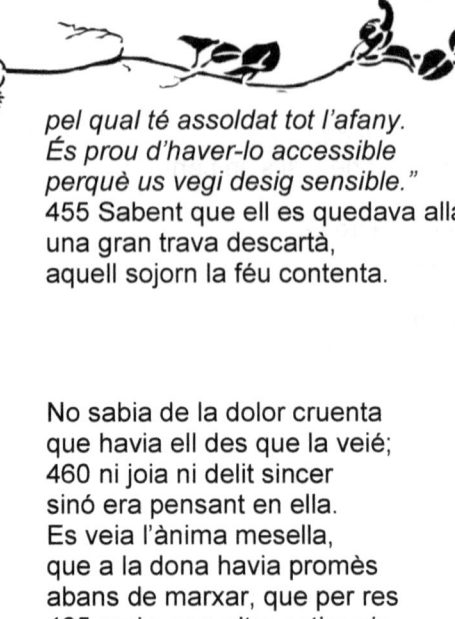

pel qual té assoldat tot l'afany.
És prou d'haver-lo accessible
perquè us vegi desig sensible."
455 Sabent que ell es quedava allà
una gran trava descartà,
aquell sojorn la féu contenta.

No sabia de la dolor cruenta
que havia ell des que la veié;
460 ni joia ni delit sincer
sinó era pensant en ella.
Es veia l'ànima mesella,
que a la dona havia promès
abans de marxar, que per res
465 mai a cap altra estimaria.
I ara tenia el cor sens guia,
com en presó. Vol ser lleial
però no se'n pot estar igual
de pretendre aquella donzella,
470 Guiliadun, perquè és tan bella
i tant agradosa en parlar,
com deu ser en besar i abraçar!
Però no pot pas requerir-la;
seria el deshonor, ferir-la
475 com la dama a qui deu fe
o al rei, qui l'impera de ple.
Eliduc era un garbuix tothora;
prengué el corser, pel matí, d'hora,
convocant tots els seus de llei
480 i anà al castell a veure el rei.
En secret hi veurà la noia,
de fet la idea l'acomboia.
Mentre, el rei ja dinat va entrar
al retret de la filla enllà.
485 A escacs començà una partida
amb un mestre d'ultra mar vida
que havia d'ensenyar a jugar

qu'il le servira leialment.
Asez purrez aveir leisir
de mustrer lui vostre plaisir.'
Quant ele oï qu'il remaneit,
mult durement s'en esjoeit ;
mult esteit liee del sujur.

Ne saveit rien de la dolur
u il esteit, puis qu'il la vit.
Unkes n'ot joie ne delit,
fors tant cum il pensa de li.
Mult se teneit a mal bailli,
kar a sa femme aveit premis,
ainz qu'il turnast de sun païs,
que il n'amereit se li nun.
Ore est sis quers en grant friçun.
Sa leialté voleit guarder ;
mes ne s'en puet nïent oster
que il nen eint la dameisele,
Guilliadun, ki tant fu bele,
de li veeir e de parler
e de baisier e d'acoler ;
mes ja ne li querra amur,
que ne li turt a deshonur,
tant pur sa femme guarder fei,
tant pur ceo qu'il est od le rei.
En grant peine fu Elidus.
Il est muntez, ne targe plus ;
ses cumpaignuns apele a sei.
Al chastel vet parler al rei.
La pucele verra s'il puet :
c'est l'achaisuns pur quei s'esmuet.
Li reis est del mangier levez,
[Bl. 176b] es chambres sa fille est entrez.
As eschés cumence a juër
a un chevalier d'ultre mer ;
de l'altre part de l'eschekier

a sa filla, amb ells, a remà.
Quan Eliduc s'hi féu notori
490 el rei, amb esguard amatori,
el féu seure al costat prop seu
i digué a sa filla, amb to greu:
*"Aquest cavaller, filla meva,
molts neguits que he tingut em lleva;
495 vull que t'hi esmercis tractant
de fer-lo feliç, mentrestant
serà amb nosaltres"* A la noia
aquella ordre la féu xiroia
i no trigà gens a obeir.
500 Anà lluny del joc, amb pas fi,
i amb el dit el féu acostar-se,
seient tots dos, lluny de la comparsa.
Ell no gosava dir-li res,
perdent-se en un esguard sospès;
505 fins que agraí en gran manera
aquells presents de dia enrere;
no ha agraït regal mai tant bé!
Ella respon al cavaller
abellint aquells repertoris,
510 que anell, cinyell són accessoris
del que sent de cert el seu cor,
que és ple d'amor, el seu tresor;
i el vol fer a ell propietari
senyor de tot el seu erari.
515 I ans no digui res ha de dir
una cosa ben clara així:
Sinó obté a ell per conviure
cap més no la trobarà lliure!
"Senyora –fa ell- *molt em plau
520 saber de vostre amor d'alt grau.
No vull que el meu sentir disfressi
perquè seria un gran neci
el goig que em fa que vós m'ameu,
però el cor al rei es deu
525 un any; i havent complit el deure,
i sols si finida puc veure*

sa fille deveit enseignier.
Elidus est alez avant.
Li reis li fist mult bel semblant,
de juste lui seeir le fist.
Sa fille apele, si li dist :
'Dameisele, a cest chevalier
vus devriëz bien aquintier
e faire lui mult grant honur ;
entre cinc cenz nen a meillur.'
Quant la meschine ot esculté
ceo que sis sire ot cumandé,
mult en fu liee la pucele.
Dresciee s'est, celui apele ;
luinz des altres se sunt asis.
Amdui erent d'amur espris.
El ne l'osot araisuner,
e il dutot a li parler,
fors tant que il la mercia
del present qu'el li enveia,
unkes mes n'ot aveir si chier.
Ele respunt al chevalier
que de ceo li esteit mult bel ;
pur ceo li enveia l'anel
e la ceinturete altresi,
que de sun cors l'aveit saisi ;
ele l'ama de tel amur,
de lui volt faire sun seignur ;
e s'ele ne puet lui aveir,
une chose sace de veir :
ja mes n'avra hume vivant.
Or li redie sun talant !
[Bl. 176c] 'Dame', fet il, 'grant gre vus sai
de vostre amur, grant joie en ai.
Quant jo sui tant de vus preisiez,
durement en dei estre liez ;
ne remeindra pas endreit mei.
Un an sui remés od le rei.
La fiance en a de mei prise ;
n'en partirai en nule guise,

la guerra, sense cap matís,
hauré de tornar al meu país;
aquesta és la meva volença,
530 *si també obtinc vostra avinença."*
La jove li mostrà interès:
"*Bon amic, us dono mercès*
pel vostre assenyat comentari;
segur que arribat l'escenari
535 *descrit sabreu què fer de mi.*
Jo us am i sé del vostre bon juí"
Un cop aclarides les coses
ja no els va caldre dir més gloses.
Tornà al seu alberg Eliduc,
540 satisfet, i gai de retruc,
de parlar bé a la seva amiga.
Tant van garlar ells sens fatiga
com guanyar ell la guerra en no res,
al punt que aconseguí fer pres
545 el gran rei contra qui lluitava,
lliurant la terra de sa trava.
Fou per la destresa apreciat,
com resolt en velocitat
va ser aclamat per la victòria.

550 Al llarg d'aquesta trajectòria
el seu antic senyor nadiu
l'havia apressat tornar viu
i amb presses, puix ple de desgràcia,
segons troters que amb eficàcia
555 el van informar, eren perduts
castells, camps i els pobles vençuts.
Deia estar penedit del tracte
que li havia dat sense tacte,
escoltant els seus detractors
560 que el varen tornar furiós.
Els faedors de la disputa,
traïdors de vilesa astuta,
ara eren proscrits del país,

des i que sa guerre ait finee.
Puis m'en irai en ma cuntree ;
kar ne vueil mie remaneir,
se cungié puis de vus aveir.'
La pucele li respundi :
'Amis, la vostre grant merci !
Tant estes sages e curteis,
bien avrez purveü anceis
que vus voldrez faire de mei.
Sur tute rien vus aim e crei.'
Bien s'esteient aseüré.
A cele feiz n'unt plus parlé.
A sun ostel Elidus vet ;
mult est joius, mult a bien fet.
Sovent puet parler a s'amie,
granz est entre els la druërie.
Tant s'est de la guerre entremis
qu'il aveit retenu e pris
celui ki le rei guerreia,
e tute la terre aquita.
Mult fu preisiez pur sa pruësce,
pur sun sen e pur sa largesce.
Mult li esteit bien avenu !

Dedenz le terme que ceo fu.
sis sire l'ot enveié querre
treis messages fors de sa terre.
[Bl. 176d] Mult ert grevez e damagiez
e encumbrez e empeiriez ;
tuz ses chastels alot perdant
e tute sa terre guastant.
Mult s'esteit sovent repentiz
que il de lui esteit partiz ;
mal cunseil en aveit eü,
quant malement l'aveit veü.
Les traïturs ki l'encuserent
e empeirierent e medlerent
aveit jetez fors del païs

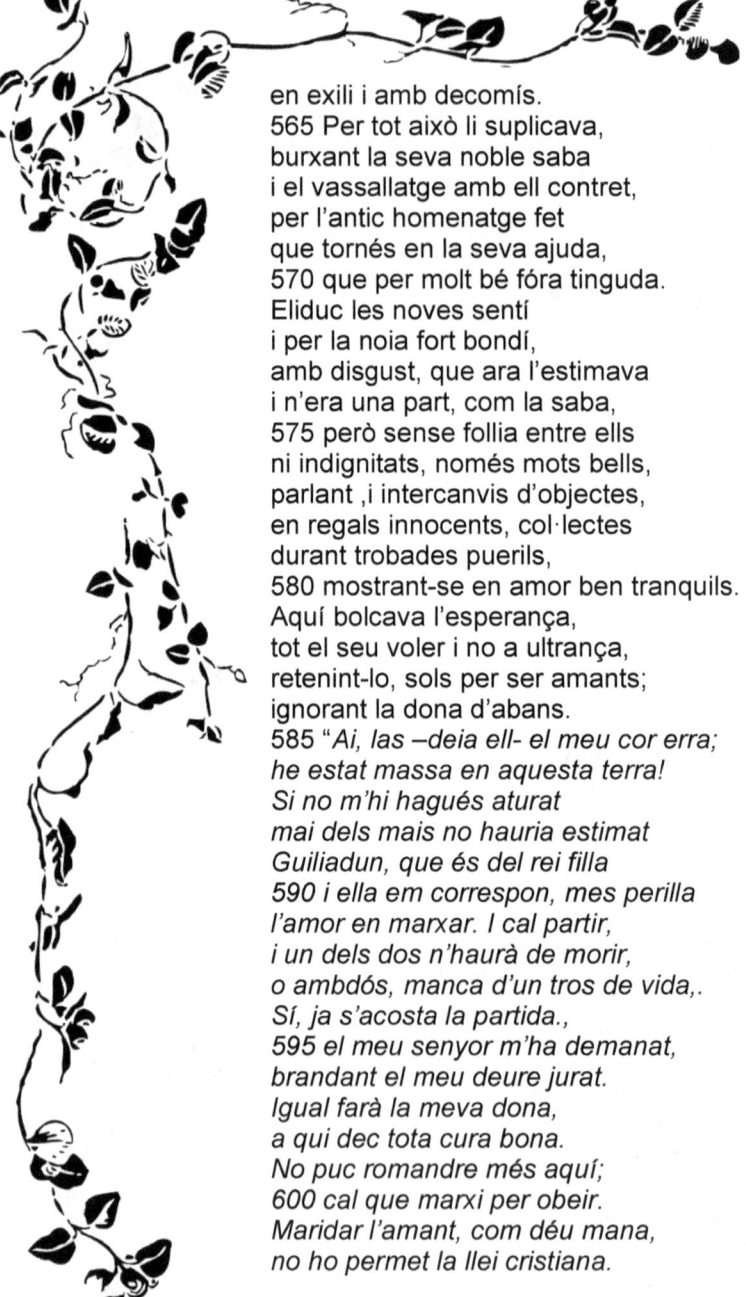

en exili i amb decomís.
565 Per tot això li suplicava,
burxant la seva noble saba
i el vassallatge amb ell contret,
per l'antic homenatge fet
que tornés en la seva ajuda,
570 que per molt bé fóra tinguda.
Eliduc les noves sentí
i per la noia fort bondí,
amb disgust, que ara l'estimava
i n'era una part, com la saba,
575 però sense follia entre ells
ni indignitats, només mots bells,
parlant ,i intercanvis d'objectes,
en regals innocents, col·lectes
durant trobades puerils,
580 mostrant-se en amor ben tranquils.
Aquí bolcava l'esperança,
tot el seu voler i no a ultrança,
retenint-lo, sols per ser amants;
ignorant la dona d'abans.
585 "Ai, las —deia ell- el meu cor erra;
he estat massa en aquesta terra!
Si no m'hi hagués aturat
mai dels mais no hauria estimat
Guiliadun, que és del rei filla
590 i ella em correspon, mes perilla
l'amor en marxar. I cal partir,
i un dels dos n'haurà de morir,
o ambdós, manca d'un tros de vida,.
Sí, ja s'acosta la partida.,
595 el meu senyor m'ha demanat,
brandant el meu deure jurat.
Igual farà la meva dona,
a qui dec tota cura bona.
No puc romandre més aquí;
600 cal que marxi per obeir.
Maridar l'amant, com déu mana,
no ho permet la llei cristiana.

e en eissil a tuz jurs mis.
Pur sun grant busuin le mandot
e sumuneit e coujurot
par la fiance qu'il li fist
quant il l'umage de lui prist,
que s'en venist pur lui aidier ;
kar mult en aveit grant mestier.
Elidus oï la novele.
Mult li pesa pur la pucele ;
kar anguissusement l'amot
e ele lui que plus ne pot.
Mes n'ot entre els nule folie,
joliveté ne vileinie ;
de duneier e de parler
e de lur beals aveirs doner
esteit tute la druërie
par amur en lur cumpaignie.
Ceo fu s'entente e sun espeir.
El le quidot del tut aveir
e retenir s'ele peüst ;
ne saveit pas que femme eüst
'A las', fet il, 'mal ai erré !
Trop ai en cest païs esté !
Mar vi unkes ceste cuntree !
Une meschine i ai amee,
[Bl. 177a] Guilliadun, la fille al rei,
mult durement e ele mei.
Quant si de li m'estuet partir,
un de nus estuvra murir
u ambedous, estre ceo puet.
E nepurquant aler m'estuet ;
mis sire m'a par brief mandé
e par sairement conjuré
e ma femme de l'altre part.
Or me covient que jeo me guart !
Jeo ne puis mie remaneir,
ainz m'en irai par estuveir.
S'a m'amie esteie espusez,
nel suferreit crestiëntez.

Tot se'm rebat i malament.
Déu, que és dur aquest manament!
605 que a mi se'm titlli de voluble,
sols ella ho pot fer resoluble
jo en seguiré la voluntat
per actuar ben confiat.
Son pare, el rei, té pau segura,
610 ningú li voldrà cap malura;
com no li cal el meu servei,
dia abans que marca la llei,
bé podrà llicenciar-me,
perquè em criden persona i arma
615 al meu país. Després caldrà
dir a ella tot com està,
que digui com ho vol resoldre
i el seu voler jo faré toldre."

El cavaller ben aviat
620 va al rei a prendre'n comiat.
Li fa el relat de la singlada
que l'espera, els escrits, d'entrada
rebuts del seu rei, li llegeix;
el que retreu ho veu aqueix.
625 Sabuda que és tanta la urgència
se'n dol provant la continència
i el rei fa un doll d'oferiments
seus i del país, excel·lents:
la tercera part de sa herència,
630 el tresor reial d'existència...
per tal de fer que es quedi més,
ara els seus bens li són sobrers.
"Per déu – fa el noi- No cal més fita
perquè el meu senyor em necessita.
635 M'ha enviat a buscar de molt lluny.
He d'anar-hi, pel meu encuny,
és llei. No em puc quedar ben gota.
Si un dia us cal envieu nota
i vindré a dar-vos tot l'ajut,
640 amb cavallers en multitud."

De tutes parz va malement.
Deus, tant dut le departement !
Mes qui qu'il turt a mesprisun,
vers li ferai tuz jurs raisun ;
tute sa volenté ferai
e par sun cunseil errerai.
Li reis, sis sire, a bone pais,
ne quit que nuls le guerreit mais.
Pur le busuin de mun seignur
querrai cungié devant le jur
que mis termes esteit asis
que od lui sereie el païs.
A la pucele irai parler
e tut mun afaire mustrer ;
ele me dira sun voleir
e jol ferai a mun poeir.'

Li chevaliers n'a plus targié ;
al rei vait prendre le cungié.
L'aventure li cunte e dit,
le brief li a mustré e lit
que sis sire li enveia
[Bl. 177b] ki par destresce le manda.
Li reis oï le mandement
e qu'il ne remeindra nïent ;
mult est dolenz e trespensez.
Del suen li a offert asez,
la tierce part de s'erité
e sun tresur abandoné ;
pur remaneir tant li fera
dunt a tuz jurs le loëra.
'Par deu', fet il, 'a ceste feiz,
puis que mis sire est si destreiz
e il m'a mandé de si loin,
jo m'en irai pur sun busoin,
ne remeindrai en nule guise.
S'avez mestier de mun servise,
a vus revendrai volentiers
Od grant esforz de chevaliers.

El rei lloà les audàcies
rebudes i li'n donà les gràcies
oferint-li un munt de cabals
tant reials com més personals:
645 dolls d'or i argent, cavalls de cleda
vestits de bellíssima seda;
de tot ell en prengué prudent
i cortesa; seguidament
demanà parlar amb la filla
650 amb formalitat i senzilla.
El rei gojós digué; *"De grat"*
El féu precedir d'un criat
que de la cambra obrí la porta.
Eliduc cercà la veu forta;
655 sols veure-la la saludà
sis mil cops amb veu i amb la mà.
Del seu treball lluny va informar-la
trobant tons suaus en la parla.
Abans ell no hagués acabat
660 ni de començar el comiat
de dolor ella caigué esllanguida
i perdé el color de seguida.
En veure-la caure, Eliduc
es va tenir per desastruc
665 i maldestre, i va besar-la,
i plorant modulà la parla,
prenent-la en braços tendrament,
i en deixondir-se, un breu moment,
va dir-li: *"Per déu, dolça amiga,*
670 *deixeu-me el cor dir-vos que abriga.*
Vós em sou tota vida i mort
en vós trobo el meu confort!
Per'xò us prego un consell vostre,
pel dret del compromís que és nostre,
675 *se'm requereix al meu país,*
tinc de vostre pare el permís
però em dec a vostra volença
faré allò que em digueu, no sense."
"Porteu-me amb vós! – fa ella- *Si us cal*

De ceo l'a li reis mercié
e bonement cungié doné.
Tuz les aveirs de sa maisun
li met li reis en abandun,
or e argent, chiens e chevals
e dras de seie bons e beals.
Il en prist mesurablement.
Puis li a dit avenantment
qu'a sa fille parler ireit
mult volentiers, se lui plaiseit.
Li reis respunt : 'Ceo m'est mult bel.'
Avant enveie un dameisel,
ki l'us de la chambre aovri.
Elidus vet parler a li.
Quant el le vit, si l'apela,
sis milie feiz le salua.
De sun afaire cunseil prent,
sun eire li mustre briefment.
[Bl. 177c] Ainz qu'il li eüst tut mustré
ne cungié pris ne demandé,
se pasma ele de dolur
e perdi tute sa culur.
Quant Elidus la veit pasmer,
si se cumence a dementer.
La buche li baise sovent
e si plure mult tendrement ;
entre ses braz la prist e tint,
tant que de pasmeisuns revint.
'Par deu', fet il, 'ma dulce amie,
sufrez un poi que jo vus die :
vus estes ma vie e ma morz,
en vus est trestuz mis conforz ;
pur ceo preng jeo cunseil de vus,
que la fiance a entre nus.
Pur busuin vois en mun païs,
a vostre pere ai cungié pris ;
mes jeo ferai vostre plaisir,
que que me deië avenir,'
'Od vus', fet ele, m'en menez,

680 marxar i us és tan crucial!
O bé em mataré, d'altra banda
que sens joia restaré a banda."
Eliduc respon dolçament,
puix l'amava profundament:
685 "La jura a vostre pare em lliga,
encara ara, dolça amiga,
vol dir que si us porto amb mi
seré un perjur i un mesquí,
puix manca un dia del termini.
690 Us juro, o el cel em fulmini,
que si em doneu el permís
per marxar, i un prudent incís
de temps que vulgueu de dispensa,
tornaré, sens fer-vos fallença;
695 mentre visqui i no sigui mort;
en vostres mans poso la sort."
Tant com l'amor d'ella era enorme
li va fixar un dia per norma
de tornar i endur-se-la amb ell.
700 Separar-se els fou un desgavell;
s'intercanviaren llurs bagues
d'or, amb petons per fer-ne pagues,
I ell ben prest s'embarcà; del mar
el portà a port vent insular.
705 Ja amb Eliduc a la comarca
cofoi en quedà el seu monarca,
tant com els amics i parents
i veïns van estar contents.
I sobretot la seva dona
710 tant bella, assenyada com bona.
Nogensmenys sempre ell pensatiu
per aquell seu amor furtiu,
veiés tota cosa que fóra
feia cara somniadora.
715 No tindria cap goig mai més
fins que l'amiga no veiés.
Sempre amb la seva ment absenta.
D'això la dona se'n lamenta.

puis que remaneir ne volez !
U se ceo nun, jeo m'ocirai ;
ja mes joie ne bien n'avrai.'
Elidus respunt par dulçur,
ki mult l'amot de bone amur :
'Bele, jeo sui par sairement
a vostre pere veirement
(se jeo vus en menoe od mei,
jeo li mentireie ma fei)
des i qu'al terme ki fu mis.
Leialment vus jur e plevis,
se cungié me volez doner
e respit metre e jur nomer,
se vus volez que jeo revienge,
[Bl. 177d] n'est riens el mund ki me retienge,
pur ceo que seie vis e seins.
Ma vie est tute entre voz meins.'
Cele ot de lui la grant amur ;
terme li dune e nume jur
de venir e pur li mener.
Grant duel firent al desevrer ;
lur anels d'or s'entrechangierent
e dulcement s'entrebaisierent.

    Il est desqu'a la mer alez.
Bon ot le vent, tost est passez.
Quant Elidus est repairiez,
sis sire en est joius e liez
e si ami e si parent
e li altre comunement
e sa bone femme sur tuz,
ki mult est bele, sage e pruz.
Mes il esteit tuz jurs pensis
pur l'amur dunt il ert suzpris ;
unkes pur rien que il veïst
Joie ne bel semblant ne fist,
ne ja mes joie nen avra,
des i que s'amie verra.
Mult se cuntint sutivement.
Sa femme en ot le quer dolent,

I no sap com obrar millor.
720 Dins seu hi cercava un censor;
per esmenar-ho demanava,
no fos d'algú, escampant blava,
que escampés haver-lo faltat,
en tant ell s'havia absentat.
725 Ben a gust s'hi enfrontaria
davant tothom si li plaïa.
"No! - digué ell- No us faig cap retret
No! Sóc jo que estic inquiet
per un jurament al monarca
730 d'on he estat que em constreny i em marca
i m'obliga a tornar-hi, un cop,
quan li calgui, a tot galop.
Nostre rei tindrà pau un dia,
llavors vuit jorns de cortesia,
735 no més, podré quedar-me aquí.
M'hi espera esforç i patir
abans de poder fer la volta
i tornar. Res que ara m'envolta
em treu aquest fet que em fereix."
740 I ella el creu, i en tot el serveix,
mentre Eliduc al rei servia
posant-hi empeny i vigoria;
cada tros de terra i racó
li recuperà amb tot braó.
745 Però quan s'acostà el termini
fix per la noia, amb determini
s'esforçà en obtenir la pau
entre els enemics i palau.
i es va preparar per la marxa
750 dins estol de barques de xarxa;
llavors amb dos nebots preuats,
un camarlenc d'entre els triats
que ja fou fidel a la farsa,
i del qui podia fiar-se,
755 i dos escuders, finalment.
Aquell cop, sense tanta gent,
els féu jurar, sota pena,

ne sot mie que ceo deveit ;
a sei meïsmes se pleigneit.
Ele li demandot suvent,
s'il ot oï de nule gent
qu'ele eüst mesfet u mespris,
tant cum il fu hors del païs ;
volentiers s'en esdrescera
devant sa gent, quant li plaira.
'Dame', fet il, pas ne vus ret
de mesprisun ne de mesfet.
[Bl. 178a] Mes el païs u j'ai esté
ai al rei plevi e juré
que jeo dei a lui repairier ;
kar de mei a mult grant mestier.
Se li reis mis sire aveit pais,
ne remeindreie uit jurs aprés.
Grant travail m'estuvra sufrir,
ainz que jeo puisse revenir.
Ja, des i que revenuz seie,
n'avrai joie de rien que veie ;
kar ne vueil ma fei trespasser.'
A tant le lait la dame ester.
Elidus od sun seignur fu.
Mult li a aidié e valu ;
par le cunseil de lui errot
e tute la terre guardot.
Mes quant li termes apreça,
que la pucele li numa,
de pais faire s'est entremis :
tuz acorda ses enemis.
Puis s'est apareilliez d'errer
od quel gent il voldra mener.
Ses dous nevuz qu'il mult ama
e un suen chamberlenc mena
(cil ot de lur cunseil esté
e le message aveit porté)
e ses esquiers sulement ;
il nen ot cure d'altre gent.
A cels fist plevir e jurer

guardar en secret futura escena.

I s'embarcà, no esperant més;
760 enllà ultra mar deixà els pesquers
i van fer peu a la contrada
de la que era tant desitjada.
Eliduc, amb la seva gent,
lluny dels ports van fer allotjament,
765 perquè no se'l pogués conèixer,
després de tornar i aparèixer.
Prompte el camarlenc va enviar,
per qualsevol trava aplanar,
vers l'amiga i dar la notícia
770 que l'amic era allà en primícia,
com l'acord, i aquella nit, sí,
de ciutat haurien d'eixir
i ell, el seu camarlenc, faria,
fins al punt acordat, de guia.
775 Un cop mudà de roba prest,
el camarlenc, amb pas i gest
tots segurs, anà vers la vila
on la filla del rei s'enfila
en neguits. Després d'insistir
780 hores va poder accedir
en privat a dir a la noia
que l'amic, que tant l'acomboia,
era allí. Quan el va sentir,
torbada tot era bendir.
785 Tendrament de joia plorava
i al moment les mans li besava;
però ell la va fer afanyar
perquè deixava de ser clar
i ja quedava poc de dia
790 i el rei potser la cridaria.
Van deixar arribar negra nit
i ja tots dos havien sortit
de la ciutat, però amb gran cura
no en descobrissin la conjura
795 i ella en tenia gran por.

de tut sun afaire celer.

En mer se mist, plus n'i atent.
Ultre furent hastivement.
En la cuntree est arivez,
u il esteit plus desirez.
Elidus fu mult veziëz,
[Bl. 178b] luin des hafnes s'est herbergiez :
ne voleit mie estre veüz
ne trovez ne recuneüz.
Sun chamberlenc apareilla
e a s'amie l'enveia,
si li manda que venuz fu,
bien aveit sun cumand tenu ;
la nuit quant tut iert avespré,
s'en eissira de la cité ;
li chamberlens od li ira,
e il encuntre li sera.
Cil aveit tuz changiez ses dras.
A pié s'en vet trestut le pas ;
a la cité ala tut dreit,
u la fille le rei esteit.
Tant aveit purchacié e quis,
que dedenz la chambre s'est mis.
A la pucele dist saluz
e que sis amis ert venuz.
Quant ele a la novele oïe,
tute fu murne e esbaïe ;
de joie plure tendrement
e celui a baisié suvent.
Il li a dit qu'a l'avesprer
l'en estuvra od lui aler.
Tut le jur unt issi esté
e lur eire bien devisé.
La nuit quant tut fu aseri,
de la vile s'en sunt parti
li dameisels e ele od lui,
e ne furent mais que il dui.
Grant poür a qu'um ne la veie.

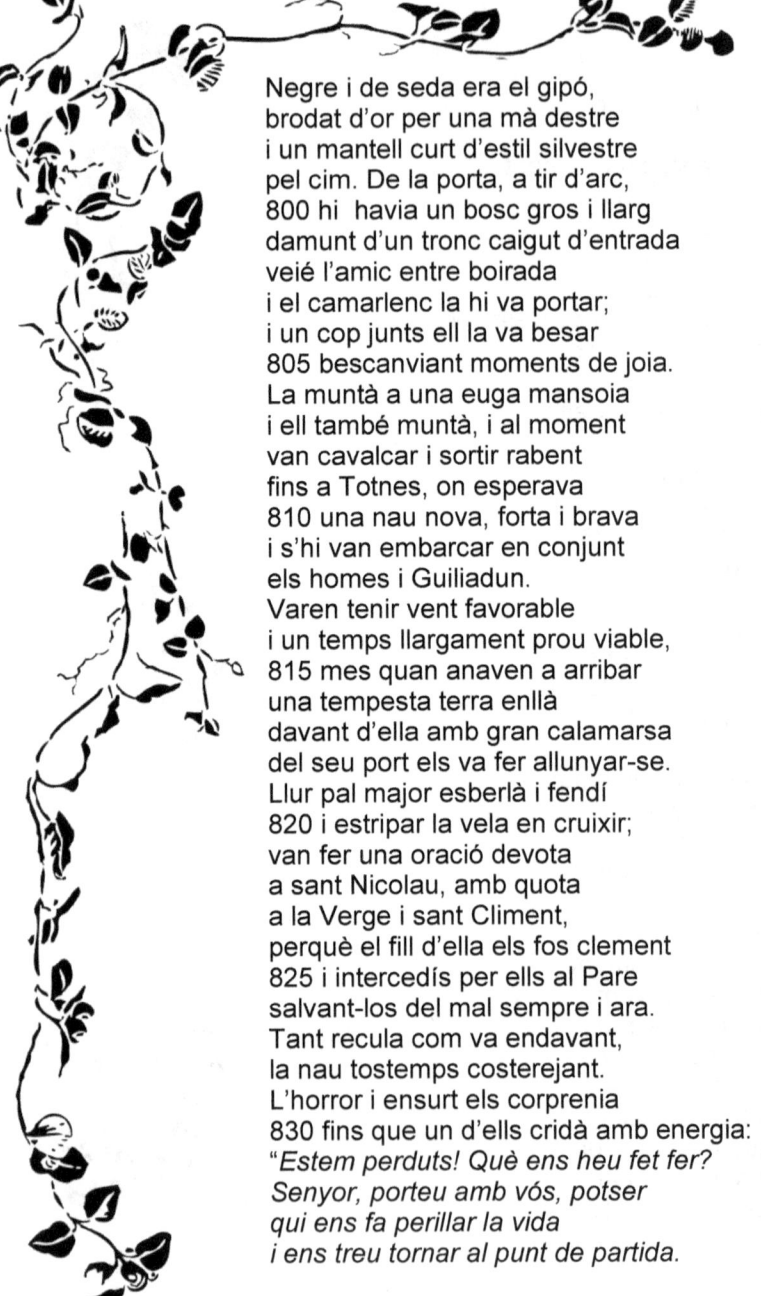

Negre i de seda era el gipó,
brodat d'or per una mà destre
i un mantell curt d'estil silvestre
pel cim. De la porta, a tir d'arc,
800 hi havia un bosc gros i llarg
damunt d'un tronc caigut d'entrada
veié l'amic entre boirada
i el camarlenc la hi va portar;
i un cop junts ell la va besar
805 bescanviant moments de joia.
La muntà a una euga mansoia
i ell també muntà, i al moment
van cavalcar i sortir rabent
fins a Totnes, on esperava
810 una nau nova, forta i brava
i s'hi van embarcar en conjunt
els homes i Guiliadun.
Varen tenir vent favorable
i un temps llargament prou viable,
815 mes quan anaven a arribar
una tempesta terra enllà
davant d'ella amb gran calamarsa
del seu port els va fer allunyar-se.
Llur pal major esberlà i fendí
820 i estripar la vela en cruixir;
van fer una oració devota
a sant Nicolau, amb quota
a la Verge i sant Climent,
perquè el fill d'ella els fos clement
825 i intercedís per ells al Pare
salvant-los del mal sempre i ara.
Tant recula com va endavant,
la nau tostemps costerejant.
L'horror i ensurt els corprenia
830 fins que un d'ells cridà amb energia:
"Estem perduts! Què ens heu fet fer?
Senyor, porteu amb vós, potser
qui ens fa perillar la vida
i ens treu tornar al punt de partida.

Vestue fu d'un drap de seie,
menuement a or brosdé ;
un curt mantel ot afublé.
[Bl. 178c] Luinz de la porte al trait d'un arc
la ot un bois, clos d'un bel parc.
Suz le paliz las atendeit
sis amis, ki pur li veneit.
Li chamberlens la l'amena,
e il descent, si la baisa.
Grant joie funt a l'assembler.
Sur un cheval la fist munter,
e il munta, sa resne prent,
od li s'en vet hastivement.
Al hafne vient a Toteneis.
En la nef entrent demaneis ;
n'i ot hume se les suens nun
e s'amie Guilliadun.
Bon vent ourent e bon oré
e tut le tens aseüré.
Mes quant il durent ariver,
une turmente ourent en mer,
e uns venz devant els leva
ki luin del hafne les geta ;
lur verge bruisa e fendi
e tut lur sigle desrumpi.
Deu recleiment devotement,
seint Nicholas e seint Clement
e madame seinte Marie
que vers sun fiz lur querge aïe,
qu'il les guarisse de perir
e qu'al hafne puissent venir.
Une hure ariere, une altre avant
issi alouent costeiant.
Mult esteient pres de turment.
Uns des eschipres haltement
s'est escriëz : 'Que faimes nus ?
Sire, ça enz avez od vus
cele par qui nus perissuns.
[Bl. 178d] Ja mes a terre ne vendruns !

355

*835 Si ja dona a casa teniu
i en porteu una altra furtiu,
falteu a déu i llei darrera
que vàreu jurar a la primera.
Deixeu-nos-la llençar a mar,
840 com s'esmena l'irregular."*
No creia Eliduc què sentia
i irat cridà amb gran energia:
"*Ets un fill de puta, malvat,
traïdor, millor estàs callat!
845 Si pogués deixar ara l'amiga
t'aixafaria el cap de figa!"*
La tenia entre els braços fort,
mirant de donar-li confort,
perquè estava ben marejada;
850 i havent sentit la barrassada,
que tenia dona l'amic,
al lloc on cercaven abric,
va esllanguir-se boca terrosa;
la noia inerta i blanquinosa,
855 de pàl·lida no revingué,
ni respirava gairebé.
El noi l'agafa i se l'emporta
tot pensant que ja no fos morta.
Trastornat pel dol es va alçar
860 i vers el mariner es llença,
i amb un rem ben fort el colpeja
i abat sens barrija-barreja.
Pels peus el llença a l'oceà
i l'aigua se l'endugué enllà.
865 Quan el mort fou portat entre ones,
com ja havia fet més estones,
manà ell la nau i amb bon govern
la portà fins un port intern,
salvant tothom de la tempesta.
870 Hi llençà l'àncora, i la resta
van abaixar el pont. El desmai
d'ella persistia, jamai
cap altre mort tant mort semblava.

Femme leial espuse avez
e sur celi altre en menez
cuntre deu e cuntre la lei,
cuntre dreiture e cuntre fei.
Laissiez la nus geter en mer,
si poüm sempres ariver.'
Elidus oï que cil dist,
e a poi d'ire nen esprist.
'Fiz a putain', fet il, 'malvais,
'fel traïtre, nel dire mais !
Se m'amie leüst laissier,
jeol vus eüsse vendu chier.'
Mes entre ses braz la teneit
e cunfortout ceo qu'il poeit
del mal que ele aveit en mer
e de ceo qu'ele oï numer
que femme espuse ot sis amis,
altre que li, en sun païs.
Desur sun vis cheï pasmee,
tute pale, desculuree.
En la pasmeisun demura,
qu'el ne revint ne suspira.
Cil ki ensemble od lui l'en porte
quidot pur veir qu'ele fust morte.
Mult fet grant doel. Sus est levez,
vers l'eschipre en est tost alez.
De l'avirun si l'a feru
qu'il l'abati tut estendu.
Par le pié l'en a jeté fors ;
les undes en portent le cors.
Puis qu'il l'ot lancié en la mer,
a l'estiere vait governer,
Tant guverna la nef e tint,
le hafne prist, a terre vint.
[Bl. 179a] Quant il furent bien arivé,
le pont mist jus, ancre a geté.
Encor jut ele en pasmeisun,
nen ot semblant se de mort nun.

Eliduc mort com ella estava,
875 de blanc, i demanà als companys
un lloc de cura, entre molts planys,
on pogués portar-hi la noia.
La veu, com qui mira una joia,
a frec, i a la fi decideix
880 donar-li honors, tal com mereix,
en un camp sant per cementiri;
a filla de rei cal empiri.
Els altres s'han esgarrifat,
no troben consells al seu grat.
885 Mentre, Eliduc pensa i no parla
un lloc on podria portar-la.
Casa seva és prop de la mar;
devien dinar, prop la llar,
escalfant-se. Li'n separava
890 un bosc de trenta llegües, trava
segons com, una ermita al mig,
amb capella xica, un esquitx,
i un monjo, quaranta anys la guarda;
van parlar, recorda, una tarda.
895 La portarà a ella, i allí,
lloc sant, es podrà sebollir.
Del propi cabal que hi duria
podria fundar una abadia
amb monjos, reunits en convent,
900 o monges, canonges, talment,
qui sia, tots pregant per ella
a déu, en una gran capella.
Els seus cavalls es fa portar
i un cop els té tots munten ja.
905 Llavors un jurament n'arrenca,
amb llur silenci que no es trenca,
de tot l'afer. En palafrè
posà l'amiga i prengué el fre
i guiant-los tots entren dintre
910 del bosc, que fa un entrant de cintra.
Davant la capella aviat
es planten. Hi truquet de grat

Elidus faiseit mult grant doel ;
iluec fust morz od li sun voel.
A ses cumpaignuns demanda
quel cunseil chescuns li durra
u la pucele portera ;
kar de li mais ne partira,
si sera enfuïe e mise
od grant honur, od bel servise
en cimiterie beneeit ;
fille ert a rei, s'en aveit dreit.
Cil en furent tuit esguaré,
ne li aveient rien loé.
Elidus prist a purpenser
quel part il la purra porter.
Sis recez fu pres de la mer,
estre i peüst a sun digner.
Une forest aveit en tur,
trente liwes ot de lungur.
Uns seinz hermites i maneit
e une chapele i aveit ;
quarante anz i aveit esté.
Meinte feiz ot a lui parlé.
A lui, ceo dist, la portera,
en sa chapele l'enforra ;
de sa terre tant i durra,
une abeïe i fundera,
si i metra cuvent de moignes
u de nuneins u de chanoignes,
ki tuz jurs preierunt pur li ;
deus li face bone merci !
Ses chevals a faiz amener,
[Bl. 179b] sis cumande tuz a munter.
Mes la fiance prent d'icels
que il n'iert descuverz par els.
Devant lui sur sun palefrei
s'amie porte ensemble od sei.
Le dreit chemin unt tant erré
qu'il esteient el bois entré.
A la chapele sunt venu,

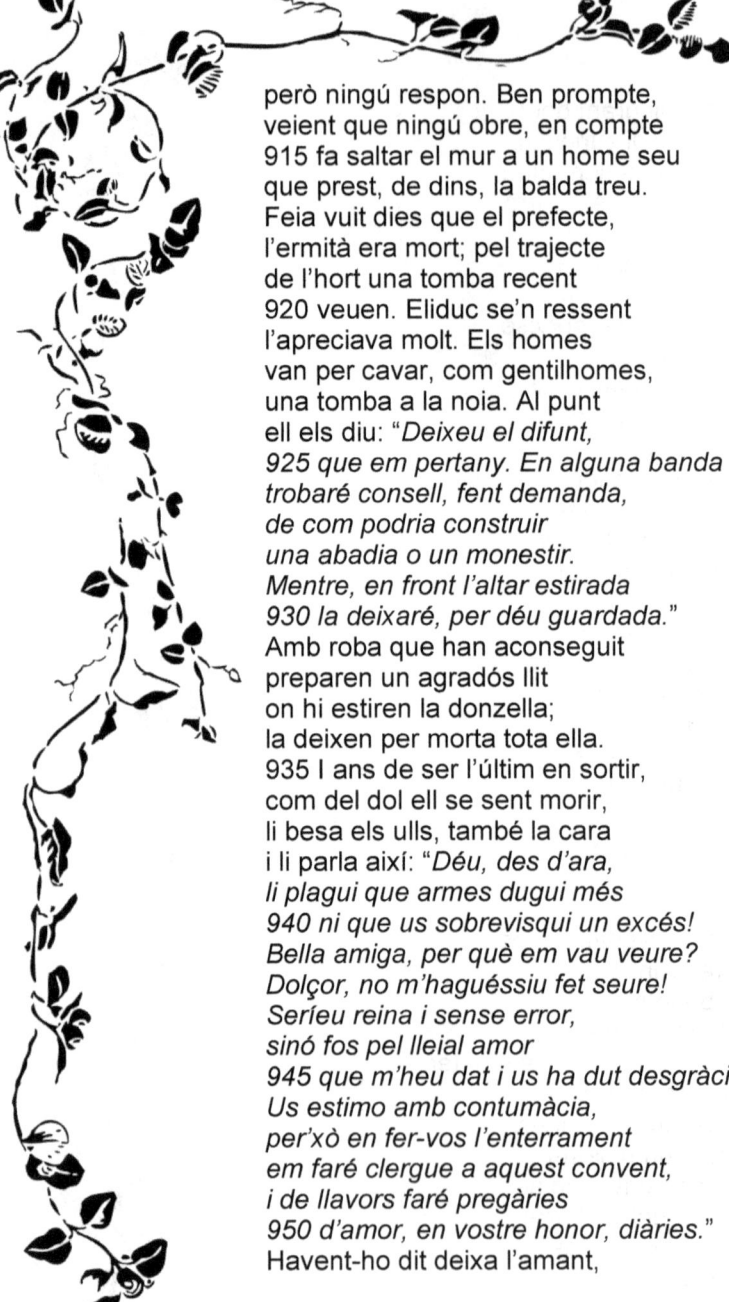

però ningú respon. Ben prompte,
veient que ningú obre, en compte
915 fa saltar el mur a un home seu
que prest, de dins, la balda treu.
Feia vuit dies que el prefecte,
l'ermità era mort; pel trajecte
de l'hort una tomba recent
920 veuen. Eliduc se'n ressent
l'apreciava molt. Els homes
van per cavar, com gentilhomes,
una tomba a la noia. Al punt
ell els diu: "*Deixeu el difunt,
925 que em pertany. En alguna banda
trobaré consell, fent demanda,
de com podria construir
una abadia o un monestir.
Mentre, en front l'altar estirada
930 la deixaré, per déu guardada.*"
Amb roba que han aconseguit
preparen un agradós llit
on hi estiren la donzella;
la deixen per morta tota ella.
935 I ans de ser l'últim en sortir,
com del dol ell se sent morir,
li besa els ulls, també la cara
i li parla així: "*Déu, des d'ara,
li plagui que armes dugui més
940 ni que us sobrevisqui un excés!
Bella amiga, per què em vau veure?
Dolçor, no m'haguéssiu fet seure!
Seríeu reina i sense error,
sinó fos pel lleial amor
945 que m'heu dat i us ha dut desgràcia.
Us estimo amb contumàcia,
per'xò en fer-vos l'enterrament
em faré clergue a aquest convent,
i de llavors faré pregàries
950 d'amor, en vostre honor, diàries.*"
Havent-ho dit deixa l'amant,

apelé i unt e batu ;
n'i troverent kis respundist
ne ki la porte lur ovrist.
Un des suens fist ultre passer,
la porte ovrir e desfermer.
Uit jurs esteit devant finiz
li seinz hermites, li parfiz.
La tumbe novele trova.
Mult fu dolenz, mult s'esmaia.
Cil voleient la fosse faire,
(mes il les fist ariere traire),
u il deüst metre s'amie.
Il lur a dit : 'Ceo n'i a mie,
ainz en avrai mun conseil pris
a la sage gent del païs,
cum purrai le liu eshalcier
u d'abeïe u de mustier.
Devant l'alter la culcherum
e a deu la cumanderum.'
Il a fet aporter ses dras,
un lit li funt ignelepas ;
la meschine desus culchierent
e cum pur morte la laissierent.
Mes quant ceo vint al departir,
dunc quida il de doel murir ;
les uiz li baisa e la face.
'Bele', fet il, 'ja deu ne place
[Bl. 179c] que ja mes puisse armes porter
n'el siecle vivre ne durer !
Bele amie, mar me veïstes !
Dulce chiere, mar me siwistes !
Bele, ja fussiez vus reïne,
ne fust l'amurs leials e fine,
dunt vus m'amastes leialment.
Mult ai pur vus mun quer dolent.
Le jur que jeo vus enforrai,
ordre de moigne recevrai ;
sur vostre tumbe chescun jur
ferai refreindre ma dolur,'
A tant s'en part de la pucele,

i surt, la capella tancant.

Llavors a casa seva envia
un avís que arriba aquell dia,
955 a la seva dona adreçat;
i es disculpa que ve cansat.
Ella el sent i es posa contenta,
i s'engalana tota, i intenta
rebre'l amb joia i bonament,
960 mes poca en rep d'ell en l'intent,
puix amb cara de pomes agres
i parc en paraules i magres
n'obté. Ningú gosà dir res
i es va estar a casa sol i il·lès.
965 Pels matins escoltava missa,
després, amb una corredissa,
es perdia just dins del bosc,
on era la noia en llit tosc,
cos present; tostemps esllanguida
970 no tornava en si, mes la vida
mantenia; meravellós
li semblava que el to lletós
galtes rosades no perdia,
però un xic més blanc cada dia.
975 Ell plorava desconsolat
i ens precs se'l veia anguniejat.
Sempre feta la pregària
tornava a la casa primària.

Un dia, sortint de fer el res,
980 l'havia fet seguir exprés
la dona, per un criat destre,
instruït des de la finestra,
que el seguís de lluny en marxar:
com preu, cavalls i armes de mà.
985 Tal qual va fer, sempre amb la idea,
entrà a aquell bosc que el noi tan prea,
i el va veure, sense ser vist,
amb posat seriós i trist,

si ferme l'us de la chapele.

 A sun ostel a enveié
sun message, si a nuncié
a sa femme que il veneit,
mes las e travailliez esteit.
Quant el l'oï, mult en fu liee.
Cuntre lui s'est apareilliee.
Sun seignur receit bonement,
mes poi de joie l'en atent ;
kar unkes bel semblant ne fist
ne bone parole ne dist.
Nuls ne l'osot metre a raisun.
Dous jurs esteit en la maisun.
La messe oeit bien par matin,
puis se meteit suls al chemin.
El bois alot a la chapele
la u giseit la dameisele.
En la pasmeisun la trovot :
ne reveneit, ne suspirot.
De ceo li semblot granz merveille
qu'il la veeit blanche e vermeille ;
unkes la colur ne perdi
[Bl. 179d] fors un petit qu'ele enpali.
Mult anguissusement plurot
e pur l'alme de li preiot.
Quant aveit faite sa preiere,
a sa maisun alot ariere.

Un jur a l'eissir del mustier
l'aveit sa femme fet guaitier
un suen vadlet ; mult li premist.
de luinz alast e si veïst
quel part sis sire turnereit,
chevals e armes li durreit.
Cil a sun comandement fait.
El bois se met, aprés lui vait
si qu'il ne l'a aparceü.
Bien a esguardé e veü

363

accedir dins la capella;
990 i al poc de plors la cantarella
sentí, i ans que Eliduc sortís
tornà amb la dama i un avís.
Li contà allò que se sentia
de planys, dol, crits de malaltia,
995 com si el senyor fos ferit.
Dolguda ella i, amb el cor neulit,
digué: "*Aviat hi farem cita,
per anar a buscar allà l'ermita
què hi pot passar. Sé que el senyor
1000 amb el rei ha d'anar, amb guió,;
que l'ermità és mort i es l'octava
lluna que falta; ell l'estimava
però no pas per tant plorar,
ni tan dolor escarrassar*"
1005 Tot va quedar així, en espera.

I arribà el dia, que tarda era,
d'anar Eliduc a veure el rei.
I ella, amb el criat del servei,,
creuà el bosc i de dins l'ermita
1010 la capella, darrera fita.
Va veure allí la noia al jaç,
com rosa fresca amb colors clars.
Li llevà, de cop, la flassada
i admirà la faiçó exposada:
1015 els braços llargs, igual les mans
de dits llargs, delicats i blans.
Ara la veritat sabia
del dol del marit cada dia.
Llavors va mostrar-la al criat
1020 amb meravellós al·legat:
"*Veus noi, aquest bella dona
que és més gemma que persona?
És l'amant del nostre senyor,
per la que vessa tant dolor.
1025 De fet no m'estranya la cosa
quan bella té i morta reposa.

cument en la chapele entra ;
le duel oï qu'il demena.
Ainz qu'Elidus s'en seit eissuz,
est a sa dame revenuz.
Tut li cunta que il oï,
la dolur, la noise e le cri
cum fet sis sire en l'ermitage.
Ele en mua tut sun curage.
La dame dist : 'Sempres iruns !
Tut l'ermitage cercheruns !
Mis sire deit, ceo quit, errer ;
a la curt vet al rei parler.
Li hermites fu morz pieç'a ;
jeo sai asez que il l'ama,
mes ja pur lui ceo ne fereit
ne tel dolur ne demerreit.'
A cele feiz le lait issi.

Cel jur meïsme aprés midi
vait Elidus parler al rei.
Ele prent le vadlet od sei ;
a l'ermitage l'a menee.
Quant en la chapele est entree
e vit le lit a la pucele,
ki resemblot rose nuvele,
del cuvertur la descovri
e vit le cors tant eschevi,
les braz luns e blanches les meins
e les deiz grailes, luns e pleins.
Or set ele la verité,
[Bl. 180a] pur quei sis sire a duel mené.
Le vadlet avant apela
e la merveille li mustra.
'Veiz tu', fet ele, 'ceste femme,
ki de belté resemble gemme ?
Ceo est l'amie mun seignur,
 pur qui il meine tel dolur.
Par fei, jeo ne m'en merveil mie,
qiiaut si bele femme est perie.

Puix ni amor, mercè o redreç
ja no en rebré joia mai més!"
I llavors plorà i va trencar-se,
1030 acusant la noia de garsa;
i quan el plany anà creixent
una mostela tot corrent
de sota l'altar va aparèixer
i el noi la matà, en desmerèixer,
1035 segons ell, el cos de la morta
saltant-li pel cim, prop la porta
i d'un cop de bastó. Al moment
n'entrà una altra tota rabent,
s'apropà a la seva companya,
1040 i en veure-la jaient i estranya
la testa i el cos li ensumà,
i amb les dents, pel peu l'estirà.
Quan va veure que no es movia
semblà que un gran dol la prenia.
1045 De cop, de la capella eixí
i anà al bosc, just davant d'allí;
amb les dents va agafar una flor
tota vermella de color
i desféu dels passos la troca
1050 i posà la flor dins la boca
de la seva companya allà,
morta pel criat jovençà.
Aquesta tossint, com per pebre,
visqué. La dama ho va percebre
1055 cridà al punt: *"Que no marxi pas!*
Atura-la! El noi escarràs
li llença el pal i va fer caure
la flor del morro, i va complaure
a la dama dant-li en mà.
1060 La dama la va anar a posar
dins la boca de la noia;
sols posar-li el bri de toia
que ja va començar a respirar
tot sospirant un bleix ben sa.
1065 Després, obrint els ulls, els deia:

Taut par pitié, taut par amur
a mes n'avrai joie nul jur.'
Ele cumença a plurer
e la meschine a regreter.
Devant le lit s'asist plurant.
Une musteile vint curant,
de suz l'alter esteit eissue ;
e li vadlez l'aveit ferue
pur ceo que sur le cors passa,
d'un bastun qu'il tint la tua.
En mi l'aire l'aveit getee.
Ne demura qu'une loëe,
quant sa cumpaigne i acurut,
si vit la place u ele jut.
En tur la teste li ala
e del pié suvent la marcha.
Quant ne la pot faire lever,
[Bl. 180b] semblant faiseit de doel mener.
De la chapele esteit eissue ;
as herbes est el bois venue.
Od ses denz a prise une flur,
tute de vermeille colur,
Hastivement revait ariere.
Dedenz la buche en tel maniere
a sa cumpaigne l'aveit mise,
que li vadlez aveit ocise,
en es l'ure fu revescue.
La dame l'a aparceüe.
Al vadlet crie : 'Retien la !
Getez, frans huem ! mar s'en ira !'
E il geta, si la feri,
que la florete li cheï.
La dame lieve, si la prent.
Ariere va hastivement.
Dedenz la buche a la pucele
meteit la flur ki tant fu bele.
Un petitet i demura,
cele revint e suspira ;
aprés parla, les uiz ovri.

"Déu, tant he dormit? Doncs qui ho creia!"
Quan la dama la va sentir
va ser a déu, mil cops agrair.
Llavors li preguntà qui era
1070 i la noia contà amb xerrera:
"Senyora sóc de Logres nord
i filla d'un rei que és molt fort.
Un cavaller, oh dama,
de nom Eliduc, amb gran fama,
1075 se me'n va endur estant d'acord,
sense saber, per ma dissort,
que tenia dona; la farsa
ell la callà, però un comparsa
de la dona i més esbombà;
1080 sentint-ho no ho vaig suportar
i en vaig morir. I en terra estranya
m'han deixat. I ell, per què m'enganya?
M'ha ben traït, amb dolços mots.
Homes que estimem. Ho fan tots?"
1085 "Nena, -diu l'altra- ningú erra
com ho fas tu. Res de la terra
l'ha fet feliç des que has faltat;
es pensa que has mort, enganyat
i afligit d'una pena forta,
1090 res li plau ni el reconforta.
Ve a veure't sempre, cada jorn;
i et mira, es plany del teu sojorn,
ho sé. Jo sóc la seva dona.
Jo sé quan el seu cor retrona
1095 perquè a mi em passa igual;
si ell pateix tinc mateix mal.
I l'he fet seguir, en silenci,
i us he trobat, sens que ell ho pensi,
viva. L'anirem a trobar,
1100 i no pateixis, a la mà
te'l daré, i jo a l'abadia
em clouré, deixant-vos fer via
feliços." Això apaivagà
el neguit de la noia allà.

'Deus', fet ele, 'tant ai dormi ! '
[Bl. 180c] Quant la dame l'oï parler,
deu cumença a mercier.
Demande li ki ele esteit,
e la meschine li diseit :
'Dame, jo sui de Loengre nee,
fille a un rei de la cuntree.
Mult ai amé un chevalier,
Eliduc, le bon soldeier.
Ensemble od lui m'en amena.
Pechié a fet qu'il m'engigna !
Femme ot espuse, nel me dist
ne unkes semblant ne m'en fist.
Quant de sa femme oï parler,
de duel que oi m'estut pasmer.
Vileinement descunseilliee
m'a en altre terre laissiee.
Traïe m'a, ne sai que deit.
Mult est fole, ki hume creit ! '
'Bele', la dame li respunt,
'n'a rien vivant en tut le munt
ki joie li feïst aveir ;
 ceo vus puot hum dire pur veir.
Il quide que vus seiez morte,
a merveille se descunforte ;
chescun jur vus a reguardee,
bieu quid qu'il vus trova pasmee.
Jo sui s'espuse veirement ;
mult ai pur lui mun quer dolent.
Pur la dolur que il menot
saveir voleie u il alot.
Aprés lui vinc, si vus trovai :
que vive estes, grant joie en ai.
Ensemble od mei vus en merrai
e a vostre ami vus rendrai.
Del tut le vueil quite clamer,
e si ferai mun chief veler.'
Tant l'a la dame confortee
qu'ensemble od li l'en a menee.

1105 I en tornar, el criat va anar a raure
on era Eliduc. I el van plaure
les noves que li va portar;
que, havent marxat de tant llunyà,
ho va fer llarg amb llarga taba.
1110 Eliduc ja un cavall muntava,
rabent, sense esperar company;
i arribà al final del tirany
aquell vespre. A casa, l'amiga
trobà viva, i sens cap fatiga;
1115 ho agraí i fou feliç,
de tant de no haver aquest matís.
Molts cops besà la noia, i força
la dona la cara va tòrcer.
Van haver els amants joia gran,
1120 quan la dama els veié el semblant
va demanar a l'home llicència
per marxar, també part d'herència
per retirar-se a servir déu;
una part del bosc que era seu,
1125 i ja feia anys li pertanyia;
allí faria una abadia.
I ell prengui qui estima tant,
car no és honest i és aberrant
dos mullers tenir a l'alcova;
1130 que la llei no ho vol ni aprova.
Per Eliduc fou acordat
i en va seguir la voluntat,
perquè si un és just mai no erra,;
per'xò li donà aquella terra.
1135 Al bosc de l'ermita, tocant
al castell, construí i féu gran
un bon monestir amb capella
i fundà una ordre, segons ella,
rebent d'ell terres i diners,
1140 guarnit amb allò que calgués.
Feta real la idea flonja,
la dama prengué el vel de monja

Sun vaslet a apareillié
e pur sun seignur enveié.
Tant erra cil qu'il le trova.
Avenantment le salua,
l'aventure li dit e cunte.
Sur un cheval Elidus munte,
unc n'i atendi cumpaignun,
la nuit revint a sa maisun.
[Bl. 180d] Quant vive a trovee s'amie,
dulcement sa femme mercie.
Mult par est Elidus haitiez,
unkes nul jur ne fu si liez.
La pucele baise suvent
e ele lui mult dulcement ;
ensemble funt joie mult grant.
Quant la dame vit lur semblant,
sun seignur a a raisun mis ;
cungié li a rové e quis
qu'ele puisse de lui partir,
nune vuelt estre, deu servir ;
de sa terre li doint partie
u ele face une abeïe ;
cele prenge qu'il eime tant ;
kar n'est pas bien ne avenant
de dous espuses meintenir,
ne la leis nel deit cunsentir.
Elidus li a otreié
e bonement doné cungié ;
tute sa volunté fera
e de sa terre li durra.
Pres del chastel enz el boscage
a la chapele a l'ermitage
la a fet faire sun mustier
e ses maisuns edifiër.
Grant terre i met e grant aveir :
bien i avra sun estuveir.
Quant tut a fet bien aturner,
la dame i fet sun chief veler,

i amb trenta altres s'hi establí,
tota la vida fins la fi.

1145 Eliduc es casà amb l'amiga,
amb honor i, com l'antiga,
les noces foren resplendents,
i el dia un dels més lluents;
visqueren junts tota la vida
1150 amb una amor com cap a mida.
Grans almoines van oferir
fins que a déu es van convertir.
Prop del castell, a l'altra banda,
per precs i pròpia demanda,
1155 una església féu Eliduc;
prenent més terra de retruc
i del seu or i argent de sobres,
rebent ajut de rics i pobres,
tots fidels en religió,
1160 fundant nova ordre a regió.
Un cop tot lligat i sens falles
deixà de costat les batalles
i amb la dona conjuntament
van servir a déu omnipotent.
1165 A ella, que tant estimada era
l'entrà a l'ordre de la primera;
l'acceptà aquesta sens mormol
i sempre se l'estimà molt.
De servir déu l'alliçonava,
1170 segons la seva ordre, sens trava.
Sempre ambdues per llur amic
pregaven des de llur abric
que fos generós; i ell, amb noves
les escrivia dant-los proves
1175 i saber si estaven bé,
sostenint-se entre elles, també.
Per amar déu van esforçar-se,
cadascun a lloc, sens cansar-se.
I amb gràcia de déu diví
1180 van tenir tots tres bona fi.

trente nuneins ensemble od li ;
sa vie e sun ordre establi.

Elidus a s'amie prise ;
a grant honur, od bel servise
en fu la feste demenee
lo jur qu'il l'aveit espusee.
[Bl. 181a] Ensemble vesquirent meint jur,
mult ot entre els parfite amur.
Granz almosnes e granz biens firent,
tant que a deu se cunvertirent.
Pres del chastel de l'altre part
par grant cunseil e par esguart
une eglise fist Elidus,
e de sa terre i mist le plus
e tut sun or e sun argent ;
humes i mist e altre gent
de mult bone religiün
pur tenir l'ordre e la maisun.
Quant tut aveit apareillié,
nen a puis guaires atargié :
ensemble od els se dune e rent
pur servir deu omnipotent.
Ensemble od sa femme premiere
mist sa femme que tant ot chiere.
El la receut cum sa serur
e mult li porta grant honur ;
de deu servir l'amonesta
e sun ordre li enseigna.
Deu preiouent pur lur ami
qu'il li feïst bone merci,
e il pur eles repreiot.
Ses messages lur enveiot
pur saveir cument lur estot,
cum chescune se cunfortot.
Mult se pena chescuns pur sei
de deu amer par bone fei
e mult par firent bele fin,
la merci deu, le veir devin !

I amb llurs gestes arribà un dia
que antics bretons, per cortesia,
van fer un Lai per recordar
que als tres no havíem d'oblidar.

Fi.-

De l'aventure de cez treis
li anciën Bretun curteis
firent le lai pur remembrer,
qu'um nel deüst pas obliër.

FIN.-

I
ÍNDEX

Introducció	7
Vida	7
Obra	11
Intencionalitat	16
Referents literaris	17
Geografia observada	18
Gentilicis	19
Noms històrics	19
Noms simbòlics	19
Taula de Lais	
Guigemar	20
Equitany	21
Freixe	22
Bisclavret	24
Lanvall	25
Els dos amants	26
Ionec	27
El Rossinyol	29
Miló	30
El dissortat	31
El lligabosc	32
Eliduc	33
Darreres apreciacions	
El masclisme	38
El fet religiós	39
La fin's amor	39
El joc dels amants	41
Parlar	42
Els desmais	46
La riquesa	47
L'aspecte fantàstic	49
Bestiari	49
Vegetal	50
Objectes	50
Persones	50
Antics i Moderns	51
De la nostra traducció	52

LAIS DE MARIA DE FRANÇA

Pròleg	54
Guigemar	58
Equitany	106
Freixe	124
Bisclavret	154
Lanvall	172
Els dos amants	208
Ionec	222
Rossinyol	252
Miló	262
El dissortat	292
Lligabosc	306
Eliduc	314
ÍNDEX	379

Títol original: Les Lais de Marie de France
Traducció: Enric Peres i Sunyer
Maquetació de la portada: Josep Pérez Campins

ISBN: 978-84-09-57222-9

Dipòsit Legal: GI-30-2024

Editat per: Peres i Sunyer, Enric
PORTBOU
Edició 2024 ID:

www.ingramcontent.com/pod-product-compliance
Lightning Source LLC
Chambersburg PA
CBHW072038160426
43197CB00014B/2546